Prüfe dein Wissen
Rechtsfälle in Frage und Antwort

Ehricke/Biehl
Insolvenzrecht

Insolvenzrecht

von

Dr. Ulrich Ehricke, LL. M.
o. Professor an der Universität Köln

Dr. iur. utr. Kristof Biehl
Rechtsanwalt in Potsdam

2., neu bearbeitete Auflage, 2015

www.beck.de

ISBN 978 3 406 65307 0

© 2015 Verlag C.H.Beck oHG
Wilhelmstraße 9, 80801 München
Druck und Bindung: Nomos Verlagsgesellschaft mbH & Co. KG
In den Lissen 12, D-76547 Sinzheim

Satz: Druckerei C. H. Beck, Nördlingen

Gedruckt auf säurefreiem, alterungsbeständigem Papier
(hergestellt aus chlorfrei gebleichtem Zellstoff)

Vorwort

Das vorliegende Werk beschäftigt sich in mehr als 250 Fällen und Fragen mit dem Insolvenzrecht nach Inkrafttreten des „Gesetzes zur weiteren Erleichterung der Sanierung von Unternehmen" vom 1.3.2012 sowie nach Inkrafttreten der seit 1.7.2014 geltenden Reform des Privatinsolvenzverfahrens.

Wie bisher soll versucht werden, die schwierige Materie nicht nur anhand der Praxisbeispiele Studenten, sondern auch Praktikern, die den Einstieg in die Rechtsanwendung suchen, anschaulich zu vermitteln. Wie in der Vorauflage wird das Insolvenzrecht in sechs Kapitel aufgeteilt: Zunächst beschäftigt sich Kapitel 1 mit den Verfahrensbeteiligten, das Kapitel 2 mit der Verwaltung und Verwertung der Insolvenzmasse sowie das Kapitel 3 mit dem Verfahrensablauf. Umfangreicher geworden ist das Kapitel 4 zur Restschuldbefreiung sowie jenes zu Sonderinsolvenzverfahren (Kapitel 5) und schließlich das Kapitel 6 mit Fällen zum Internationalen Insolvenzrecht.

Das Insolvenzrecht ist nicht nur eine Schnittstelle zum Handels-, Arbeits-, Gesellschafts-, Aktien-, Zwangsvollstreckungs- und zum Bürgerlichen Recht. Es ist vor allem ein Einschnitt in die bis dahin allgemein gültigen Rahmenbedingungen jener Rechtsgebiete. Die in diesem Sonderverfahrensrecht geltenden Vorschriften sollen instruktiv anhand der Fälle erörtert werden. Das Buch berücksichtigt den Stand der Insolvenzordnung vom 1.7.2014.

Köln/Potsdam, im Dezember 2014 *Die Autoren*

Inhaltsverzeichnis

Vorwort V
Abkürzungsverzeichnis IX
Verzeichnis der (abgekürzt) zitierten Literatur XIII

Einführende Fragen 1

1. Kapitel. Die Beteiligten des Insolvenzverfahrens 7

    I. Der Insolvenzschuldner 7
        1. Der Insolvenzschuldner als Verfahrensbeteiligter 7
        2. Der personenrechtliche Status, der vermögensrechtliche Status 9
    II. Insolvenzgläubiger 13
        1. Kriterien der Insolvenzgläubigerstellung 13
        2. Insolvenzforderungen 15
        3. Gläubigerrechte aufgrund arbeitsrechtlicher, sozialrechtlicher Sonderregelungen 16
        4. Organisation der Gläubiger 19
    III. Insolvenzverwalter 21
        1. Stellung des Insolvenzverwalters 21
        2. Das Amt des Insolvenzverwalters 26

2. Kapitel. Die Insolvenzmasse 31

    I. Insolvenzmasse und insolvenzfreies Vermögen 31
    II. Aussonderung 37
    III. Absonderung 44
    IV. Verwaltung und Verwertung 49
    V. Insolvenzanfechtung 50
    VI. Aufrechnungsbefugte Insolvenzgläubiger 57
    VII. Masseverbindlichkeiten 59

3. Kapitel. Das Insolvenzverfahren 65

    I. Das Insolvenzgericht 65
    II. Antrag auf Eröffnung eines Insolvenzverfahrens und Eröffnungsvoraussetzungen 67
    III. Anordnung vorläufiger Sicherungsmaßnahmen 72
    IV. Wirkungen der Verfahrenseröffnung 77
    V. Eigenverwaltung 80
    VI. Schicksal schwebender Rechtsgeschäfte 84
    VII. Einfluss der Insolvenz auf schwebende Prozesse 95
    VIII. Feststellung der Insolvenzforderungen 102
    IX. Verteilung der Insolvenzmasse 104
    X. Beendigung des Insolvenzverfahrens 106

XI. Der Insolvenzplan 108
   1. Wesen und Wirkung des Plans, Regelungsspektrum 108
   2. Inhalt des Insolvenzplans 112
   3. Rechtsschutz gegen Insolvenzpläne 115
   4. Verfahrensabschluss und Planüberwachung 116

4. Kapitel. Die Restschuldbefreiung 119

5. Kapitel. Die Sonderinsolvenzverfahren 125
   I. Verbraucherinsolvenzverfahren 125
      1. Art und Zulässigkeit des Verfahrens, Abweichungen vom Regelinsolvenzverfahren 125
      2. Stundungsvoraussetzungen gemäß § 4a 126
      3. Außergerichtliche und gerichtliche Schuldenbereinigung 127
      4. Verfahrensablauf und Zusammenhang mit dem Restschuldbefreiungsverfahren 129
      5. Aufgaben des Treuhänders 132
   II. Insolvenzverfahren über Sondervermögen 133

6. Kapitel. Deutsches und Europäisches Internationales Insolvenzrecht 135
   I. Einführung 135
   II. Internationale Zuständigkeit 136
   III. Anwendbares Recht (Kollisionsrecht) 139
   IV. Anerkennung ausländischer Insolvenzverfahren 143
   V. Partikular- und Sekundärinsolvenzverfahren 147

Stichwortverzeichnis 153

Abkürzungsverzeichnis

a. A.	anderer Ansicht
AG	Amtsgericht/Aktiengesellschaft
AGB	Allgemeine Geschäftsbedingungen
AktG	Aktiengesetz
AO	Abgabenordnung
AP	Arbeitsrechtliche Praxis
ArbGG	Arbeitsgerichtsgesetz
Art.	Artikel
ausf.	ausführlich
BAG	Bundesarbeitsgericht
BegrRegE	Begründung des Regierungsentwurfs
BetrVG	Betriebsverfassungsgesetz
BFH	Bundesfinanzhof
BGB	Bürgerliches Gesetzbuch
BGH	Bundesgerichtshof
BGHZ	Entscheidungen des Bundesgerichtshofes in Zivilsachen
BR-Drs.	Bundesratsdrucksache
BRAO	Bundesrechtsanwaltsordnung
BT-Drs.	Bundestagsdrucksache
BVerwG	Bundesverwaltungsgericht
BVerwGE	Entscheidungen des Bundesverwaltungsgerichts
bzw.	beziehungsweise
ders.	derselbe
d. h.	das heißt
DZWiR	Deutsche Zeitschrift für Wirtschaftsrecht (ab 1993)
EGGVG	Einführungsgesetz zum Gerichtsverfassungsgesetz
EGInsO	Einführungsgesetz zur Insolvenzordnung
e. K.	eingetragener Kaufmann/eingetragene Kauffrau
etc.	et cetera
EuGH	Europäischer Gerichtshof
EuGVÜ	Brüsseler Übereinkommen über die gerichtliche Zuständigkeit und die Vollstreckung gerichtlicher Entscheidungen in Zivil- und Handelssachen
EuGVVO	Verordnung über die gerichtliche Zuständigkeit und die Anerkennung und Vollstreckung von Entscheidungen in Zivil- und Handelssachen
EuInsVO	Europäische Insolvenzverfahrensverordnung
f. (ff.)	folgende (Plural)
FGG	Gesetz über die Angelegenheiten der freiwilligen Gerichtsbarkeit
FGO	Finanzgerichtsordnung

GbR	Gesellschaft bürgerlichen Rechts
GenG	Gesetz betreffend die Erwerbs- und Wirtschaftsgenossenschaften
GewO	Gewerbeordnung
GG	Grundgesetz
ggf.	gegebenenfalls
GKG	Gerichtskostengesetz
GmbH	Gesellschaft mit beschränkter Haftung
GmbHG	Gesetz betreffend die Gesellschaften mit beschränkter Haftung
grds.	grundsätzlich
HGB	Handelsgesetzbuch
h. M.	herrschende Meinung
HS.	Halbsatz
i. d. R.	in der Regel
Inc.	Incorporation
insb.	insbesondere
InsO	Insolvenzordnung
InsVV	Insolvenzrechtliche Vergütungsverordnung
i. S. d.	im Sinne des
i. S. v.	im Sinne von
i. V. m.	in Verbindung mit
JZ	Juristenzeitung
KG	Kammergericht/Kommanditgesellschaft
KO	Konkursordnung
KrW-/AbfG	Kreislaufwirtschafts- und Abfallgesetz
KSchG	Kündigungsschutzgesetz
KTS	Konkurs, Treuhand, Sanierung
LAG	Landesarbeitsgericht
LG	Landgericht
lit.	litera
Ltd.	Limited
m. w. N.	mit weiteren Nachweisen
MüKo	Münchener Kommentar
NJW	Neue Juristische Wochenschrift
NJW-RR	NJW-Rechtsprechungsreport
NVwZ	Neue Zeitschrift für Verwaltungsrecht
NZA	Neue Zeitschrift für Arbeits- und Sozialrecht
NZG	Neue Zeitschrift für Gesellschaftsrecht
NZI	Neue Zeitschrift für Insolvenzrecht
OHG	Offene Handelsgesellschaft
OLG	Oberlandesgericht
OVG	Oberverwaltungsgericht

PartG	Partnerschaftsgesellschaft
RegE	Regierungsentwurf der InsO
RGZ	Entscheidungen des Reichsgerichtes in Zivilsachen
Rn.	Randnummer
RPflG	Rechtspflegergesetz
Rspr.	Rechtsprechung
SARL	Société à responsabilité limitée
S.	Satz/Siehe/Seite
SGB	Sozialgesetzbuch
SGG	Sozialgerichtsgesetz
sog.	so genannte(s)
u. a.	unter anderem
Unterabs.	Unterabsatz
UStG	Umsatzsteuergesetz
vgl.	vergleiche
VO	Verordnung
WM	Wertpapier-Mitteilungen, Zeitschrift für Wirtschafts- und Bankrecht
z. B.	zum Beispiel
ZInsO	Zeitschrift für das gesamte Insolvenzrecht
ZIP	Zeitschrift für Wirtschaftsrecht (früher: Zeitschrift für gesamte Insolvenzpraxis)
ZPO	Zivilprozessordnung
ZVG	Gesetz über Zwangsversteigerung und Zwangsverwaltung

Paragrafen ohne Gesetzesbezeichnung sind solche der InsO.

Verzeichnis der (abgekürzt) zitierten Literatur

*Baumbach/Lauterbach/
Albers/Hartmann* .... *Baumbach/Lauterbach/Albers/Hartmann,* Zivilprozessordnung, 72. Aufl., 2014
Blersch/Goetsch/Haas/
Bearbeiter .... *Blersch/Goetsch/Haas* (Hrsg.), Berliner Kommentar zum Insolvenzrecht, Loseblatt
Bork .... *Bork,* Einführung in das Insolvenzrecht, 7. Aufl., 2014
Braun/*Bearbeiter* .... *Braun,* Insolvenzordnung, 6. Aufl., 2014
Fachanwaltskommentar/*Bearbeiter* .... *Ahrens/Gehrlein/Ringstmeier* (Hrsg.), Fachanwaltskommentar für Insolvenzrecht, 1. Aufl., 2012
Foerste .... *Foerste,* Insolvenzrecht, 6. Aufl., 2014
Frege/Keller/Riedel ...... *Frege/Keller/Riedel,* Insolvenzrecht, 7. Aufl., 2008
Hamburger Kommentar/*Bearbeiter* .... *Schmidt* (Hrsg.), Hamburger Kommentar zum Insolvenzrecht, 5. Aufl., 2015
Häsemeyer .... *Häsemeyer,* Insolvenzrecht, 4. Aufl., 2007
Hess/Weis/Wienberg .... *Hess/Weis/Wienberg,* Kommentar zur Insolvenzordnung, 2. Aufl., 2001
HK/*Bearbeiter* .... *Kreft* (Hrsg.), Insolvenzordnung (Heidelberger Kommentar), 7. Aufl., 2014
Huntemann/Brockdorff *Huntemann/Graf Brockdorff* (Hrsg.), Der Gläubiger im Insolvenzverfahren, 2001
InsR-Hdb/*Bearbeiter* ... *Gottwald* (Hrsg.), Insolvenzrechts-Handbuch, 4. Aufl., 2010
Jaeger/*Bearbeiter* .... *Jaeger* (Hrsg.), Insolvenzordnung, Großkommentar, 2007 ff.
Kölner Schrift zur
InsO/*Bearbeiter* .... *Arbeitskreis für Insolvenz- und Schiedsgerichtswesen* (Hrsg.), Kölner Schrift zur Insolvenzordnung, 3. Aufl., 2009
Kübler/Prütting/Bork/
Bearbeiter .... *B. M. Kübler/Prütting/Bork* (Hrsg.), Kommentar zur Insolvenzordnung, Loseblatt
Leonhardt/Smid/
Zeuner/*Bearbeiter* ...... *Leonhardt/Smid/Zeuner* (Hrsg.), Insolvenzordnung, Kommentar, 3. Aufl., 2010
Leonhardt/Smid/
Zeuner/*Bearbeiter,*
IntInsR .... *Leonhardt/Smid/Zeuner,* Internationales Insolvenzrecht, Kommentar, 2. Aufl., 2012
MüKoInsO/
Bearbeiter .... *Kirchhoff/Sterner/Eidenmüller* (Hrsg.), Münchener Kommentar zur Insolvenzordnung, 3. Aufl., 2013

Nerlich/Römermann/ *Bearbeiter*	*Nerlich/Römermann* (Hrsg.) Insolvenzordnung, Kommentar, 25. Aufl., 2013
Palandt/*Bearbeiter*	*Palandt,* Bürgerliches Gesetzbuch, Kommentar, 73. Aufl., 2014
Pannen/*Bearbeiter*	*Pannen* (Hrsg.), Europäische Insolvenzverordnung, 2007
Pape/Uhlenbruck/ *Voigt-Salus*	*Pape/Uhlenbruck/Voigt-Salus,* Insolvenzrecht, 2. Aufl., 2010
Paulus	*Paulus,* Europäische Insolvenzverordnung, 4. Aufl., 2013
K. Schmidt	*K. Schmidt* (Hrsg.), Insolvenzordnung, Kommentar, 18. Aufl., 2013
Thomas/Putzo/ *Bearbeiter*	*Thomas/Putzo* (Hrsg.), Zivilprozessordnung, Kommentar, 35. Aufl., 2014
Uhlenbruck/ *Bearbeiter*	*Uhlenbruck* (Hrsg.), Insolvenzordnung, Kommentar, 13. Aufl., 2010
Zöller/*Bearbeiter*	*Zöller,* Zivilprozessordnung, Kommentar, 30. Aufl., 2014

Einführende Fragen

1.

Was ist der Zweck des Insolvenzverfahrens?

a) Der **Rechtsfrieden** wird durch die Einzelvollstreckung, d. h. durch den Zugriff einzelner Gläubiger auf einzelne Vermögensgegenstände, empfindlich gestört, wenn ein Schuldner mehrere Gläubiger hat und sein Vermögen zur Befriedigung aller nicht ausreicht. Dann droht ein „Kampf aller gegen alle", in dem der rücksichtslose oder besser informierte Gläubiger im Vorteil ist und evtl. noch volle Deckung erlangt, während der über die Kreditwürdigkeit des Schuldners falsch unterrichtete oder langsamere Gläubiger leer ausgeht.

Deshalb sieht die Insolvenzordnung ein staatliches Verfahren der Gesamtvollstreckung vor, in der das Prinzip der bestmöglichen und gleichmäßigen Gläubigerbefriedigung gilt und in welchem die Gläubiger mitbestimmen können. Damit sind der **Gleichbehandlungsgrundsatz** (par conditio creditorum), die **Ordnungsfunktion** und die **Gläubigerautonomie** als Ziele des Verfahrens gemäß § 1 Insolvenzordnung angesprochen. Dem einzelnen Gläubiger wird die Initiative bei der Verfolgung seiner Forderungen aus der Hand genommen; an ihre Stelle tritt die Gesamtinitiative der Gläubigergemeinschaft. Gleichzeitig wird die Herrschaft des Schuldners über sein Vermögen beschränkt und die Verwaltungs- und Verfügungsbefugnis einem Insolvenzverwalter übertragen. Das **Prioritätsprinzip der Einzelzwangsvollstreckung (§ 804 III ZPO)** wird durch den Grundsatz der Gleichbehandlung ersetzt. Aus diesem Grundsatz folgt das Prinzip der **Verlustgemeinschaft**; d. h. alle Insolvenzgläubiger sollen gleichmäßig am Verlust teilhaben und umgekehrt die gleiche Befriedigungsquote erhalten. Dass mit Offenbarung der Insolvenz des Schuldners alle Gläubiger notwendigerweise nach dem Grundsatz der Gleichbehandlung (par conditio creditorum) behandelt werden, wird als Kernstück des Insolvenzverfahrens angesehen.

Die Beteiligung der Gläubiger am Insolvenzverfahren setzt keinen Vollstreckungstitel voraus.

Der gemeinschaftlichen Befriedigung der Insolvenzgläubiger des Insolvenzschuldners dient die **schnelle und optimale Verwertung der Insolvenzmasse**. Die Gesamtvollstreckung ermöglicht es im Gegensatz zur Einzelvollstreckung, Sachgesamtheiten, z. B. Betriebsstätten, im Ganzen und damit wirtschaftlich sinnvoller zu verwerten.

b) Der Ausgangspunkt dieser Zweckbestimmung des Insolvenzverfahrens stimmt mit der Wirklichkeit nicht überein. Die durchschnittliche Insolvenzquote für Insolvenzgläubiger liegt im Durchschnitt im Bereich einstelliger Prozentzahlen. Wegen der allgemeinen Dürftigkeit der Insolvenzmassen, die vor allem darauf zurückzuführen ist, dass sich die Hauptgläubiger der Insolvenzschuldner durchweg dingliche Sicherheiten haben einräumen lassen, die in der Insolvenz für die übrigen Gläubiger folglich nicht zur Verfügung stehen, lohnt ein Kampf der persönlichen Gläubiger nicht.

Nicht mehr der Zerschlagung des Schuldnervermögens wird das Wort geredet, sondern einer aus dem Insolvenzzweck in § 1 abgeleiteten Möglichkeit der Betriebsfortführung unter größerer Beachtung betriebswirtschaftlicher Überlegungen. Gemäß § 1 kann insbesondere der Insolvenzschuldner selbst vor allem mittels Insolvenzplanes gemäß §§ 217 ff. saniert werden. Diese **Sanierungsfunktion** steht im Spannungsfeld zur gleichmäßigen und bestmöglichen Gläubigerbefriedigung. Nach strittiger, aber zutreffender und wohl überwiegender Ansicht stellt dabei die bestmögliche und gleichmäßige Gläubigerbefriedigung ein absolutes Verfahrensziel dar (vgl. ausführlich dazu Jaeger/*Hencke*, § 1 Rn. 3, 5 ff.).

c) Zentrales Verfahrensziel ist weiter der **Schuldnerschutz,** insbesondere die **Restschuldbefreiung,** vgl. § 1 S. 2. Redlichen Schuldnern wird die Möglichkeit gegeben, sechs Jahre nach Eröffnung eines Insolvenzverfahrens in den Genuss der Restschuldbefreiung zu kommen, §§ 287 ff. Diese Möglichkeit ist die zentrale Motivation der Schuldner, selbst einen Insolvenzantrag zu stellen, welcher Voraussetzung für die Erteilung der Restschuldbefreiung ist.

Das Restschuldbefreiungsverfahren ist jedoch nicht als reines Entschuldungsverfahren gestaltet. Vielmehr sind die berechtigten Interessen der Gläubiger an einer optimalen Befriedigung ihrer Forderungen berücksichtigt. Dem Schuldner obliegt es deshalb, auf dem Weg bis zur Erteilung der Restschuldbefreiung, insbesondere einer Erwerbstätigkeit nachzugehen, um pfändbares Vermögen an den Treuhänder/Insolvenzverwalter abzuführen.

Gegenüber der Konkursordnung wertet die Insolvenzordnung die Interessen der Insolvenzschuldner auf: Neben der Ermöglichung der Restschuldbefreiung für natürliche Personen sollten die Chancen einvernehmlicher Schuldenregulierungen durch (Zwangs-)Vergleichsmöglichkeiten erhöht werden. Dies geschieht in den Regelinsolvenzverfahren durch Erörterungs- und Abstimmungstermine über Insolvenzpläne gemäß § 217 ff. und im Vorfeld von Verbraucherinsolvenzverfahren mittels Durchführung außergerichtlicher und gerichtlicher Schuldenbereinigungsverfahren (§§ 304 ff.). Zu den Schuldnerschutzbestimmungen ist auch die Möglichkeit der Anordnung der Eigenverwaltung (§§ 270 ff.) zu nennen, nach welcher dem Schuldner ausnahmsweise trotz Insolvenzeröffnung die Verwaltungs- und Verfügungsbefugnis in Bezug auf die Insolvenzmasse erhalten bleiben kann.

2.

Welches sind die gesetzlichen Grundlagen des Insolvenzrechts, und wie lassen sich dessen Inhalt im Großen und Ganzen und sein Standort in der Gesamtrechtsordnung bestimmen?

Zentrale Rechtsgrundlage ist die InsO. Weitere insolvenzrechtliche Vorschriften sind in anderen Gesetzen enthalten, z. B. im BGB, HGB, AktG, GmbHG, GenG. Sie betreffen insbesondere die Pflicht zur Stellung des Insolvenzantrags und persönliche Haftungstatbestände der Vertretungsorgane der Schuldner.

Das Insolvenzverfahren ist ein staatliches, gerichtliches Verfahren. Es ist nicht Erkenntnisverfahren, obgleich es auch die Feststellung der angemeldeten Forderungen bezweckt und die Eintragung in die Insolvenztabelle Grundlage für die Zwangsvollstreckung nach Abschluss des Verfahrens ist, sofern dem Schuldner nicht die Restschuldbefreiung angekündigt wurde (sog. „Recht der freien Nachforderung" gemäß § 201). Ob das Insolvenzverfahren sachlich zur streitigen Gerichtsbarkeit gehört oder aber Merkmale des Vollstreckungsverfahrens und des Verfahrens der freiwilligen Gerichtsbarkeit aufweist, ist eine theoretische Frage; denn nach § 4 finden die Vorschriften der ZPO auf das in der Insolvenzordnung selbständig geregelte Verfahren entsprechende Anwendung.

Die Insolvenzordnung enthält nicht nur Verfahrensrecht. Vielmehr wird durch die Insolvenzordnung auch bürgerliches Recht geregelt; die Insolvenzordnung regelt die Auswirkungen auf Privatrechte der Beteiligten. Dies gilt im Besonderen für die Regelungen zur Abwicklung von Vertragsverhältnissen gemäß §§ 103 ff. und für die haftungsrechtliche Rückabwicklung von Rechtshandlungen aus der Zeit vor Insolvenzeröffnung mittels Insolvenzanfechtung, vgl. §§ 129 ff.

Ferner enthält die Insolvenzordnung Insolvenzprozessrecht und reines Verfahrensrecht. Es regelt z. B. die Zuständigkeit der Organe der Gläubiger (§§ 67 ff.; §§ 74 ff.), die Eröffnung des Insolvenzverfahrens (§ 27), die Verteilung der Insolvenzmasse (§§ 187 ff.). Das Schwergewicht liegt jedoch auf dem materiellen Insolvenzrecht.

3.
Wie ist das Insolvenzverfahren in seinen Grundzügen geregelt?

a) Die Eröffnung des Insolvenzverfahrens erfolgt auf Antrag des Schuldners oder eines Gläubigers durch Beschluss des Insolvenzgerichts (§§ 13, 27). Sie setzt einen Insolvenzgrund voraus, regelmäßig Zahlungsunfähigkeit des Schuldners, bei juristischen Personen auch Überschuldung (§§ 16–19).

Der Schuldner bleibt nach Eröffnung des Insolvenzverfahrens zwar Inhaber der Insolvenzmasse, jedoch geht die Verwaltungs- und Verfügungsbefugnis auf den Insolvenzverwalter über (§ 80), der vom Insolvenzgericht ernannt und beaufsichtigt wird (§§ 56, 58 ff.). Dabei ist Insolvenzmasse das dem Insolvenzschuldner zur Zeit der Insolvenzeröffnung zustehende und zukünftige pfändbare Vermögen. Auch in seiner personenrechtlichen Stellung wird der Insolvenzschuldner beschränkt.

b) Für die Bestimmung der am Insolvenzverfahren beteiligten Gläubiger wird im Gesetz ebenfalls auf die Insolvenzeröffnung abgestellt: Insolvenzgläubiger ist jeder, der in diesem Zeitpunkt einen begründeten Vermögensanspruch gegen den Insolvenzschuldner hat (§ 38). Die Insolvenzgläubiger sind gleichmäßig zu behandeln und anteilig zu befriedigen. Hiervon zu unterscheiden sind die Massegläubiger (§§ 54 ff.), die grundsätzlich gemäß § 53 vorab zu befriedigen sind, weil ihre Forderungen durch das Verfahren selbst, in der Regel erst nach Eröffnung des Verfahrens, veranlasst wurden.

Die Berücksichtigung von Insolvenzforderungen in der Insolvenz setzt ihre Anmeldung beim Insolvenzverwalter voraus (§§ 174 ff.). Die angemeldeten Forderungen werden in ein Gläubigerverzeichnis (Insolvenztabelle) eingetragen. Die unbestrittene Eintragung der Forderungsfeststellung wirkt wie ein rechtskräftiges Urteil (§ 201 II). Bestrittene Forderungen müssen außerhalb des Insolvenzverfahrens gerichtlich festgestellt werden (§ 180).

Als Organe der Gläubiger fungieren der Gläubigerausschuss und die Gläubigerversammlung (§§ 67 ff.; §§ 74 ff.). Die Bestellung eines Gläubigerausschusses ist fakultativ und meist nur in großen Insolvenzverfahren vorzufinden.

c) Nicht alles, was der Insolvenzverwalter nach § 148 in Besitz genommen hat („Ist-Masse"), steht den Insolvenzgläubigern zu. Die „reine" Masse („Soll-Masse") ergibt sich, nachdem massefremde Gegenstände ausgesondert sind (§§ 47 f.). Des Weiteren ist die Ist-Masse reduziert durch Absonderungsrechte insbesondere der Pfandberechtigten (§§ 49 ff.) sowie durch Aufrechnung nach Insolvenzeröffnung, die unter bestimmten Voraussetzungen zulässig ist (§§ 94 ff.).

Der Masseanreicherung dient dagegen auf dem Weg von der Ist-Masse zur Soll-Masse dagegen der Einzug der Forderungen und insbesondere die Insolvenzanfechtung: Mit Hilfe der Insolvenzanfechtung werden Vermögensgegenstände, die vor Insolvenzeröffnung dem Zugriff der Gläubiger entzogen worden sind, wieder in die Masse zurückgeholt (§§ 129 ff.). Sicherungsrechte, die durch Vollstreckungsmaßnahmen vor dem Insolvenzantrag erlangt wurden, werden mittels Rückschlagsperre unwirksam (§ 88).

Von dem, was jetzt noch vorhanden ist, sind gemäß § 53 vorweg zu berichten: Massekosten und Masseschulden, nämlich die Kosten des Verfahrens und Ansprüche, die im weitesten Sinne aus der Verwaltung der Insolvenzmasse herrühren.

4.
a) Welche Verfahrensarten werden unterschieden?
b) Weshalb sprechen wir von der Insolvenz und nicht mehr vom Konkurs?

a) Die Insolvenzordnung ist auf ein einheitliches Insolvenzverfahren ungeachtet der Rechtsform des Schuldners zugeschnitten (sog. Regelinsolvenzverfahren). Dabei ist das gesamte gegenwärtige und zukünftige pfändbare Vermögen vom Insolvenzbeschlag erfasst (§§ 35 f.). Unter „besondere Arten des Insolvenzverfahrens" (§§ 315 ff.) werden die Nachlassinsolvenz und die Insolvenz über das Gesamtgut der ehelichen Gütergemeinschaft bzw. einer fortgesetzten Gütergemeinschaft verstanden. Neben diesen Sonderinsolvenzverfahren haben die Verbraucherinsolvenzverfahren und sonstigen Kleinverfahren eine herausragende Bedeutung, weil sie die Mehrzahl aller Insolvenzverfahren ausmachen: Gemäß §§ 304 ff. findet ein besonderes, vereinfachtes Verfahren für natürliche Personen Anwendung, welche die Verbrauchermerkmale gemäß § 304 erfüllen. Auch für sie gelten die allgemeinen Vorschriften, soweit diese nicht durch besondere Regeln verdrängt werden.

b) Das früher gebräuchliche Wort „Konkurs" kommt vom Lateinischen concursus creditorum. Die moderne Rechtsprache spricht nicht mehr vom Konkurs der Gläubiger, sondern aufgrund der am 1.1.1999 in Kraft getretenen Insolvenzordnung von der „Insolvenz", der Zahlungsunfähigkeit des Schuldners. Grund der sprachlichen Neuordnung sind die neuen Ziele und Verfahrensmöglichkeiten (vgl. Frage 1). Die Insolvenzordnung hat sowohl die Konkurs-, Vergleichs- als auch die Gesamtvollstreckungsordnung abgelöst.

5.
Wie kann ein Insolvenzverfahren beendet werden?

Stehen Aktivmasse und Schuldenmasse fest, so wird die Teilungsmasse, die sich aus der Verwertung der Aktivmasse durch den Insolvenzverwalter ergibt, an die Insolvenzgläubiger ausgeschüttet (Insolvenzquote). Nach der Verteilung (§§ 187 ff.) wird das Insolvenzverfahren durch Beschluss des Insolvenzgerichts aufgehoben (§ 200 I). Hierdurch wird die Haftung des Schuldners für nicht befriedigte Insolvenzforderungen nicht berührt, sofern nicht die Restschuldbefreiung angekündigt wurde (§ 201).

Die Insolvenz kann auch durch eine Art Zwangsvergleich, nämlich durch die gerichtliche Bestätigung eines angenommenen Insolvenzplans gemäß §§ 217 ff., 248, beendet werden (§ 244). Wird der Insolvenzplan durch das Gericht bestätigt, so ist auch die Minderheit an ihn gebunden (§ 254). Nach rechtskräftiger Bestätigung des Insolvenzplans ist das Insolvenzverfahren aufzuheben (§ 258). Der Insolvenzplan enthält in der Regel eine Befreiung der Schulden. Dabei gilt nach § 254 II, dass akzessorische Sicherheiten der Gläubiger, also insbesondere Bürgschaften, Mitschuldnerschaften, trotz Schuldbefreiung bestehen bleiben. Dass kann nur so erklärt werden, dass rechtstechnisch die Hauptverbindlichkeit des Insolvenzschuldners bestehen bleibt, also nicht erlischt. Andernfalls bestünden etwa Bürgschaftsverpflichtungen gem. § 767 I BGB nicht mehr. Die Verbindlichkeit ist aber unvollkommen, sie ist rechtlich vergleichbar mit Spiel- und Wettschulden gem. § 762 BGB und folglich nicht mehr durchsetzbar. Wie bei der gesetzlichen Restschuldbefreiung (§ 301) bestehen die Verbindlichkeiten also als sog. Naturalobligationen fort.

Es kann auch zu einer Einstellung des Insolvenzverfahrens kommen, wenn der Schuldner einen entsprechenden Antrag stellt (etwa bei Vollbefriedigung der Insolvenzgläubiger außerhalb des Insolvenzverfahrens, was nur selten vorkommt, § 212), oder wenn sich herausstellt, dass eine ausreichende Masse nicht vorhanden ist (Einstellung mangels Masse), §§ 207, 211 (dazu Frage 180).

1. Kapitel. Die Beteiligten des Insolvenzverfahrens

I. Der Insolvenzschuldner

1. Der Insolvenzschuldner als Verfahrensbeteiligter

6.
Insolvenzschuldner S möchte wissen, wie er sich nach Insolvenzeröffnung verhalten soll.
a) Er fragt, ob ihn während des Verfahrens insolvenzspezifische Pflichten treffen. Er möchte insbesondere wissen, welche Informationen er preisgeben muss.
b) Treffen ihn die Pflichten bereits vor Eröffnung des Insolvenzverfahrens?

a) Während des gesamten Insolvenzverfahrens ist der Insolvenzschuldner gemäß § 97 umfassend zur Auskunft und Mitwirkung verpflichtet.

Nach § 97 I 1 trifft den Insolvenzschuldner eine Auskunftspflicht. Die verfassungsrechtlich umstrittene Vorschrift nach § 97 I 2 hebt zudem hervor, dass zu dieser Pflicht auch die Anzeige strafbarer Handlungen gehört (sog. Selbstbezichtigungsgebot). Diese Anzeigen können jedoch nach § 97 I 3 in einem Strafverfahren gegen den Insolvenzschuldner oder einen Angehörigen i. S. d. § 52 I StPO nur mit Zustimmung des Insolvenzschuldners verwendet werden.

Nach § 97 II trifft den Insolvenzschuldner eine Mitwirkungspflicht. Er hat den Verwalter bei der Erfüllung der Aufgaben zu unterstützen.

b) Die aufgezeigten Pflichten des Insolvenzschuldners und die Vorschriften zu ihrer Durchsetzung gelten mit Ausnahme von §§ 99, 153 bereits im Eröffnungsverfahren, sobald ein zulässiger Antrag auf Eröffnung des Insolvenzverfahrens gestellt wurde, § 20.

7.
a) Schuldner S, der regelmäßiges Arbeitseinkommen bezieht, möchte der Evangelischen Kirche Berlin-Brandenburg – schlesische Oberlausitz beitreten und auch gerne die Kirchensteuer zahlen. Der Insolvenzverwalter ist erbost, weil der pfändbare Betrag durch die erhöhte Steuer geringer wird. Er weist S an, unter Hinweis auf die Mitwirkungspflicht gemäß § 98 II, von seinem Ansinnen Abstand zu nehmen. Mit Recht?
b) Nach welchen Vorschriften wären grundsätzlich die Pflichten des Schuldners gemäß § 97 durchzusetzen?

a) Der geplante Beitritt des Schuldners stellte keine Mitwirkungspflichtverletzung dar. Die Eröffnung des Insolvenzverfahrens ändert an der in Art. 4 GG geschützten Religionsfreiheit nichts. Zu dieser gehören auch das Recht und die Freiheit jedes Menschen, einer Religionsgemeinschaft beizutreten oder nicht.

b) Die Durchsetzung der Pflichten des Schuldners wird in § 98 geregelt. Wenn es der wahrheitsgemäßen Aussage dient, muss der Insolvenzschuldner auf Gerichtsanordnung die Aussage auch unter Eid leisten, § 98 I 1. Nach Aufstellung der Vermögensübersicht (§ 153 I) erfolgt diese Gerichtsanordnung auf Antrag des Verwalters oder eines Gläubigers, § 153 II 1.

Weiter sieht das Gesetz insbesondere die Einschränkung der Bewegungsfreiheit des Insolvenzschuldners (§ 97 III), seine zwangsweise Vorführung und Haft (§ 98 II) und die Verhängung einer Postsperre (§ 99) vor. Letztere ist wegen des Grundrechtsschutzes gemäß Art. 10 GG an strenge Voraussetzungen geknüpft. § 102 wahrt das grundgesetzliche Zitiergebot.

Für die Anordnung der Haft gelten gemäß § 98 III 1 die §§ 802g II, 802h, 802j I ZPO analog. Der Verhältnismäßigkeitsgrundsatz findet Anwendung.

8.
Geschäftsführer G sowie die Angestellte A der insolventen X-GmbH fragen an, ob sie ebenfalls auskunfts- und mitwirkungspflichtig sind.

Ja. Ist der Insolvenzschuldner keine natürliche Person, trifft die Organe (Vertretungsberechtigte) und persönlich haftenden Gesellschafter diese Pflicht, § 101 I. G ist Geschäftsführungsorgan der X-GmbH gemäß § 6 I GmbHG und damit auskunfts- und mitwirkungspflichtig.

A ist lediglich auskunftspflichtig. Angestellten obliegt eine einfache Auskunftspflicht, die nicht nach insolvenz-, sondern nur nach normalen zivilprozessrechtlichen Bestimmungen erzwingbar ist, vgl. § 101 II.

9.
Der Insolvenzschuldner veräußert sein Grundstück eine Woche nach Verfahrenseröffnung an den ahnungslosen D. Das Grundbuch enthält keine Insolvenzvermerke. D wird im Grundbuch als Eigentümer eingetragen. Ist die Veräußerung gemäß § 81 unwirksam?

Nein, gemäß § 81 I 2 konnte D das Grundstück erwerben. Es gelten §§ 892, 893 BGB zugunsten des D die Vorschriften zum Gutglaubensschutz beim Erwerb unbeweglicher Gegenstände. Da weder die Verfahrenseröffnung gemäß § 32 noch Verfügungsbeschränkungen gemäß §§ 21, 23 III i. V. m. § 32 eingetragen waren, galt der Inhalt des Grundbuch gegenüber D als richtig.

10.
Die Insolvenzschuldnerin ist eine Gesellschaft. Welche handels- und gesellschaftsrechtliche Konsequenz hat die Eröffnung des Insolvenzverfahrens?

Gesellschaften werden durch die Insolvenzeröffnung aufgelöst: Kapitalgesellschaften (§§ 262 I Nr. 3 AktG, 60 I Nr. 4 GmbHG) ebenso wie Personengesellschaften (§ 728 I 1 BGB, § 161 i. V. m § 131 I Nr. 3 HGB). Auflösung bedeutet nicht Beendigung, sondern kennzeichnet den Übergang in ein Liquidationsverfahren. Die Auflösung wird im Handelsregister eingetragen. Die Vertretungsorgane bleiben trotz Insolvenzeröffnung im Amt. Ihre Befugnisse beschränken sich jedoch auf die nichtvermögensbezogenen Angelegenheiten der Gesellschaft einschließlich der Mitwirkung bei möglichen Sanierungsmaßnahmen zugunsten der Gesellschaft und auf die Verwaltung und Verfügung der vom Insolvenzschuldner freigegebenen Gegenstände, soweit sie nach den gesellschaftsrechtlich einschlägigen Vorschriften Liquidatoren der Gesellschaft sind.

2. Der personenrechtliche Status, der vermögensrechtliche Status

11.

Schuldner S möchte für ein ½ Jahr nach Kanada ziehen, um dort ein Praktikum als Krankengymnast zu absolvieren. Das Gericht ordnet allerdings zum Zwecke der Erteilung von Auskünften und zur Unterstützung der Verwertungsaufgaben des Insolvenzverwalters an, dass der Schuldner sich jederzeit zur Verfügung zu stellen habe. S sieht hierin eine unzulässige Freiheitsbeschränkung. Zu Recht?

Nein. Seine persönliche Freiheit wird beschränkt durch die Pflicht, sich auf richterliche Anordnung jederzeit zwecks Erfüllung sämtlicher Pflichten jederzeit zur Verfügung zu stellen, § 97 III. Kommt S dieser Bereitschaftsverpflichtung, welche an die Stelle der alten Residenzpflicht nach § 101 KO getreten ist, nicht nach, wird seine persönliche Freiheit weiter durch die nach richterlicher Anordnung zulässige zwangsweise Vorführung und Haft eingeschränkt (§§ 98 II, 3, 4 RPflG). Die hiermit verbundenen Eingriffe in die persönliche Freiheit und in die Freizügigkeit sowie in das Briefgeheimnis (Art. 2, 10 GG) sind zur Sicherung der insolvenzrechtlichen Haftungsabwicklung geboten. Das Zitiergebot wird gemäß § 102 gewahrt.

12.

Insolvenzschuldner S möchte wissen, welche Wirkung die Eröffnung des Insolvenzverfahrens für ihn haben kann? Er fragt insbesondere, ob staatsbürgerliche oder berufliche Rechte eingeschränkt werden können?

In Folge der Eröffnung des Insolvenzverfahrens kann der Schuldner einige staatsbürgerliche und berufliche Rechte verlieren, wenn und soweit er nach Maßgabe der berufsrechtlichen Vorschriften „in Vermögensverfall" geraten ist. Der Schuldner soll weiter nicht als Laienrichter, Schöffe, Handelsrichter oder sonstiger ehrenamtlichen Richter bestellt werden und kann des Amtes enthoben werden, wenn er nachträglich in die Schuldnerstellung gerät, vgl. §§ 21 II 2, 37, 43 ArbGG, §§ 18, 21, 23 FGO, §§ 17 I 2, 35 I, 47 SGG.

Ferner darf der Schuldner bei Vermögensverfall nicht zur Rechtsanwaltschaft zugelassen werden. Eine frühere Zulassung kann zurückgenommen werden. §§ 7 Nr. 9, 14 II Nr. 7 BRAO.

Sobald er das Amt eines Notars ausübt, ist er dieses Amtes zu entheben, § 50 I Nr. 6 BNotO. Ähnliches gilt etwa auch im Hinblick auf den Widerruf der Bestellung zum Steuerberater § 46 II Nr. 4 SteuerberatungsG.

Betreibt der Schuldner ein Gewerbe, kann er es weiterführen, sofern keine besonderen Gründe der Unzuverlässigkeit vorliegen, vgl. § 12 GewO. Etwas anderes gilt aber z. B. bei Apothekern. Unabhängig von der Zuverlässigkeit, darf er seinen Beruf nach Verlust der Verwaltungs- und Verfügungsbefugnis nicht weiter ausüben, weil das ApoG erfordert, dass ein Apotheker die wirtschaftliche Geschäftsführung und die fachliche Kompetenz in seiner Person vereinigen muss (vgl. § 7 ApoG).

13.

S fragt, ob er nach wie vor Eigentümer der Gegenstände ist, die sich nunmehr in der Insolvenzmasse befinden.

Ja. Der Schuldner ist weiterhin Rechtsträger des zur Insolvenzmasse gehörigen Vermögens. Er kann die Masse jedoch nicht mehr wirksam verpflichten oder über massezugehörige Rechte nicht mehr wirksam verfügen. Gemäß § 80 I ist das gesamte Verwaltungs- und Verfügungsrecht auf den Insolvenzverwalter übergegangen. Verfügungen des Schuldners bzw. Leistungen an ihn sind folglich absolut unwirksam, vgl. §§ 81 f.

14.

Insolvenzschuldner S macht nach Verfahrenseröffnung neue Schulden. Gläubiger G fragt, ob ein zweites Insolvenzverfahren beantragt und durchgeführt werden kann?

In der überwiegenden Anzahl der Fälle ist dies nicht möglich. Dem S verbleibt nach der Eröffnung des Insolvenzverfahrens nur noch das vom Insolvenzverwalter ggf. freigegebene Vermögen und das der Zwangsvollstreckung nicht unterliegende Vermögen, §§ 35, 36. Nur hinsichtlich dieser Gegenstände hat er die volle Verwaltungs- und Verfügungsbefugnis. Die Privatautonomie des Schuldners wird hinsichtlich dieser Vermögensgegenstände nicht eingeschränkt. Soweit es sich um das Vermögen handelt, das der Zwangsvollstreckung nicht unterworfen ist, kann es aus diesem Grund und insoweit nicht zu einem zweiten Insolvenzverfahren (Zweitinsolvenzverfahren) kommen. Bei den neuen Schulden handelt es sich um sog. persönliche Neuverbindlichkeiten. Die persönlichen Neugläubiger nehmen am Insolvenzverfahren nicht teil. Etwas anderes gilt für das vom Insolvenzverwalter freigegebene Vermögen. Insoweit wäre theoretisch die Eröffnung eines zweiten Insolvenzverfahrens möglich. Derartige Fälle kommen praktisch aber nicht vor.

15.

Gläubiger G, der nach Verfahrenseröffnung durch Handlungen des Schuldners Forderungen gegen diesen erlangt hat, fragt, wann und wie er an sein Geld kommen kann?

Abwandlung 1: Gläubiger G1 ist Unterhaltsgläubiger, Gläubiger G2 hat einen Schmerzensgeldanspruch gegen S; die Ansprüche entstanden nach Verfahrenseröffnung. Welche Besonderheiten ergeben sich hierbei?

Erst durch die Beendigung des Insolvenzverfahrens lebt die Einzelzwangsvollstreckungsmöglichkeit der Gläubiger in das Vermögen des Schuldners wieder auf. Das gilt jedoch nur, wenn der Schuldner als natürliche Person die Restschuldbefreiung erlangt hat. Für Gesellschaften als Schuldner gilt dies ebenfalls nicht, weil sie nach Ende des Insolvenzverfahrens vollbeendet sind. Vor Beendigung des Insolvenzverfahrens ist zu unterscheiden, die Haftung des Schuldners mit der Insolvenzmasse, seine Haftung mit dem insolvenzfreien Vermögen und ggf. seine Nachhaftung nach Beendigung des Insolvenzverfahrens. Gegenüber dem Gläubiger G haftet der Schuldner mit dem insolvenzfreien Vermögen ohne besondere insolvenzrechtliche materiell- oder prozessrechtliche Beschränkungen. Dieser Gläubiger G kann daher auch Leistungsklage gegen den Schuldner erheben und einen Titel gegen ihn erlangen. Ob er seinen Titel vollstrecken kann, hängt davon ab, ob der Schuldner über das Vermögen verfügungsbefugt ist, das nicht der Zwangsvollstreckung unterfällt (vgl. Fall 14).

Abwandlung 2 von Fall 15: Unterhalts- und Deliktgläubiger (hier: G1 bzw. G2) dürfen nach § 89 II 2 in den erweiterten pfändbaren Einkommensanteil gemäß §§ 850d, 850f II ZPO weiterhin vollstrecken. Der nach diesen Vorschriften normierte Vorrechtsbereich berührt nämlich nicht die Insolvenzmasse, weil danach privilegiert auch in Bereich gepfändet werden kann, der unterhalb der allgemeinen Pfändungsgrenzen nach § 850c ZPO liegt.

16.

Der Schuldner S fragt an, für was er nach Beendigung des Insolvenzverfahrens haftet?

Nach der Beendigung des Insolvenzverfahrens (Aufhebung oder Einstellung des Insolvenzverfahrens) haftet der Schuldner soweit er eine natürliche Person ist den Insolvenzgläubigern „unbeschränkt", d. h. mit seinem ganzen Vermögen bis zur vollständigen Tilgung aller Insolvenzforderungen §§ 201, 215 II. Diese Nachhaftung ist durch die Möglichkeit einer Restschuldbefreiung unter gesetzlichen Voraussetzungen beseitigt worden, sofern der Schuldner einen Insolvenz- und Restschuldbefreiungsantrag gestellt hat. §§ 1 S. 2, 201 III, 286 ff. Bei Gesellschaften gilt dies nicht, weil sie mit Beendigung des Insolvenzverfahrens aufhören zu existieren (§ 394 I FamFG).

17.

Schuldner S fragt, was er unternehmen kann, damit die Insolvenzgläubiger nach Aufhebung des Insolvenzverfahrens die Nachhaftung nicht durchsetzen können?

Rechts- und Vollstreckungswirkung kann der Schuldner auf seine Nachhaftung beschränkt hindern, indem er angemeldete Forderungen seinerseits im Prüfungstermin bestreitet, vgl. §§ 201 II, 178. Der Insolvenzgläubiger kann dann seinerseits gemäß § 184 Klage gegen den Schuldner auf Feststellung der Forderung erheben. Anderes gilt nur, wenn die Forderung des Gläubigers bereits tituliert war. In diesem Fall müsste der Schuldner den Widerspruch verfolgen, also Feststellungsklage erheben, vgl. § 179 II.

18.

Nach Aufhebung des Insolvenzverfahrens treten Massegläubiger auf den Schuldner S zu, denen Forderung der Insolvenzverwalter begründet aber nicht befriedigt hatte. Haftet S für die Forderung?

Die Nachhaftung des Schuldners bezüglich Masseverbindlichkeiten (§ 201) ist differenziert zu betrachten: Nach einer Ansicht soll die Restschuldbefreiung auch sonstige Masseverbindlichkeiten umfassen, sofern sie nicht zu den Verfahrenskosten gehören, weil ansonsten das Insolvenzverfahren keinen Sinn mache (Hamburger Kommentar/ *Streck*, § 301 Rn. 3; *Voigt*, ZInsO 2002, 569). Nach anderer Ansicht bestehen diese unter Hinweis auf den Wortlaut und die Gesetzesmaterialien fort (so etwa Kübler/ Prütting/Bork/*Wenzel*, § 301 Rn. 3). Ist S ein Schuldner, der Restschuldbefreiung erhalten hat, so greift § 201 III ein. Ob Masseschulden von der Restschuldbefreiung erfasst werden, ist umstritten. Ist S Schuldner, der keine Restschuldbefreiung erlangen kann, erfasst nach einer Entscheidung des BGH, die allerdings noch zur KO ergangen ist (*BGH* NJW 1955, 339), die Nachhaftung des Schuldners S jedenfalls die von ihm selbst noch vor Verfahrenseröffnung begründeten Schulden, die aus schwebenden Verträgen (§§ 103 ff.) herrühren und soweit sie als Masseverbindlichkeiten (§ 55 I Nr. 2) fortbestehen. Dagegen soll der Schuldner für die erst durch das Insolvenzverfahren oder in ihm begründeten Masseverbindlichkeiten z. B. Verfahrenskosten, Ansprüche aus Masseverwertung, Masseverwaltung, nur gegenständlich beschränkt auf die Insolvenzmasse haften, also nur mit Masse zugehörigen Gegenständen, die ihm nach Beendigung des Verfahrens ausgehändigt worden sind.

19.

Das Insolvenzverfahren über das Vermögen des S ist nach Abhaltung des Schlusstermins aufgehoben und die Restschuldbefreiung angekündigt worden. Erst jetzt meldet sich Insolvenzgläubiger G mit seiner titulierten Forderung bei S und seinem Treuhänder und kündigt die Zwangsvollstreckung gegen S an. Zu Recht?

Nein, gemäß § 294 I gilt auch während der sog. Wohlverhaltensperiode ein Vollstreckungsverbot. Streitig ist, wer sich gegen eine solche Maßnahme durch Vollstreckungsrechtsbehelfe wehren muss. Nach wohl herrschender Ansicht ist dies der Treuhänder, sofern in den Betrag vollstreckt wird, der von der Abtretungserklärung gemäß § 287 II umfasst ist. In den anderen Fällen muss sich der Schuldner selbst wehren.

II. Insolvenzgläubiger

1. Kriterien der Insolvenzgläubigerstellung

20.

Wer ist Insolvenzgläubiger?

Nach der Legaldefinition des § 38 ist Insolvenzgläubiger, wer einen zur Zeit der Eröffnung des Insolvenzverfahrens begründeten Vermögensanspruch hat.

21.

Am 10.10.2013 wurde über das Vermögen des S das Insolvenzverfahren eröffnet. Der Gläubiger G hatte dem S am 10.6.2013 ein Darlehen gewährt, das am 12.12.2013 zur Rückzahlung fällig sein sollte. Ist G Insolvenzgläubiger?

Die Forderung des G ist zum Zeitpunkt der Eröffnung des Insolvenzverfahrens noch nicht fällig. Allerdings gelten nicht fällige Forderungen nach § 41 I mit Eröffnung des Insolvenzverfahrens als fällig. Durch diese Regelung wird erreicht, dass alle bereits entstandenen Forderungen in das Insolvenzverfahren einbezogen werden. G ist also Insolvenzgläubiger i. S. d. § 38. Verzinsliche Forderungen werden mit ihrem Kapitalbetrag eingesetzt. Unverzinsliche Forderungen mit einem bestimmten Fälligkeitstermin sind nach Maßgabe des § 41 II zu kürzen.

22.

Der Kaufmann G hat gegen den insolventen S einen Zahlungsanspruch, der bereits vor Eröffnung des Insolvenzverfahrens verjährt war. Ist G Insolvenzgläubiger?

Ja. Erst die Geltendmachung des Leistungsverweigerungsrechts schließt die Durchsetzung eines Anspruchs aus (§ 214 I BGB). Dies gilt auch im Insolvenzverfahren. Auch verjährte Forderungen können deshalb im Insolvenzverfahren angemeldet werden. Der Insolvenzverwalter, Mitgläubiger und der Schuldner selbst können die Forderung jedoch während des Insolvenzverfahrens im Prüfungstermin unter Hinweis auf die Verjährung bestreiten.

23.

Abwandlung von Fall 22: Die Verjährungsfrist für den Anspruch des G läuft 3 Monate nach Eröffnung des Insolvenzverfahrens ab. G fragt, wie er sich verhalten soll, um die Verjährung zu verhindern. Seinen Anspruch hat er zur Aufnahme in die Insolvenztabelle angemeldet.

Durch die Anmeldung eines Anspruchs im Insolvenzverfahren wird nach neuem Recht die Verjährung gehemmt (§ 204 I Nr. 10 BGB). G braucht deshalb nichts weiter zu unternehmen. Die Hemmung der Verjährung endet sechs Monate nach Aufhebung des Insolvenzverfahrens (§ 204 II 1 BGB).

24.

Die Insolvenzschuldner S 1 und S 2 haften gesamtschuldnerisch für eine Forderung des Gläubigers G über 100.000 €. G hat seine Forderung in beiden Insolvenzverfahren in voller Höhe angemeldet und in dem Verfahren des S 1 bereits eine Quote von 10 % erlangt. Kann G in dem Verfahren des S 2 weiterhin den vollen Betrag geltend machen oder muss er seine Anmeldung auf 90.000 € reduzieren mit der Folge, dass er in dem Verfahren des S 2 mit diesem geringeren Betrag an der Quotenbildung teilnimmt?

Nach § 43 kann ein Gläubiger, dem mehrere Personen für dieselbe Leistung auf das Ganze haften (Gesamtschuldner), die Forderung in der Höhe, wie sie zur Zeit der Verfahrenseröffnung bestand (sog. Berücksichtigungsbetrag) im Insolvenzverfahren jedes Schuldners bis zur vollständigen Befriedigung in voller Höhe anmelden (sog. Grundsatz der Doppelberücksichtigung). Erbringt einer der Insolvenzschuldner nach Verfahrenseröffnung Teilleistungen, wird der Berücksichtigungsbetrag nicht vermindert. G kann deshalb in dem Verfahren des S 2 weiterhin den vollen Betrag geltend machen. Er muss seine Anmeldung also nicht auf 90.000 € reduzieren.

25.

In welche Gruppen lassen sich die Insolvenzgläubiger aufteilen? Nach welchem Grundsatz werden sie befriedigt?

Die Insolvenzgläubiger teilen sich in die Gruppe der nicht nachrangigen und nachrangigen Insolvenzgläubiger auf (§§ 38, 39). Diese Aufteilung stellt allerdings keine Regelung über bevorrechtigte Gläubiger dar. Alle Insolvenzgläubiger werden nach dem das Insolvenzverfahren beherrschenden Grundsatz der Gleichbehandlung gleichmäßig befriedigt. Eine kleine Gruppe von Forderungen, die in § 39 abschließend aufgeführt ist, ist nachrangig zu befriedigen, aber gerade nicht von der Verteilung ausgeschlossen. Die „normalen" (nicht nachrangigen) Insolvenzforderungen müssen in voller Höhe befriedigt sein, damit die nachrangigen Forderungen zum Zuge kommen. Die nachrangigen Insolvenzgläubiger werden ihrerseits nach einer besonderen Reihenfolge behandelt (vgl. § 39 I).

26.

In der Schlussverteilung in dem Insolvenzverfahren über das Vermögen des S werden die Gläubiger aufgrund ihrer werk- und kaufvertraglichen Ansprüche zu jeweils 4 % ihrer Forderungen befriedigt. Der Gläubiger G geht mit seinem

> Schenkungsanspruch, den er zur Insolvenztabelle angemeldet hatte, vollkommen leer aus. Seine Forderung, obgleich belegt, wurde vom Insolvenzverwalter sogar bestritten. Warum?

G ist nach § 39 I Nr. 4 nachrangiger Insolvenzgläubiger. Seine Forderung wäre deshalb nur dann befriedigt worden, wenn die Forderungen sämtlicher nicht nachrangiger Insolvenzgläubiger zu 100 % befriedigt werden könnten. Gesetzgeberisches Motiv für die Einstufung der Forderung des G als nachrangige Forderung ist die Schwäche des unentgeltlichen Erwerbs. Nachrangige Insolvenzgläubiger können ihre Forderungen dabei nur anmelden, wenn Sie vom Gericht hierzu im Eröffnungsbeschluss besonders aufgefordert werden, vgl. § 174 III. Werden sie gleichwohl angemeldet, müssen sie nach Aufnahme in die Insolvenztabelle vom Insolvenzverwalter bestritten werden.

2. Insolvenzforderungen

> **27.**
>
> Lieferant L hat am 1.3.2013 einen Kaufvertrag über 20t Granit mit dem Schuldner S abgeschlossen und abredegemäß eine Woche später geliefert. Der Kaufpreis in Höhe von 1.200 € zzgl. MwSt war sofort fällig, wurde jedoch auch am 2.5.2013 noch nicht bezahlt, als L erfährt, dass am Tag zuvor das Insolvenzverfahren über das Vermögen des S eröffnet wurde. Wie wird die Forderung des L haftungsrechtlich behandelt?

Die Forderung stellt eine sog. Insolvenzforderung dar. Wer Insolvenzgläubiger ist, ist in § 38 legal definiert. L hat nach dieser Vorschrift einen Vermögensanspruch, der zur Zeit der Eröffnung des Insolvenzverfahrens begründet war. § 87 wiederum regelt, dass Insolvenzgläubiger ihre Forderungen nur nach den Vorschriften der Insolvenzordnung verfolgen kann. Eine Leistungsklage des L gegen S wäre also wegen § 87 unzulässig. L ist vielmehr darauf verwiesen, seine Forderung gemäß §§ 174 ff. zur Insolvenztabelle anzumelden, um die Möglichkeit der (möglicherweise nur teilweisen) Befriedigung der Kaufpreisforderung durch den Insolvenzverwalter zu haben, §§ 187 ff.

> **28.**
>
> Wie Fall 27: Die Forderung des L ist jedoch nicht sofort, sondern erst am 1.11.2013, also ein halbes Jahr nach Verfahrenseröffnung, fällig. Kann L gleichwohl seine Forderung zur Insolvenztabelle anmelden?

Ja. Gemäß § 41 I gelten nicht fällige Forderungen haftungsrechtlich als fällig. L hat seine Forderung allerdings gemäß § 41 II abzuzinsen. Das heißt, dass er von der Forderung in Höhe von 1.200 € den gesetzlichen Zinssatz für die Zeit vom 1.5.2013 bis zum 1.11.2013 in Abzug zu bringen hat.

29.

B hat für den Insolvenzschuldner S einen Bürgschaftsvertrag mit dem Gläubiger G des S bezüglich einer Kaufpreisschuld des S über 45.000 € abgeschlossen. B fragt, ob er diese Forderung (vorsorglich) im Insolvenzverfahren über das Vermögen des S anmelden kann, obwohl G bereits seine Forderung angemeldet, ihn, den Bürgen aber nicht in Anspruch genommen hat.

Nein. Gemäß § 44 kann B seine Forderung, die er im Falle der Inanspruchnahme durch den G gegenüber S erwerben könnte (§ 774 BGB) nur dann geltend machen, wenn G seine Forderung nicht geltend macht. G hat jedoch seine Forderung geltend gemacht, indem er diese gemäß §§ 87, 174 ff. zur Tabelle angemeldet hat. Damit wird eine Doppelanmeldung zur Insolvenztabelle vermieden. In dem Fall aber, in dem beispielsweise G während des Insolvenzverfahrens über das Vermögen des S gegen den B als Bürgen vorgeht, von ihm befriedigt wird und deshalb die Anmeldung seiner Forderung gegen S zurücknehmen muss, kann B die dann auf ihn übergegangene Forderung des G gegen S zur Insolvenztabelle anmelden.

30.

G hat gegen S und T einen Anspruch auf Zahlung von 2.000 €. S und T haften G gegenüber als Gesamtschuldner i. S. v. §§ 421 ff. BGB. Über die Vermögen des S und auch des T wird jeweils das Insolvenzverfahren eröffnet. G möchte wissen, ob er seine Forderung zur Insolvenztabelle im Insolvenzverfahren des S oder des T anmelden soll.

G kann seine Forderung zur Insolvenztabelle in beiden Insolvenzverfahren anmelden. § 43 gestattet einem Gläubiger, eine Forderung bis zu seiner vollen Befriedigung im Insolvenzverfahren jedes einzelnen von mehreren Schuldnern in voller Höhe geltend zu machen (Grundsatz der Doppelberücksichtigung). Das Prinzip des § 43 ermöglicht es einem Gläubiger, in mehreren parallel laufenden Insolvenzverfahren seine gesamte Forderung zu realisieren, wenn die Quoten dieser Verfahren insgesamt 100 % erreichen.

3. Gläubigerrechte aufgrund arbeitsrechtlicher, sozialrechtlicher Sonderregelungen

31.

a) Der ungekündigte Arbeitnehmer A der insolventen GmbH macht nach Eröffnung des Insolvenzverfahrens zwei rückständige Monatslöhne aus der Zeit vor Eröffnung des Insolvenzeröffnungsverfahrens geltend. Was ist ihm anzuraten?
b) Wie unter a): Das Insolvenzverfahren ist aber noch nicht eröffnet. Das Insolvenzgericht hat einen vorläufigen Insolvenzverwalter eingesetzt, der den Betrieb der insolventen GmbH weiterführen will. Wie kommt A zu seinem Geld?

a) Er hat seine Forderung der Bundesagentur für Arbeit anzuzeigen und Insolvenzgeld zu beantragen. Die Lohnforderungen sind nämlich durch Insolvenzgeld abgedeckt: Auf Lohnrückstände aus den letzten drei Monaten vor Verfahrenseröffnung (oder Ablehnung der Eröffnung mangels Masse) zahlt die Bundesagentur Insolvenzgeld in Höhe des Nettoarbeitsentgelts (§§ 165, 167 SGB III). Die entsprechenden Mittel werden von den Trägern der Unfallversicherung aufgebracht und auf die ihnen angehörigen Arbeitgeber umgelegt (§ 358 ff. SGB III).

b) Das Insolvenzgeld wird erst mit Eröffnung des Insolvenzverfahrens fällig. Der vorläufige Insolvenzverwalter kann jedoch auf eine Vorfinanzierung des Insolvenzgeldes hinwirken. Indem er die Zustimmung der zuständigen Bundesagentur einholt, kann er darauf hinwirken, dass die späteren Ansprüche der Arbeitnehmer auf Insolvenzgeld an eine Bank abgetreten werden, die im Gegenzug, den Nettolohn direkt an die Arbeitnehmer auszahlt. Anfallende Zins- und Sachbearbeitungskosten dieser Vorfinanzierung werden aus dem insolvenzschuldnerischen Betrieb bezahlt.

32.

Der Schuldner teilt seinem Treuhänder im Verbraucherinsolvenzverfahren mit, dass er eine Kündigung von seinem Arbeitgeber zum 30.11.2013 erhalten hat. Dabei habe ihm der Chef angeboten, 2.500 € Abfindung zu zahlen, die zum Ende der Kündigungsfrist zur Auszahlung kommt. Wer hat Anspruch auf das Geld?

Der Treuhänder. Die Abfindung ist gemäß §§ 35, 36, weil es pfändbares Vermögen des Schuldners darstellt, Teil der Insolvenzmasse. Sie muss daher gemäß §§ 80, an den Treuhänder zu Gunsten der Insolvenzmasse geleistet werden.

33.

Die Bundesagentur hat das Insolvenzgeld an die Arbeitnehmer bezahlt. Sie fragt, ob sie aufgrund der Zahlung Rechte im Insolvenzverfahren geltend machen kann.

Wird Insolvenzgeld bezahlt, gehen die Lohnforderungen kraft Gesetzes auf die Bundesagentur über (§ 169 SGB III). Diese Forderungen sind Insolvenzforderungen und zwar auch im Falle der Anordnung einer „starken" vorläufigen Insolvenzverwaltung, § 55 III 1.

34.

Was ist ein Interessenausgleich?

In dem Unternehmen kommt es häufig nach der Eröffnung des Insolvenzverfahrens über das Vermögen des Unternehmensträgers zu Betriebsänderungen, z. B. zur Stilllegung oder zur Verlegung von Betriebsstätten, gravierenden Änderungen in der Arbeit, etc. Hat der schuldnerische Betrieb mehr als 20 Mitarbeiter, werden diese Betriebsänderungen allerdings erschwert: Gemäß §§ 111 S. 1, 112 BetrVG muss der Schuldner als Arbeitgeber einen Interessenausgleich versuchen. Auf erster Stufe verhandelt er mit dem Betriebsrat alleine. Auf zweiter Stufe kann im Falle des Scheiterns jede Seite den Präsidenten des örtlich für den Schuldner zuständigen LAG ersuchen. Auf dritter Stufe dann kann die Einigungsstelle angerufen werden, § 112 II BetrVG. Nimmt der Insolvenzverwalter auf dieses Verfahren keine Rücksicht, können entlassenen Arbeitnehmer auf Abfindung klagen (§ 113 III BetrVG). Im Insolvenzverfahren wird dieses Procedere gemäß §§ 121, 122 beschleunigt: Der Präsident vermittelt nur auf gemeinsames Ersuchen. Kommt nach drei Wochen keine Einigung zustande, kann der Insolvenzverwalter die Zustimmung zur Betriebsänderung beim Arbeitsgericht beantragen.

35.

Arbeitnehmer A ist aufgrund einer Betriebsänderung im schuldnerischen Unternehmen vom Insolvenzverwalter gekündigt worden. Der Insolvenzverwalter teilt ihm mit, dass sein Kündigungsschutz begrenzt sei. Inwieweit ist dies zutreffend?

Gelingt es dem Verwalter einen Interessenausgleich mit namentlicher Bezeichnung der Arbeitnehmer, denen gekündigt werden soll, wie oben beschrieben, zustande zu bringen, wird gemäß § 125 vermutet, dass die Kündigung dieser Arbeitnehmer durch dringende betriebliche Erfordernisse gerechtfertigt ist. Auch die soziale Auswahl ist nur eingeschränkt überprüfbar und zwar nur auf grobe Fehler hin. Die Auswahl ist dabei hinzunehmen, wenn eine ausgewogene Personalstruktur erhalten oder geschaffen wird (vgl. dazu *Schrader*, NZA 1997, 70, 74).

Gelingt dem Insolvenzverwalter kein Interessenausgleich, so kann der Insolvenzverwalter vom Arbeitsgericht feststellen lassen, dass die Kündigung aus dringenden betrieblichen Erfordernissen erfolgt und sozial gerechtfertigt ist (§ 126 I). Die Überprüfung der Sozialauswahl ist gleichermaßen beschränkt.

36.

Wie Fall zuvor. Arbeitnehmer A möchte trotz der gerichtlichen Feststellung gemäß § 126 Kündigungsschutzklage gegen den Insolvenzverwalter erheben. Kann A das?

Ja. Die Klage wäre zulässig. Allerdings ist das angerufene Gericht an die Feststellungen nach § 126 gebunden. (§ 127 I). Klagt A, bevor das Verfahren nach § 126 abgeschlossen ist, so ist die Verhandlung über die Kündigungsschutzklage vom Gericht auszusetzen.

37.

Der Insolvenzverwalter hat in dem Insolvenzverfahren über das Vermögen der S-GmbH einen Sozialplan zu Gunsten der Arbeitnehmer gemäß § 123 aufgestellt. Dieser sieht vor, dass den Arbeitnehmern ein Gesamtbetrag von 2 Monatsverdiensten zum Ausgleich für die wirtschaftlichen Nachteile aufgrund einer Betriebsänderung gewährt wird. Arbeitnehmer A fragt an, ob er diese Forderung zur Insolvenztabelle anmelden muss, oder ob er seine Forderung auf 2 Monatsverdienste vollständig ausbezahlt bekommt?

Ansprüche aus Sozialplänen sind Masseschulden, sofern die Verbindlichkeiten aus dem Sozialplan nach Eröffnung des Insolvenzverfahrens entstehen (§ 123 II 1). Daher ist die Forderung vom Insolvenzverwalter vorab an A zu befriedigen, vgl. § 123 II i. V. m. § 53.

4. Organisation der Gläubiger

38.

Durch welche Organe werden die Insolvenzgläubiger am Insolvenzverfahren beteiligt?

Nach Stellung des Antrags auf Eröffnung eines Insolvenzverfahrens können Gläubiger in einem vorläufigen Gläubigerausschuss am Vorverfahren beteiligt werden (§§ 22a I, 21 II 1a). Nach der Eröffnung des Insolvenzverfahrens, aber vor der ersten Gläubigerversammlung, kann das Insolvenzgericht auch einen vorläufigen Gläubigerausschuss einsetzen, deren Mitglieder dann ebenfalls am Insolvenzverfahren beteiligt sind (§ 67 I). Nach Eröffnung des Insolvenzverfahrens sind die Insolvenzgläubiger durch die Gläubigerversammlung gemäß §§ 74 ff. und dem Gläubigerausschuss gem. §§ 67 ff. an dem Insolvenzverfahren beteiligt. Die Gläubigerversammlung ist für die Insolvenzgläubiger das wichtigste Organ des Insolvenzverfahrens. Der Gläubigerausschuss stellt das „geschäftsführende" Organ der Insolvenzgläubiger dar. Das Insolvenzrecht wird im besonderen Maße von dem Prinzip der Gläubigerautonomie beherrscht. Die Insolvenzgläubiger als die primär von der Insolvenz des Schuldners Betroffenen sollen dementsprechend die für das Insolvenzverfahren maßgebliche Entscheidungen, z. B. über Form und Art der Masseverwertung oder über die Gestaltung des Verfahrens, entscheiden.

Die Gläubigerversammlung, der alle Gläubiger angehören, ist obligatorisch, während der Gläubigerausschuss nur fakultativ eingesetzt wird, vgl. § 67. Dieser ist im Allgemeinen mit wirtschaftlich erfahrenen Gläubigern besetzt und stellt ein kleineres Gremium mit einer in der Regel ungeraden Teilnehmerzahl dar, um eine Kopfmehrheit erleichtert zustande zu bringen.

39.

Wann kommt ein Beschluss der Gläubigerversammlung oder des Gläubigerausschusses zustande?

Die Gläubigerversammlung beschließt grundsätzlich mit absoluter Mehrheit der Forderungssummen, § 76 II. Auf die Kopf- und Summenmehrheit kommt es in der Gläubigerversammlung nur dann an, wenn die Wahl eines neuen Verwalters gemäß § 57 S. 2 zur Abstimmung gestellt wird. Soll die Gläubigerversammlung nach § 160 über besonders bedeutsame Handlungen des Verwalters abstimmen und ist sie beschlussunfähig, gilt ihre Zustimmung als erteilt (§ 160 I 3).

Der Gläubigerausschuss dagegen trifft seine Beschlüsse mit der Mehrheit der Mitglieder (Kopfmehrheit), § 72.

40.

Welche sind die wesentlichen Aufgaben der Gläubigerversammlung?

Zu den Aufgaben der Gläubigerversammlung zählen insbesondere:

(1) Wahl eines anderen Insolvenzverwalters, § 57,

(2) Bestellung des Gläubigerausschusses und Wahl seiner Mitglieder, § 68,

(3) Entgegennahme von Berichten des Insolvenzverwalters, § 156,

(4) Beschlussfassung über die im Gesetz aufgezählten wichtigen Maßnahmen, z. B. über die Schließung oder Fortführung des Unternehmens, § 157, die Gewährung von Unterhalt für den Insolvenzschuldner und seine Familie, § 100, ferner über die in den §§ 160 ff. genannten Maßnahmen, wenn kein Gläubigerausschuss bestellt ist (z. B. Aufnahme von Massekrediten, Grundstücks- und Betriebsveräußerungen),

(5) Besondere Zustimmungspflicht bei Veräußerungen an besonders Interessierte gemäß § 162.

41.

Welche Aufgaben obliegen dem Gläubigerausschuss?

(1) Die Hauptaufgabe des Gläubigerausschusses besteht darin, als Beirat der Insolvenzgläubiger den Insolvenzverwalter bei seiner Geschäftsführung zu unterstützen und zu überwachen. Jedes Mitglied des Gläubigerausschusses hat daher das Recht auf Unterrichtung durch den Insolvenzverwalter, auf Einsicht in die Bücher des Verwalters und auf Prüfung der Kasse (§ 69).

(2) Bestimmte Handlungen des Insolvenzverwalters bedürfen der Zustimmung bzw. Genehmigung der Ausschussmitglieder (§§ 160, 161).

(3) Der Gläubigerausschuss hat die Vornahme von Abschlagszahlungen zu bewilligen (§ 187 III 2).

42.

Unmittelbar nach Eröffnung des Insolvenzverfahrens will das Gericht einen Gläubigerausschuss einsetzen. Ist es dazu berechtigt?

Schon vor der ersten Gläubigerversammlung kann das Gericht einen Gläubigerausschuss gemäß § 67 I einsetzen. Ob dieser Gläubigerausschuss beibehalten wird, ob neue Mitglieder gewählt werden, gehört zu den obligatorischen Beschlussgegenständen der ersten Gläubigerversammlung, § 68.

§§ 21 II Nr. 1a, 22a regeln die Bestellung eines sog. „vorläufigen Gläubigerausschusses" noch vor Eröffnung des Insolvenzverfahrens.

43.

In welchem Fall muss das Insolvenzgericht die Gläubigerversammlung einberufen?

Das Insolvenzgericht muss die Gläubigerversammlung einberufen, wenn die Einberufung gemäß § 75 vom Insolvenzverwalter oder vom Gläubigerausschuss oder von einer qualifizierten Mehrheit absonderungsberechtigter Gläubiger oder Insolvenzgläubiger gemäß § 75 beantragt wird. Im Beschluss über die Eröffnung des Insolvenzverfahrens bestimmt das Gericht die Termine für zwei besonders wichtige Gläubigerversammlungen, nämlich den Berichtstermin (§ 156) und den Prüfungstermin (§ 176), § 29 I.

III. Insolvenzverwalter

1. Stellung des Insolvenzverwalters

44.

Wer kann zum Insolvenzverwalter bestellt werden?

Nach § 56 I kann jede geschäftsfähige natürliche Person zum Insolvenzverwalter bestellt werden; juristische Personen können daher nicht zum Insolvenzverwalter bestellt werden. Für die Auswahl des Insolvenzverwalters nennt § 56 I noch zwei Kriterien: Er muss geschäftskundig sein, also die zur Erfüllung seiner Aufgaben erforderlichen Erfahrungen und Kenntnisse besitzen (Leonhardt/Smid/Zeuner/*Rechel*, § 56 Rn. 2 f.). Außerdem muss er von den Verfahrensbeteiligten unabhängig sein, um sein Amt frei von sachwidrigen Einflüssen ausüben zu können. Das Vorliegen dieser Voraussetzungen hat das Insolvenzgericht für den jeweiligen Einzelfall zu prüfen.

In der Praxis führen die Insolvenzgerichte sog. „Vorauswahllisten", in die Bewerber aufgenommen werden, die grds. die Voraussetzungen für die Bestellung zum Insolvenzverwalter erfüllen. Die Aufnahme in die Vorauswahlliste muss als transparenter und nachvollziehbarer Akt gestaltet sein (*BVerfG* ZInsO 2004, 913), bei dem es sich um einen rechtlich nachprüfbaren (§ 25 EGGVG) Justizverwaltungsakt gemäß §§ 23 ff. EGGVG handelt.

Dagegen ist die Bestellung einer bestimmten Person zum (vorläufigen) Insolvenzverwalter unanfechtbar. Dabei handelt es sich um einen Akt der Rechtsprechung und nicht um einen justiziablen Verwaltungsakt (vgl. *Vallender,* NZI 2005, 473). Eine Minderansicht nahm dagegen an, eine konkrete Prätendentenklage sei möglich (vgl. zum Ganzen Hamburger Kommentar/*Frind,* § 56 Rn. 4). Die diesbezügliche Verfassungsbeschwerde wurde jedoch zurückgewiesen (vgl. BVerfGE 116, 1).

45.

Wer setzt den Insolvenzverwalter ein?

Der Verwalter wird durch den Eröffnungsbeschluss des Insolvenzgerichts eingesetzt (§ 27 II Nr. 2). Vor der Bestellung des Verwalters ist dem vorläufigen Gläubigerausschuss – wenn ein solcher eingesetzt ist – Gelegenheit zu geben, sich zu den Anforderungen, die an den Verwalter zu stellen sind, und zur Person des Verwalters zu äußern (§ 56a I). Von einem einstimmigen Vorschlag des vorläufigen Gläubigerausschusses zur Person des Insolvenzverwalters darf das Gericht nur in begründeten Ausnahmefällen abweichen, § 56a III. Innerhalb des Insolvenzgerichts ist der Richter ausschließlich zuständig (§ 18 I Nr. 1 RPflG). In der ersten Gläubigerversammlung, die auf die Bestellung des Insolvenzverwalters durch das Insolvenzgericht folgt, können die Gläubiger mit Kopf- und Summenmehrheit (§ 57 S. 2 i. V. m. § 76 II) einen anderen Verwalter wählen (§ 57). Der von der Gläubigerversammlung gewählte Verwalter bedarf der Ernennung durch das Insolvenzgericht, die nur dann versagt werden darf, wenn der Gewählte nicht für die Übernahme des Amts geeignet ist.

46.

Wie endet das Amt des Insolvenzverwalters?

Das Amt des Verwalters endet (außer durch Tod oder Verlust der Geschäftsfähigkeit) durch Abwahl des gerichtlich bestellten Verwalters bei Neuwahl eines anderen Verwalters (§ 57). Es endet ferner bei Aufhebung des Insolvenzverfahrens nach Abwicklung, nach rechtskräftiger Bestätigung eines Insolvenzplans (§§ 258 I, 259 I 1) und nach Einstellung des Verfahrens (§§ 207 ff.).

Ein Sonderfall der Amtsbeendigung sieht schließlich § 59 I 1 vor: Der Insolvenzverwalter kann aus wichtigem Grund entlassen werden. Wichtige Gründe können Krankheit, Wegfall der Geschäftsfähigkeit, Unzuverlässigkeit, Befangenheit oder besonders qualifizierte, erhebliche Pflichtverstöße sein.

47.

Welche Rechtsstellung und welche Aufgaben hat der Insolvenzverwalter?

Die Rechtsstellung des Insolvenzverwalters wird grundlegend von § 80 I vorgegeben. Danach geht das Recht des Schuldners, die Insolvenzmasse (§§ 35, 36) zu verwalten und zu verwerten mit Eröffnung des Insolvenzverfahrens auf den Insolvenzverwalter über. Die Verwaltungs- und Verfügungsbefugnis gemäß § 80 I befähigt den Insolvenzverwalter zu seinen wesentlichen Aufgaben: Inbesitznahme der Insolvenzmasse (§ 148), Führen von Anfechtungs- und sonstigen Prozessen (zum Übergang der Prozessführungsbefugnis, gesetzliche Prozessstandschaft siehe Fall 159 und 181), einstweilige Fortführung des Unternehmens (vgl. § 158), Verwertung des Vermögens (§§ 159 ff.) und Verteilung des Verwertungserlöses (§§ 187 ff.).

Im Insolvenzplanverfahren (siehe dazu Fälle 180 ff.) hat der Insolvenzverwalter weitere spezifische Aufgaben und Befugnisse: Kompetenz zur Planinitiative (§ 218), Ausarbeitung eines Plans im Auftrag der Gläubigerversammlung (§ 157 S. 2, § 218 II) und Planüberwachung (§§ 261–263).

48.

Gläubiger G hat im Insolvenzverfahren über das Vermögen des S Forderungen angemeldet. Er verlangt von Verwalter V Auskunft über den Stand der Abwicklung, das voraussichtliche Ende des Verfahrens und die voraussichtliche Höhe der erwarteten Quote. Als Beteiligter des Insolvenzverfahrens habe er ein Recht auf Auskunft. Trifft dies zu?

Nein. Umfangreiche Auskunftspflichten des Verwalters bestehen gegenüber dem Insolvenzgericht (§ 58 I), der Gläubigerversammlung (§ 79) und dem Gläubigerausschuss, der eine zusätzliche Überwachungskompetenz hat (§ 69). Einzelne Gläubiger haben grundsätzlich keinen Anspruch auf Auskunftserteilung, weil die Vielzahl der Auskunftsersuchen die Arbeit des Verwalters beeinträchtigen und damit die Verfahrensabwicklung verzögern würde. Sie können sich durch Einsicht in die beim Insolvenzgericht geführten Akten über den Verfahrensstand informieren (anschaulich dazu: *LG Darmstadt* ZIP 1990, 1424). Die in den Gerichtsakten befindlichen turnusmäßigen Berichte des Verwalters enthalten Informationen zum Stand der Verfahrensabwicklung und ggf. zur Höhe der erwarteten Quote.

Gegenüber aus- und absonderungsberechtigten Gläubigern können allerdings Auskunftspflichten zum Verbleib und zur Verwertung von Gegenständen bestehen, wenn konkrete Umstände vorgetragen werden, die die Annahme rechtfertigen, dass sich der Gegenstand noch in der Masse befindet und wenn die Auskunftserteilung für den Verwalter zumutbar ist, vgl. § 167 (Uhlenbruck/*Uhlenbruck*, § 80 Rn. 139 m. w. N.).

49.

Ist der Insolvenzverwalter in seiner Amtsführung völlig frei?

Nein. Die grundsätzlich selbständige und eigenverantwortliche Tätigkeit des Insolvenzverwalters steht unter Aufsicht des Insolvenzgerichts (§ 58 I), die jedoch keine Wirtschaftlichkeits- und Zweckmäßigkeitskontrolle erfasst, sondern nur eine Ordnungsmäßigkeitsprüfung (InsR-Hdb/*Klopp/Kluth*, § 22 Rn. 6). Um die Aufsicht sachgerecht auszuüben, muss sich das Gericht stets über den Sachstand und über die Geschäftsführung unterrichten können. Deshalb sind dem Verwalter nach § 58 I 2 Auskunfts- und Berichtspflichten auferlegt. Als Erzwingungsmittel steht dem Gericht – nach vorheriger Androhung und Anhörung des Verwalters – die Festsetzung von Zwangsgeld zur Verfügung (§ 58 II). Bei grober Pflichtwidrigkeit kann der Insolvenzverwalter durch das Insolvenzgericht sogar aus seinem Amt entlassen werden (§ 59 I). Außerdem bedürfen u. a. folgende wichtige Maßnahmen des Insolvenzverwalters der Zustimmung der Gläubigerversammlung bzw. des Gläubigerausschusses: Stilllegung des Unternehmens (§§ 157, 158); Rechtshandlungen von besonderer Bedeutung (wie etwa die Veräußerung des Unternehmens, die Aufnahme von Massedarlehen etc., vgl. § 160).

50.

Insolvenzverwalter V veräußert nach dem Gerichtstermin das gesamte Anlage- und Umlaufvermögen des Schuldners S an die X-AG. Gläubiger G meint, der Vertrag sei unwirksam, weil ein besseres Kaufangebot der Y-AG vorgelegen habe und V nicht die Zustimmung der Gläubigerversammlung eingeholt habe. Hat G Recht?

Nein. Die Veräußerung wesentlicher Unternehmensbestandteile hätte zwar nach § 160 II Nr. 1 der Zustimmung des Gläubigerausschusses bzw. der Gläubigerversammlung bedurft. Der Verstoß gegen das Zustimmungserfordernis hat aber gemäß § 164 keine Außenwirkung; sie berührt also nicht die Wirksamkeit der Handlung des Verwalters. Dies gilt selbst dann, wenn der Dritte Kenntnis vom Fehlen der Zustimmung hatte (HK/*Ries,* § 164 Rn. 1 m. w. N.).

Setzt sich der Verwalter über eines der Zustimmungserfordernisse nach §§ 160, 162, 163 hinweg, kann das Insolvenzgericht Aufsichtsmaßnahmen nach §§ 58, 59 ergreifen. Entsteht durch die nicht von der Gläubigergemeinschaft gebilligte Verfügung des Insolvenzverwalters ein Schaden, kommt eine persönliche Haftung des Verwalters nach § 60 in Betracht.

51.

Woraus ergibt sich der Anspruch des Verwalters auf seine Vergütung? Wonach richtet sich die Vergütung des Verwalters?

Die durch den Bestellungsakt begründete Amtsausübung des Verwalters bildet die Grundlage für den Vergütungsanspruch des Verwalters gem. § 64 I. Dieser gehört nach § 54 Nr. 2 zu den Masseansprüchen, welche gemäß § 53 vorab aus der Insolvenzmasse zu begleichen sind.

§ 63 I regelt nur die Grundzüge der Vergütung. Nach § 63 I 2 wird die Regelvergütung nach dem Wert der Insolvenzmasse bestimmt. Dem Umfang und der Schwierigkeit der Tätigkeit des Verwalters im konkreten Verfahren wird gemäß § 63 I 3 durch Abweichungen vom Regelsatz Rechnung getragen.

Die Einzelheiten der Vergütung sind in der gemäß § 65 erlassenen Vergütungsverordnung (InsVV) geregelt. Die InsVV enthält detaillierte Bestimmungen über die Berechnung der sog. Berechnungsgrundlage (§ 1 InsVV) für die Verwaltervergütung, insbesondere über die Berücksichtigung von Aus- und Absonderungsrechten, Aufrechnungslagen und Masseverbindlichkeiten.

Aus der so bestimmten Berechnungsgrundlage ergeben sich Regelsätze der Staffelvergütung (§ 2 InsVV). Je nach Art, Umfang und Schwierigkeitsgrad der Aufgaben des Verwalters sind von der Staffelvergütung Zuschläge und Abschläge zu machen (§ 3 InsVV).

Die InsVV enthält darüber hinaus u. a. Bestimmungen über die Erstattung bestimmter Auslagen (§ 4 InsVV), über die Gewährung eines Vorschusses auf die Vergütung (§ 9 InsVV), über die Vergütung des vorläufigen Insolvenzverwalters (§§ 10 ff. InsVV), des Treuhänders im Restschuldbefreiungsverfahren (§§ 14 ff. InsVV) sowie der Mitglieder des Gläubigerausschusses (§§ 17 f. InsVV).

52.

Wer berechnet die Vergütung des Verwalters?

Die Vergütung wird auf Antrag des Verwalters durch das Insolvenzgericht im Beschlusswege festgesetzt (§ 64 I InsO, § 8 I InsVV). Der Verwalter hat in dem Antrag näher darzulegen, wie die Berechnungsgrundlage für die Vergütung ermittelt wurde und welche Zu- und Abschläge er auf die Regelvergütung beansprucht (§ 8 II InsVV).

Der Vergütungsbeschluss des Insolvenzgerichts wird öffentlich bekannt gegeben, allerdings ohne Veröffentlichung der festgesetzten Beträge (§ 64 II), um unnötige Einblicke Außenstehender zu vermeiden. Außerdem ist der Vergütungsbeschluss dem Schuldner, dem Verwalter und dem Gläubigerausschuss besonders zuzustellen (§ 64 II).

Nach Rechtskraft des Vergütungsbeschlusses kann sich der Verwalter seine Vergütung aus der Insolvenzmasse entnehmen.

53.

Das Insolvenzgericht stellt dem Schuldner S den Beschluss über die Vergütung des Verwalters V zu. S meint, die Vergütung sei viel zu hoch und fragt, was er tun kann.

Gegen den Beschluss über die Vergütungsfestsetzung steht neben dem Verwalter und den Insolvenzgläubigern auch dem Schuldner die sofortige Beschwerde offen (§ 64 III 1). Wie bei Entscheidungen über Kosten, Gebühren und Auslagen nach § 567 II ZPO ist dieses Rechtsmittel nur dann zulässig, wenn der Beschwerdegegenstand 200 € übersteigt. Die Beschwerdefrist beträgt gemäß § 569 I 1 ZPO zwei Wochen und beginnt gemäß § 6 II mit der Zustellung des Beschlusses an S.

2. Das Amt des Insolvenzverwalters

54.
Welche Rechtsstellung hat der Insolvenzverwalter?

Über die Rechtsstellung des Verwalters wird bereits seit langem Streit geführt, ebenso wie über die Frage, welche praktische Bedeutung dieser Streit überhaupt hat.

Herrschend und in der Praxis angewandt wird die sog. **„Amtstheorie"**. Hiernach ist der Verwalter Inhaber eines eigenen privaten Amtes, der materiellrechtlich und prozessual im eigenen Namen, jedoch mit Wirkung für und gegen die Insolvenzmasse und insoweit auch für und gegen den Schuldner handelt (RGZ 29, 29; BGHZ 127, 156; MüKoInsO/*Haarmeyer*, § 22 Rn. 24; Hamburger Kommentar/*Schröder*, § 22 Rn. 8). In Prozessen ist der Verwalter Partei (kraft Amtes) und agiert in gesetzlicher Prozessstandschaft.

Im Gegensatz hierzu steht die **„neue Vertretertheorie"**, nach der der Verwalter gesetzlicher Vertreter des Schuldners im Rahmen des Verfahrenszwecks, d. h. bei einer juristischen Person und insolvenzfähigen Personenvereinigungen deren Organ und bei natürlichen Personen deren gesetzlicher Vertreter ist (*Pape/Uhlenbruck/Voigt-Salus*, Teil II, Kap. 14, Rn. 7). Im Prozess ist danach der vertretene Schuldner selbst Partei. Er soll jedoch analog § 53 ZPO als prozessunfähig gelten. Die Vertretertheorie erklärt ohne Weiteres, warum der Verwalter Masseverbindlichkeiten begründen kann. Sie ist aber nicht mit der Eigenverwaltung (§§ 270 ff.) in Einklang zu bringen, weil bei der Eigenverwaltung der Schuldner selbst handlungsbefugt bleibt, so dass die Vorstellung einer Vertretung des Schuldners durch den Sachwalter nicht passt.

Die **Organ-Theorie** hat mit der Vertretertheorie gemeinsam, dass sie eine Organschaft bzw. Vertretung des Verwalters annimmt. Nach ihr wird aber nicht der Schuldner, sondern die Masse selbst vertreten, da sie als Rechtssubjekt anzusehen sei (*Pawlowski*, JuS 1990, 378, 380). In einem Prozess wäre also „die Masse" Partei, vertreten durch den Verwalter. Mit dieser Theorie lassen sich praktisch alle Wirkungen von Verwalterhandeln, die ja durchweg auf die Masse beschränkt sind, gut begründen. Gegen die Organ-Theorie spricht aber, dass nach deutschem Recht nur ein Rechtssubjekt, nie aber ein Gegenstand vertreten werden kann (*Foerste*, § 15 Rn. 179; zu weiteren Theorien und ihren Abwandlungen ausführlich Uhlenbruck/*Uhlenbruck*, § 56 Rn. 66 ff.; *Häsemeyer*, Rn. 15.02 ff.).

55.
Dem Insolvenzverwalter V wurde – wie dies üblich ist – durch das Insolvenzgericht aufgegeben, über den Verlauf des Verfahrens zu berichten. V kommt dieser Pflicht nicht nach. Was kann das Insolvenzgericht tun?

Der Insolvenzverwalter steht nach § 58 I unter der Aufsicht des Insolvenzgerichts. Das Gericht kann deshalb jederzeit einen Sachstandsbericht von ihm verlangen (§ 58

I 2). Kommt V einer entsprechenden Aufforderung des Gerichts trotz Erinnerung nicht nach, so wird das Insolvenzgericht nach vorheriger Androhung ein Zwangsgeld gegen ihn festsetzen (§ 58 II). Kommt V auch dann noch nicht seiner Verpflichtung nach, wird das Gericht prüfen, ob eine Entlassung des V aus wichtigem Grund angezeigt ist (§ 59 I 1). Gegen die entsprechenden Beschlüsse des Insolvenzgerichts steht dem V die sofortige Beschwerde zu (§ 58 II 3).

> **56.**
> Verwalter V führt den Betrieb des schuldnerischen Unternehmens nach Eröffnung des Insolvenzverfahrens fort. Hierzu schließt er unter anderem einen Liefervertrag mit L ab. Als L Zahlung verlangt, stellt sich heraus, dass die Insolvenzmasse nicht ausreicht, um die Forderung des L in voller Höhe zu erfüllen. L möchte nunmehr den V persönlich auf Zahlung in Anspruch nehmen. Zu Recht?

Ja, denn die Forderung des D beruht auf einer Handlung des V und ist deshalb eine Masseverbindlichkeit gem. § 55 I Nr. 1.

Der Verwalter haftet nach § 61 persönlich für von ihm begründete Masseverbindlichkeiten, wenn diese aus der Insolvenzmasse nicht voll erfüllt werden können. Die Haftung ist allerdings ausgeschlossen, wenn der Insolvenzverwalter bei der Begründung der Masseverbindlichkeit nicht erkennen konnte, dass die Insolvenzmasse voraussichtlich nicht ausreicht, um die Verbindlichkeit zu erfüllen (§ 61 S. 2).

Für die Haftung gegenüber den Massegläubigern ist entscheidend, ob der Verwalter bei der Begründung der Schuld erkennen konnte, dass die Masse zu deren Erfüllung voraussichtlich nicht ausreicht. Das Merkmal „voraussichtlich" ist wie in § 18 II auszulegen; zu fragen ist also, ob der Eintritt der Masseunzulänglichkeit wahrscheinlicher war als der Nichteintritt (BegrRegE zu § 72, BT-Drs. 12/2443, S. 129).

Die Darlegungs- und Beweislast dafür, dass Masseunzulänglichkeit voraussichtlich nicht eintreten wird, trägt der Verwalter. Zur Erbringung dieses Entlastungsbeweises nach § 61 S. 2 muss der Verwalter beispielsweise substantiiert darlegen und beweisen, dass er ohne den Ausfall der von ihm prognostizierten Einnahmen in der Lage gewesen wäre, die Neuverbindlichkeiten zu tilgen (*BGH* ZInsO 2004, 609 ff.; *OLG Celle* ZInsO 2003, 1147).

Aus dem Erfordernis des Entlastungsbeweises nach § 61 S. 2 ergibt sich für den Verwalter die Verpflichtung, ständig zu kontrollieren, ob die Masse zur Erfüllung der Masseverbindlichkeiten ausreicht. Dafür ist regelmäßig erforderlich, dass er einen der Liquiditätssteuerung dienenden Finanzplan erstellt, in dem der Mittelbedarf und die zu seiner Deckung erwarteten Mittel gegenübergestellt werden. Kommt es trotz eines diesen Kriterien entsprechenden Finanzplans zu einer Fehlsteuerung, muss der Verwalter darlegen und beweisen, dass seine Fehleinschätzung unvorhersehbar war (*BGH* ZInsO 2004, 609 ff.).

57.

Ändert sich an der Beurteilung der Haftung im vorigen Fall etwas, wenn V die Verbindlichkeit gegenüber L als „starker" vorläufiger Verwalter begründet hat?

Die Haftungsnormen der §§ 60, 61 gelten gemäß § 21 II Nr. 1 auch für den vorläufigen Verwalter, wobei eine Haftung nach § 61 grundsätzlich nur für den „starken" vorläufigen Verwalter sowie für den „schwachen" vorläufigen Verwalter mit Einzelermächtigung zur Begründung von Masseverbindlichkeiten in Betracht kommt.

Bei der „starken" vorläufigen Verwaltung steht die persönliche Haftung des Verwalters nach § 61 allerdings im Spannungsverhältnis zu seiner Pflicht des vorläufigen Verwalters zur Fortführung des Betriebes nach § 22 I Nr. 2. Der vorläufige Verwalter hat das Unternehmen des Schuldners einstweilen fortzuführen, ohne dass er Gelegenheit hat sofort zu prüfen, ob die durch die Fortführung entstehenden Masseverbindlichkeiten (vgl. § 55 II 1) aus der vorhandenen Masse gedeckt werden können. Zeit zur Einarbeitung und Zeit zur Verprobung der Unternehmensdaten/ Planrechnungen wird man ihm zubilligen müssen.

Ein Ausweg aus dieser Situation wird auf verschiedenen Wegen gesucht. Teilweise wird die Haftung des starken vorläufigen Verwalters auf die allgemeine Haftung nach § 60 beschränkt. Eine Haftung nach § 61 sei grundsätzlich nicht möglich, weil die Verschuldensvermutung des § 61 – ebenso wie in den Fällen der aufgezwungenen Masseverbindlichkeiten (dazu sogleich Fall 59) – nicht greife (so Uhlenbruck/*Sinz*, § 61 Rn. 16).

Andere belassen es bei der grundsätzlichen Anwendbarkeit des § 61 und folgern aus der Fortführungspflicht einen Rechtfertigungsgrund, der die Haftung entfallen lasse (so *Kirchhof*, ZInsO 1999, 365, 366). Die Pflicht des vorläufigen Verwalters zur Vermeidung von unerfüllbaren Masseverbindlichkeiten konkretisiere sich in der Pflicht, die Stilllegungsvoraussetzungen zu prüfen. Verzögere der vorläufige Verwalter diese Prüfung und die Einholung der Zustimmung des Insolvenzgerichts zur Stilllegung des Betriebes, greife die Haftung nach § 61 (*Jaffé/Hillert*, ZIP 1999, 1204; *Wiester*, ZIP 1998, 99, 102).

Schließlich wird teilweise sehr streng nur der reguläre Entlastungsbeweis nach § 61 S. 2 zugelassen. Der vorläufige Verwalter könne sich nur mit einer von ihm selbst geprüften, fortlaufenden Liquiditätsprognose exkulpieren (*Pape*, ZInsO 2003, 1061; *OLG Brandenburg* NZI 2003, 552).

58.

V ist „schwacher" vorläufiger Insolvenzverwalter über das Vermögen der S-GmbH. Die Lieferanten der S haben von der Anordnung der vorläufigen Verwaltung Kenntnis erlangt und verhängen einen Lieferstopp. V bestätigt den Lieferanten deshalb schriftlich, dass „die Kosten aus der Insolvenzmasse

übernommen werden" und dass die „Zahlungen durch ein Insolvenzsonderkonto sichergestellt sind". Als Lieferant L Zahlung verlangt, stellt sich heraus, dass nicht ausreichende Mittel für die Begleichung aller von V abgezeichneter Aufträge vorhanden sind. L verlangt nunmehr von V persönlich den Ausgleich seiner Forderung. Zu Recht?

Der „schwache" vorläufige Insolvenzverwalter kann Masseverbindlichkeiten nur begründen, wenn er hierzu für einen bestimmten Einzelfall vom Insolvenzgericht ermächtigt wurde (*BGH* ZInsO 2002, 819; ZIP 2005, 311 („Einzelermächtigung") siehe hierzu Fall 130). Dies war hier nicht der Fall. Da durch die Äußerungen des V keine Masseverbindlichkeiten begründet wurden, scheidet eine Haftung des V nach § 61 aus.

Teilweise wird für den Fall einer Zahlungszusage durch den vorläufigen Verwalter dessen Garantiehaftung angenommen, weil das Schreiben unter seinem Briefkopf nach objektivem Empfängerhorizont als Garantie zu verstehen sei, persönlich für die Zahlungen einstehen zu wollen (*OLG Celle* NZI 2004, 89).

Die Angabe eines schwachen vorläufigen Verwalters, die Kosten von Warenlieferungen würden aus der Insolvenzmasse bezahlt, können darüber hinaus auch eine persönliche Haftung des Verwalters aus culpa in contrahendo gemäß § 311 II, III BGB begründen, weil der falsche Eindruck erweckt wird, es würden Masseverbindlichkeiten, ggf. mit der Haftungsfolge des § 61, begründet. Dadurch wurde besonderes Vertrauen in Anspruch genommen (*OLG Schleswig* NZI 2004, 92).

Gemeinsam ist diesen Entscheidungen der Gedanke, dass der Gläubiger erkennbar „nicht Spezialist für Fragen des Insolvenzrechtes" ist bzw. dass „üblicherweise ein Informationsgefälle zwischen Verwalter und Dritten über den Regelungsgehalt der Insolvenzordnung besteht. Deshalb trifft den Insolvenzverwalter die Pflicht, sich eindeutig und klar gegenüber Dritten so zu äußern, dass Missverständnisse möglichst vermieden werden.

Dies ist eine deutliche Abkehr zu der Rspr. des BGH zu § 82 KO (jetzt: § 60 I InsO), wonach Gläubiger die Risiken von Geschäften mit dem Verwalter kennen müssen. Der Verwalter haftete nur, wenn er bei Vertragsabschluss *besonderes* Vertrauen in Anspruch nahm (nicht nur das „normale" Vertrauen, dass gezahlt werde). Dafür war der Gläubiger beweispflichtig (BGHZ 100, 346).

Der BGH hat diese Rechtsprechung zur Insolvenzordnung im Wesentlichen übernommen (vgl. Kübler/Prütting/Bork/*Lüke*, § 60 Rn. 50 m. w. N.).

59.

Verwalter V kündigt sofort nach Eröffnung des Insolvenzverfahrens alle Arbeitsverträge mit den beim Schuldner beschäftigten Arbeitnehmern zum nächstmöglichen Zeitpunkt. Für die Arbeitnehmerin A beträgt die Kündigungsfrist gemäß § 113 S. 2 drei Monate zum Monatsende. A verlangt von V Zahlung ihres Gehalts für diese drei Monate. Als V mitteilt, die Insolvenzmasse reiche nicht aus, um alle Masseverbindlichkeiten zu erfüllen, verlangt A von V persönlich Zahlung. Zu Recht?

Nein. Zwar handelt es sich bei der Forderung der A um eine Masseverbindlichkeit nach § 55 I Nr. 2 und V konnte auch erkennen, dass die Masse voraussichtlich nicht ausreichen würde, um diese Verbindlichkeiten zu erfüllen, so dass die Voraussetzungen für eine Haftung des V nach § 61 gegeben sind. Auf das Entstehen und die Höhe dieser speziellen Masseverbindlichkeit hatte V jedoch keinen Einfluss, insbesondere war eine frühere Kündigung oder eine Kündigung ohne Einhaltung der gesetzlichen Kündigungsfrist nicht möglich. Für diese sog. aufgezwungenen Masseverbindlichkeiten haftet der Verwalter nicht (vgl. *BAG* ZInsO 2005, 51).

60.

Gläubiger G hatte dem Schuldner eine Werkbank unter Eigentumsvorbehalt geliefert. Nach Eröffnung des Insolvenzverfahrens verlangt G vom Insolvenzverwalter V die Herausgabe der Werkbank. Ein Angestellter des V legt das Schreiben des G versehentlich unbearbeitet ab. V verkauft die Werkbank an D. Muss V aus der Insolvenzmasse oder persönlich Wertersatz leisten?

Nach § 60 I ist der Verwalter allen Beteiligten zum Schadensersatz verpflichtet, wenn er schuldhaft die Pflichten verletzt, die ihm nach der Insolvenzordnung obliegen. Beteiligte im Sinne des § 60 I sind nach h. M. all diejenigen, gegenüber denen dem Verwalter insolvenzspezifische Pflichten obliegen (*BGH* NJW 1988, 209; *Merz*, KTS 1989, 277, 278). Dies sind neben dem Insolvenzschuldner, den Insolvenz- und Massegläubigern insbesondere auch die Aus- und Absonderungsberechtigten.

Der Eigentumsvorbehalt begründete ein Aussonderungsrecht des G, so dass V zur Herausgabe der Werkbank verpflichtet war. Diese Pflicht hat V verletzt. Für sein eigenes Hilfspersonal hat der Verwalter grundsätzlich nach § 278 BGB einzustehen (BGHZ 93, 278, 283; 113, 262).

Sowohl bei der Haftung nach § 60 als auch nach § 61 haftet primär die Insolvenzmasse, sekundär der Insolvenzverwalter persönlich. Eine alleinige Haftung des Insolvenzverwalters besteht dagegen bei Handlungen und Unterlassungen des Insolvenzverwalters, die den Tatbestand des § 823 BGB i. V. m. einem Schutzgesetz erfüllen (Uhlenbruck/*Sinz*, § 60 Rn. 59). Da dies hier nicht der Fall war, ist dem G Wertersatz aus der Insolvenzmasse zu leisten. Das ist sachgerecht, weil der für die Werkbank geschuldete Kaufpreis auch in die Insolvenzmasse geflossen ist, § 55 I Nr. 3. Reicht die vorhandene Insolvenzmasse nicht mehr aus, um die Zahlung zu leisten, haftet V nach § 60 persönlich.

2. Kapitel. Die Insolvenzmasse

I. Insolvenzmasse und insolvenzfreies Vermögen

61.

Was ist unter „Insolvenzmasse" zu verstehen? Erläutern Sie außerdem die Begriffe „Soll bzw. Ist-Masse" sowie „Teilungsmasse" und „Schuldenmasse".

a) Zur „Insolvenzmasse" zählt nach § 35 I das **gesamte Vermögen** des Schuldners. Nur in den Ausnahmefällen des Nachlass- oder Gesamtgutinsolvenzverfahrens beschränkt sich das Verfahren auf Sondermassen (siehe dazu Fälle 236 ff.). Erfasst ist das Vermögen, das dem Schuldner zur Zeit der Eröffnung des Verfahrens gehört **(Altvermögen)**, aber auch das Vermögen, das er während des Verfahrens noch erlangt **(Neuerwerb)**. Vermögen sind also dingliche Rechte (z. B. Eigentum), Immaterialgüterrechte (z. B. Patente), Forderungen und Unternehmen im Ganzen, samt Geschäftswert („good will"). und der Kundenstamm sowie Gesellschaftsrechte (z. B. Aktien, GmbH-Anteile).

Vom Vermögen abzugrenzen sind **Persönlichkeitsrechte** des Schuldners, z. B. sein Namensrecht (§ 12 BGB), rein familienrechtliche Ansprüche und das Vorrecht, über die Annahme einer Erbschaft oder eines Vermächtnisses zu entscheiden (§ 83 I 1).

Nicht zur Insolvenzmasse gehört auch das Vermögen, dass der Einzelzwangsvollstreckung entzogen ist (§ 36 I 1). So sind bewegliche Sachen nach § 811 ZPO nicht pfändbar, wenn der Schuldner sie zu seinem Lebensunterhalt benötigt, der Religionsausübung dienen oder sehr persönliche Funktionen haben. Ebenso gehören Forderungen, insb. Lohn- und Rentenleistungen, nur zur Insolvenzmasse, soweit sie das Existenzminimum des Schuldners übersteigen.

Die Insolvenzmasse wird auch als **„Soll-Masse"** bezeichnet, um zu verdeutlichen, dass sie erst noch in der Wirklichkeit umgesetzt werden muss. Es handelt sich um den Inbegriff aller Gegenstände, die den Gläubigern haftungsrechtlich zugewiesen sind.

Die **„Ist-Masse"** bezeichnet demgegenüber alle Gegenstände, die der Verwalter tatsächlich in Besitz hat oder für die Insolvenzmasse in Anspruch nimmt. Im Gegensatz zur Soll-Masse umfasst sie also z. B. auch Gegenstände, die mit Aus- oder Absonderungsrechten belastet sind und deshalb nicht allen Gläubigern haftungsrechtlich zugewiesen sind.

b) Die **„Teilungsmasse"** ist der Betrag, der für die Verteilung an die Insolvenzgläubiger zur Verfügung steht. Er ergibt sich aus der Insolvenzmasse, vermindert um massemindernde Maßnahmen (Aufrechnungen, Aussonderung und Absonderung, Befriedigung der Massegläubiger) und erhöht um die massemehrenden Maßnahmen (insb. Anfechtung). Richtigerweise wird zunehmend auch von der *„Verteilungsmasse"* gesprochen (vgl. Uhlenbruck/*Hirte*, § 35 Rn. 6).

c) Bei der **„Schuldenmasse"** (auch: Passivmasse) handelt es sich um die Gesamtheit der gegenüber den Insolvenzgläubigern bestehenden Verbindlichkeiten des Schuldners (*Pape/Uhlenbruck/Voigt-Salus*, Teil IV, Kap. 28, Rn. 1; MüKoInsO/*Lwowski*, § 35 Rn. 21; a. A. Uhlenbruck/*Hirte*, § 35 Rn. 6, nach dem auch die Forderungen der Massegläubiger dazugehören). Diese wird nach Maßgabe der Insolvenztabelle (§ 175) festgestellt.

Aus dem Verhältnis der Teilungsmasse zur Schuldenmasse ergibt sich die sog. Insolvenzquote.

62.
S betreibt unter der im Handelsregister eingetragenen Bezeichnung „S Imkerei und Honigwerk e. K." ein Einzelunternehmen. Nachdem S in Insolvenz fällt, will Verwalter V das Unternehmen im Ganzen einschließlich der Firma veräußern. S meint, hierzu bedürfe es seiner Zustimmung, da die Firma seinen Familiennamen enthält. Trifft diese Auffassung zu?

Es kommt darauf an, ob die Firma des Unternehmens des S in die Insolvenzmasse fällt. Einzelne Gegenstände der Insolvenzmasse, die auch als „good will" bezeichnet werden, verlieren häufig erheblich an wirtschaftlichem Wert, wenn ihre Verknüpfung mit der Firma aufgehoben wird. Die Bezeichnung eines Unternehmens fällt deshalb grundsätzlich in die Insolvenzmasse, jedenfalls dann, wenn sie Sachfirma ist.

Für die hier vorliegende Personenfirma ist zu unterscheiden:

Die den Familiennamen eines Gesellschafters enthaltende Firma einer GmbH ist grundsätzlich mit dem Unternehmen veräußerlich, weil der Gesellschafter nicht verpflichtet ist, seinen Namen zur Verfügung zu stellen. Tut er es dennoch, tritt sein Namensrecht hinter das kapitalisierte Namensrecht der Gesellschaft zurück (BGHZ 85, 221, 222 ff.).

Bei Einzelkaufleuten und Personengesellschaften setzte die Verwertung der Firma im Insolvenzverfahren voraus, dass das Interesse der Gläubiger dasjenige des Namensgebers überwiegt. Das Interesse der Gläubiger überwog nach früherer Rechtslage jedenfalls dann nicht, wenn der Schuldner gesetzlich verpflichtet war, seinen Familiennamen in die Firma aufzunehmen, weil jedenfalls dann nicht davon ausgegangen werden kann, dass der Schuldner schon mit der Aufnahme seines Familiennamens in die Firma zu erkennen gibt, dass er den Namen nicht mehr als persönlichkeitsgebunden ansehen will (BGHZ 32, 103, 108 ff.). Da nach der Novelle des Handelsrechts 1998 die Aufnahme des bürgerlichen Namens in die Firma nicht mehr zwingend ist, wird zunehmend die Verwertbarkeit der Personenfirma ohne Zustimmung des Schuldners bejaht (vgl. *Steinbeck,* NZG 1999, 133 ff.; MüKoInsO/*Lwowski,* § 35 Rn. 496 ff.; Uhlenbruck/*Hirte,* § 35 Rn. 100 f. m. w. N.). Es sprechen allerdings auch gute Gründe für eine Verwertbarkeit nur mit Zustimmung des Schuldners (dazu *Wertenbruch,* ZIP 2002, 1931 ff. m. w. N.).

63.
**Der Komponist S fällt in Insolvenz. Als Verwalter V den sehr wertvollen Flügel, den S von seinem Onkel geerbt hatte, abholen und verwerten lassen will, wendet S ein, er brauche den Flügel für seine Arbeit.
Hindert diese Tatsache die Verwertung des Flügels?**

Die Verwertungsbefugnis des Verwalters erstreckt sich auf alle Gegenstände der Insolvenzmasse (§ 159). Zur Insolvenzmasse gehört das gesamte Vermögen des Schuldners (§ 35 I), nicht jedoch diejenigen Gegenstände, die nicht der Einzelzwangsvollstreckung unterliegen (§ 36 I). Da S den Flügel zur Fortsetzung seiner Erwerbstätigkeit als Komponist benötigt, ist der Flügel nach § 811 I Nr. 5 ZPO unpfändbar und gehört deshalb auch nicht zur Insolvenzmasse.

Nach §§ 811a, 811b ZPO kann der Gläubiger dem Schuldner in der Einzelzwangsvollstreckung im Wege der sog. Austauschpfändung aber ein Ersatzstück, das dem geschützten Verwendungszweck genügt oder den zur Beschaffung eines solchen Ersatzstücks erforderlichen Geldbetrag überlassen. Diese Vorschriften sind auch im Insolvenzverfahren entsprechend anwendbar (vgl. Uhlenbruck/*Hirte,* § 36 Rn. 30 m. w. N.). Eine an sich unpfändbare Sache fällt daher in die Insolvenzmasse, wenn der Verwalter dem Schuldner ein Ersatzstück oder den zur Ersatzbeschaffung erforderlichen Geldbetrag anbietet.

V könnte dem S also ein weniger wertvolles Klavier zur Verfügung stellen oder ihm den zur Beschaffung eines solchen Klaviers notwendigen Geldbetrag anbieten. In diesem Fall könnte er das Klavier des S in Besitz nehmen und verwerten.

64.

Inwieweit fallen Urheberrechte, Originale von Werken und Erfinderrechte in die Insolvenzmasse?

Die Insolvenzmasse erfasst nur Vermögensrechte, nicht dagegen Personenrechte. Diese Abgrenzung ist schwierig, wenn sich vermögens- und personenrechtliche Elemente in einem Recht vereinigen. Haben sich geistige Leistungen des Schuldners bereits in vermögenswerter Form verkörpert, so kommt es für die Pfändbarkeit des Vermögenswertes auf besondere Vorschriften an:

Urheberrechte dürfen gemäß § 113 UrhG nur in ihrer Nutzungskomponente und nur mit Zustimmung des Schuldners verwertet werden. Der Verwalter ist also mit Einwilligung des Schuldners berechtigt, das Werk zu nutzen oder einem Dritten ein Nutzungsrecht einzuräumen. Gleiches gilt nach § 114 UrhG für Originale von Werken. Erfinderrechte fallen in die Masse, wenn mit ihrer Auswertung begonnen wurde; massezugehörig sind also die Rechte auf ein Patent und aus einem Patent (§§ 15, 6, 9 PatG i. V. m. §§ 857, 851 ZPO). Hingegen gehören Vergütungsansprüche (§ 32 UrhG) oder Schadensersatz wegen Urheberrechtsverletzungen ohne Einschränkung zur Masse.

65.

Sechs Monate nach Eröffnung des Insolvenzverfahrens über sein Vermögen gewinnt S im Lotto. Der Verwalter will den Gewinn einziehen. S meint, er benötige den Betrag zur Befriedigung einer Forderung des D, von dem er kürzlich ein Auto gekauft habe. Muss V diesen Einwand gelten lassen?

Nein. Nach § 35 I Fall 2 unterfällt dem Insolvenzbeschlag auch das Vermögen, das der Schuldner während des Verfahrens erlangt (sog. Neuerwerb). Der Lottogewinn gehört deshalb zur Insolvenzmasse.

Ansprüche der Neugläubiger, also derjenigen Gläubiger, denen der Schuldner nach Eröffnung des Verfahrens etwas schuldig wird, können nur aus dem insolvenzfreien Vermögen des Schuldners befriedigt werden. Da ein solches freies Vermögen kaum zur Verfügung steht, müssen die Neugläubiger in der Regel bis zum Ende des Insolvenzverfahrens warten, bis sie ihre Forderungen durchsetzen können. Bei natürlichen Personen schließt sich an das Insolvenzverfahren meistens das Restschuldbefreiungsverfahren an, währenddessen die Forderungen der Neugläubiger wegen der Vollstreckungsverbote ebenfalls kaum durchgesetzt werden können. So kann es häufig mehrere Jahre dauern, bis Neugläubiger ihre Forderungen gegen den Schuldner realisieren können.

Die Einbeziehung des Neuerwerbs in die Insolvenzmasse erschwert darüber hinaus den wirtschaftlichen Neuanfang der selbständig tätigen Schuldner. Der Gesetzgeber hatte jedoch für einen Existenzaufbau kein Bedürfnis gesehen (zur Vertiefung *Pape/Uhlenbruck/Voigt-Salus,* Teil II, Kap. 15, Rn. 4 ff.).

66.

Insolvenzschuldnerin S ist als Psychologin selbständig tätig. Nach der Eröffnung des Insolvenzverfahrens führt sie ihre Praxis mit Zustimmung des Insolvenzverwalters fort. Der Verwalter zieht sämtliche Honorar- und Gebührenansprüche der S auf sein Anderkonto ein. S fragt, ob dies rechtens ist und auf welche Weise ihre Ausgaben für Miete, Personal und Bürobedarf berücksichtigt werden sollen.

Nach der sog. „Psychologinnen-Entscheidung" (*BGH* NJW 2003, 2167) gehören Einkünfte, die ein selbstständig tätiger Schuldner nach der Insolvenzeröffnung erzielt, in vollem Umfang ohne einen Abzug für beruflich bedingte Ausgaben zur Insolvenzmasse. Der Schuldner könne jedoch gemäß § 850i ZPO beantragen, dass ihm von seinen Einkünften ein pfandfreier Anteil belassen wird.

Offen gelassen hat der BGH die Antwort auf die Frage nach der Qualität der von der Schuldnerin nach Verfahrenseröffnung begründeten Verbindlichkeiten. Nach überwiegender Auffassung handelt es sich grundsätzlich um sogenannte Neuverbindlichkeiten, die nicht am Verfahren teilnehmen. Sie können nämlich – da sie erst nach Verfahrenseröffnung entstanden sind – nicht als Insolvenzforderungen (§ 38) angemeldet werden; mangels Verwalterhandeln können sie auch nicht als Masseverbindlichkeiten (§§ 53 ff.) eingeordnet werden. (Zum Sonderfall der Umsatzsteuer siehe Fall 112.)

Das führt zu dem Ergebnis, dass der Verwalter alle Einkünfte des Schuldners nach Verfahrenseröffnung einziehen muss, während die zur Erwirtschaftung der Einkünfte notwendigen Ausgaben nicht aus der Insolvenzmasse beglichen werden dürfen. Der Schuldner haftet für diese Neuverbindlichkeiten über das Verfahrensende hinaus; bis dahin sind die Ansprüche seiner „Neu"-Gläubiger auch weitgehend wirtschaftlich wertlos.

Aus dieser Situation kann sich der Schuldner nach dem Modell des *BGH* nur befreien, indem er bei Insolvenzgericht ständig Anträge nach § 850i ZPO stellt, so dass ihm die Betriebsausgaben und der Pfändungsfreibetrag vom Insolvenzverwalter belassen werden.

In der Praxis ist dieser Weg kaum praktikabel. Hier behelfen sich die Verwalter mit verschiedenen Vereinbarungen mit dem Schuldner oder geben „den gesamten Betrieb" des Schuldners aus der Insolvenzmasse frei, so dass die Einkünfte nicht mehr dem Insolvenzbeschlag unterliegen. Nach der erst im Jahre 2007 in die Insolvenzordnung aufgenommenen Regelung des § 35 II 1 hat der Verwalter gegenüber dem Schuldner zu erklären, ob Vermögen aus der selbständigen Tätigkeit zur Insolvenzmasse gehört und ob Ansprüche aus dieser Tätigkeit im Insolvenzverfahren geltend gemacht werden können.

67.
Schuldner S übt eine selbstständige Tätigkeit als Handelsvertreter aus. Der Insolvenzverwalter gibt seine selbstständige Tätigkeit nach § 35 Abs. 2 InsO gegenüber dem Schuldner frei. Die Geschäftsbank DB fragt an, ob das Geschäftskonto des Schuldners weiterhin Teil der Insolvenzmasse ist. Ist eine Freigabeerklärung hinsichtlich des Kontos notwendig?

Der Geschäftsgirokontovertrag des Schuldners ist von der Freigabeerklärung des Insolvenzverwalters mit umfasst. Mit der Freigabe der selbstständigen Tätigkeit sind die sogenannten betriebsbezogenen Dauerschuldverhältnisse und somit auch ein Geschäftsgirokontovertrag von der Freigabe erfasst (vgl. BGH-Urteil vom 9. Februar 2012, Aktenzeichen: IX ZR 75/11). Eine Freigabeerklärung hinsichtlich des Kontos durch den Insolvenzverwalter ist weder möglich noch notwendig.

68.
Zum Vermögen des insolventen S gehört ein Grundstück, das wertausschöpfend mit Grundpfandrechten belastet ist. Da Verwalter V deshalb keinen Verwertungserlös erwartet und er zur Zahlung der Grundsteuer aus der Masse verpflichtet ist, erklärt er gegenüber S, er wolle das Grundstück nicht mehr verwalten, es gehöre nicht mehr zur Masse; S solle sich nunmehr wieder selbst darum kümmern. Welche Wirkungen hat die Erklärung des V?

Die Erklärung des V ist als sog. Freigabe zu werten. Der Verwalter kann einzelne Gegenstände der Insolvenzmasse freigeben, indem er durch einseitige Willenserklärung an den Schuldner auf ihre Verwertung als Massebestandteil verzichtet. Die Befugnis des Verwalters zur Freigabe ist zwar in der Insolvenzordnung nicht ausdrücklich geregelt, wird aber von § 32 III ausdrücklich und auch von § 85 II vorausgesetzt: Wenn ein Prozess um einen Massegegenstand vom Schuldner aufgenommen werden darf, erhält dieser die Verwaltungs- und Verfügungsbefugnis zurück, so dass eine Freigabe vorliegt (*Foerste*, Rn. 171).

Mit der Freigabe endet der Insolvenzbeschlag des betroffenen Gegenstandes; der Schuldner erhält die Verwaltungs- und Verfügungsbefugnis über den Gegenstand zurück. Die Grundsteuer ist ab dem Zeitpunkt der Freigabe keine Masseverbindlichkeit mehr, sondern eine sog. Neuverbindlichkeit des Schuldners (siehe dazu Fälle 14 und 66). Sie ruht gemäß § 12 GrStG als öffentliche Last auf dem Grundstück, so dass bei einer Zwangsversteigerung außerhalb des Insolvenzverfahrens die Grundsteuer vorrangig von dem Versteigerungserlös zu befriedigen ist (§ 49 InsO, § 10 I Nr. 3 ZVG).

Die Möglichkeit der Freigabe ist wirtschaftlich wichtig. In der Insolvenzmasse befinden sich häufig Gegenstände, die von vornherein unverwertbar sind oder nur mit unvertretbarem Aufwand verwertbar gemacht werden können (insb. zur Altlastenproblematik siehe Fall 110).

69.
Ist eine Freigabe auch bei der Insolvenz von Gesellschaften, wie OHG, KG, GmbH und AG, möglich?

Die Antwort auf diese Frage ist sehr umstritten. Die Insolvenz einer Gesellschaft führt zu deren Auflösung (z. B. § 131 I Nr. 3 HGB, § 60 I Nr. 4 GmbHG; § 262 I Nr. 3 AktG). Mit der Auflösung einer Gesellschaft setzt im Regelfall deren Liquidation durch Liquidatoren ein, die jedoch im Falle der Eröffnung des Insolvenzverfahrens durch die Abwicklung nach der Insolvenzordnung überlagert wird (§ 145 I HGB, § 66 I GmbHG, § 264 I AktG).

Nach h. M. folgt dem Insolvenzverfahren ein Liquidationsverfahren nach, so dass die freigegebenen Gegenstände dort noch verwertet werden können (*BGH* NJW 1996, 2035, 2036; BGHZ 148, 252, 258). Im Gegensatz zur Liquidation, die im Interesse der Gesellschafter erfolge, diene das Insolvenzverfahren der optimalen Befriedigung der Gläubiger und zwinge deshalb dazu, die Masse von wertlosen Gegenständen zu entlasten. § 32 III unterscheide darüber hinaus nicht zwischen der Freigabe bei natürlichen Personen und Gesellschaften, so dass die Freigabe nicht auf Verfahren über das Vermögen von natürlichen Personen beschränkt, sondern auch im Insolvenzverfahren über das Vermögen einer Gesellschaft möglich sei (*BGH* ZInsO 2005, 594, 595; *Pape/Uhlenbruck/Voigt-Salus*, Teil IV, Kap. 22, Rn. 12).

Nach a. A. dient das Insolvenzverfahren zur Vollabwicklung von Gesellschaften. Die gesellschaftsrechtliche Liquidation solle danach durch das Insolvenzverfahren vollständig verdrängt sein; die Insolvenzmasse sei zugleich Liquidationsmasse und der Insolvenzverwalter obligatorischer Liquidator (*K. Schmidt*, KTS 1988, 1, 8 ff.; Kölner Schrift zur InsO/*ders.*, S. 1199 ff. Rn. 14 ff.). Danach müsse die Insolvenzmasse im Insolvenzverfahren erschöpfend verwertet werden. Eine Freigabe wäre nicht möglich.

Für eine Vollabwicklung im Insolvenzverfahren spricht zunächst § 199 S. 2, wonach der Verwalter am Ende des Verfahrens jedem an der Gesellschaft Beteiligten den Anteil am Überschuss herausgeben soll, der ihm bei der Abwicklung außerhalb des Verfahrens zustünde. Nach der Gesetzesbegründung soll dies vermeiden, dass noch eine gesellschaftsrechtliche Liquidation nötig wird (BegrRegE, BT-Drs. 12/2443, S. 187). In der Gesetzesbegründung zu § 141a FGG (Löschung juristischer Personen bei Vermögenslosigkeit) heißt es darüber hinaus, dass im Regelfall davon ausgegangen werden könne, dass nach einem Insolvenzverfahren kein Vermögen mehr vorhanden sei.

Mangels klarer gegenteiliger Regelungen ist aber an dem Wortlaut der §§ 32 III, 85 II festzuhalten und ein umfassendes Freigaberecht zu bejahen. Auch § 197 I 2 Nr. 3 spricht für die Möglichkeit einer Freigabe, wenn er den Gläubigern die Entscheidung über das Schicksal unverwertbarer Gegenstände überlässt und damit auch eine Freigabe möglich macht, die wiederum zu einer Liquidation außerhalb des Insolvenzverfahrens führen muss (*Foerste*, Rn. 175).

70.

Was verbirgt sich hinter den Begriffen „unechte" Freigabe und „modifizierte" Freigabe?

Die „unechte" Freigabe unterscheidet sich von der („echten") Freigabe dadurch, dass durch sie kein Gegenstand der Insolvenzmasse, sondern ein massefremder Gegenstand an den Aussonderungsberechtigten herausgegeben wird.

Bei einer „modifizierten" Freigabe ermächtigt der Verwalter den Schuldner, ein zur Masse gehöriges Recht im eigenen Namen geltend zu machen. Dies wird bei Prozessen relevant, wenn der Verwalter den Streitgegenstand (nur zur Prozessführung) an den Schuldner freigibt, um die Masse vom Prozess- und Kostenrisiko zu entlasten (zur Zulässigkeit der modifizierten Freigabe siehe Fall 167).

II. Aussonderung

71.

D hat seinem Freund S einen seiner Lkw unentgeltlich zur Verfügung gestellt. Als über das Vermögen des S das Insolvenzverfahren eröffnet wird, nimmt der Verwalter auch den Lkw in Besitz. Was kann D tun?

Der Verwaltungs- und Verfügungsbefugnis des Verwalters unterfällt nur die Insolvenzmasse. Zur Insolvenzmasse zählen nur diejenigen Sachen und Rechte, die dem Schuldner zum Zeitpunkt der Verfahrenseröffnung gehören (§ 35). Dementsprechend bestimmt § 47 S. 1, dass Gläubiger, denen ein dingliches oder persönliches Recht an einem Gegenstand zusteht, keine Insolvenzgläubiger sind. Der sog. Aussonderungsanspruch dieser Gläubiger bestimmt sich nach den Gesetzen, die außerhalb des Insolvenzverfahrens gelten (§ 47 S. 2).

Wenn ein Gegenstand nicht zur Insolvenzmasse gehört, beruht das vor allem auf dinglichen Rechten, speziell auf Eigentum. So kann jemand, der – wie D in unserem Fall – an den Schuldner eine Sache verliehen hat, diese Sache aussondern.

Die Wahrung des Aussonderungsanspruchs erfolgt für den Eigentümer nach §§ 985, 1004 BGB. D kann von dem Verwalter daher die Herausgabe des Lkws verlangen.

Freilich muss D sein Aussonderungsrecht beweisen, zumal die Vermutung des § 1006 I BGB für Eigentum des Schuldners spricht. Verweigert der Verwalter die Herausgabe, so kann D gegen ihn eine Herausgabeklage erheben, bei der die Zuständigkeitsvorschrift des § 19a ZPO zu beachten ist: der allgemeine Gerichtsstand des Verwalters wird durch den Sitz des Insolvenzgerichts bestimmt.

72.
G hat mit S einen Kaufvertrag über einen Kran abgeschlossen. S soll den Kran innerhalb von 4 Wochen nach der Kaufpreiszahlung liefern. Zwei Wochen nach der Zahlung des G fällt S in Insolvenz. G verlangt von dem Verwalter die Herausgabe des Krans unter Hinweis darauf, ihm stehe ein Aussonderungsrecht zu. Zu Recht?

Nein. Zwar ist nach § 47 S. 1 eine Aussonderung auch aufgrund eines „persönlichen Rechts" möglich, womit schuldrechtliche Ansprüche gemeint sind. Der schuldrechtliche Anspruch muss aber begründen, dass der Gegenstand „nicht zur Insolvenzmasse gehört". Daher genügen Verschaffungsansprüche nicht, eben auch nicht der Anspruch des Käufers auf Übereignung der Kaufsache. Nicht einmal Rückgewähransprüche nach § 812 I 1 Fall 1 BGB genügen, weil die Tatsache des rechtsgrundlosen Erlangens nichts daran ändert, dass das Erlangte in das haftende Vermögen des Schuldners gelangt ist.

Zur Aussonderung berechtigen dagegen z. B. Rückgabeansprüche aus Treuhandverhältnissen, die erweisen, dass das geforderte Gut nicht zum haftenden Schuldnervermögen gehört (*BGH* NJW 2004, 214, 216). Daher kann der Vermieter die Mietsache (§ 546 I BGB), der Verleiher die entliehene Sache (§ 604 BGB) und der Besteller sein Werkstück aussondern.

73.
a) G hat die ihm gegen den S zustehende Forderung zum Zwecke der Einziehung an das Inkassounternehmen D abgetreten. Nachdem über das Vermögen des D das Insolvenzverfahren eröffnet wird, fragt G, ob er die Forderung gegen S aussondern kann.
b) Wie ist die Rechtslage, wenn G in Insolvenz gerät?

a) Da G die Forderung nur zum Zwecke der Einziehung an D abgetreten hat, handelt es sich um einen Fall der uneigennützigen Treuhand (auch: Verwaltungstreuhand). G ist Treugeber und D der Treuhänder. Die Verwaltungstreuhand ist dadurch gekennzeichnet, dass die Rechtsübertragung den Interessen des Treugebers dient. Trotz der formellen Rechtsinhaberschaft des Treuhänders gehört das Vollrecht wirtschaftlich weiterhin dem Treugeber. Treuhänderisch übertragene Rechte können deshalb im Insolvenzverfahren über das Vermögen des Treuhänders ausgesondert werden, unabhängig davon, ob es sich um eine eigennützige oder uneigennützige Treuhand handelt (ausführlich MüKoInsO/*Ganter*, § 47 Rn. 359 ff. u. 373 ff.). Der Treugeber G kann vom Verwalter daher die Rückübertragung der treuhänderisch von D verwalteten Forderung verlangen.

b) Der haftungsrechtlichen Zuordnung des Treugutes zum Vermögen des Treugebers bei der Verwaltungstreuhand entspricht es, dass sich der Treuhänder in der Insolvenz des Treugebers nicht auf ein dingliches Recht berufen kann. Das Treugut – hier die abgetretene Forderung – gehört zum Vermögen des G und damit zur Insolvenzmasse. Das Treuhandverhältnis erlischt mit Verfahrenseröffnung (§§ 115, 116). G kann daher von D die Rückübertragung der Forderung verlangen.

74.
a) D hat dem G zur Sicherung eines Kredits seinen Lkw übereignet. Bald darauf fällt G in Insolvenz. Der Verwalter V verlangt von D die Herausgabe des Lkw, weil dieser durch die Sicherungsübereignung zum Vermögen des G gehöre. Dies lehnt D mit der Begründung ab, er habe den Kredit bereits zurückgezahlt. Zu Recht?
b) Wie wäre die Rechtslage, wenn D in Insolvenz gerät?

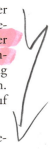

a) Sicherungsübereignung und Sicherungszession sind die typischen Fälle einer eigennützigen Treuhand. Hier erfolgt die Übertragung eines Rechts im Interesse des Treuhänders/Treunehmers, also im Interesse des Sicherungsnehmers.

Nach allgemeiner Meinung gilt bei eigennütziger Treuhand nichts anderes als bei der uneigennützigen Treuhand. Nur die gesicherte Forderung, nicht aber das Sicherungsgut ist dem Vermögen des Sicherungsnehmers zugeordnet. Deshalb kann der Sicherungsgeber in der Insolvenz des Sicherungsnehmers das Sicherungsgut aussondern. Die Aussonderung setzt freilich voraus, dass der Sicherungsgeber die Forderung tilgt, weil sonst noch der Sicherungsfall eintreten und die Sicherheit verfallen kann. Da D den Kredit bereits zurückgezahlt hat, kann er die Herausgabe mit Hinweis auf sein Aussonderungsrecht verweigern.

b) Wie unter a) gezeigt, bleibt die bestellte Sicherheit haftungsrechtlich dem Forderungsschuldner zugeordnet, hier also dem D. Dem entspricht die Regelung, dass dem Sicherungsnehmer im Insolvenzverfahren über das Vermögen des Sicherungsgebers nicht ein Recht auf Aussonderung, sondern nur auf abgesonderte Befriedigung zusteht (§ 51 Nr. 1).

75.
G liefert dem S Felle für die Herstellung von Handschuhen. Sie vereinbaren, dass die gelieferte Ware bis zur Bezahlung Eigentum des G bleiben soll und dass sich das vorbehaltene Eigentum am Endprodukt fortsetzen soll. Über das Vermögen des S wird das Insolvenzverfahren eröffnet. Zu diesem Zeitpunkt

> sind die von G gelieferten Felle noch nicht vollständig bezahlt. Der Verwalter lehnt die Erfüllung des Vertrages ab. G verlangt vom Verwalter Herausgabe der bei S lagernden Handschuhe. Zu Recht?

Der zwischen G und S geschlossene Vertrag ist noch von keiner Seite vollständig erfüllt. Kaufpreiszahlung und Übereignungserfolg stehen noch aus. Der Verwalter konnte deshalb die Erfüllung des Vertrages nach Maßgabe des § 103 ablehnen. Durch die Ablehnung des Verwalters ist sein Besitzrecht entfallen. G kann die Handschuhe daher aussondern, wenn er Eigentümer der Handschuhe geworden ist.

a) G könnte nach § 950 BGB kraft Gesetzes Eigentümer der Handschuhe geworden sein. Diese Norm macht den **Hersteller** zum Eigentümer einer **neuen Sache,** wenn der **Wert der Verarbeitung** nicht erheblich geringer als der Stoffwert ist. Die Handschuhe sind im Verhältnis zu den von G gelieferten Fellen nach der Verkehrsauffassung als neue Sache anzusehen. Zieht man vom Wert der fertigen Handschuhe den Wert der Felle ab, verbleibt ein gegenüber dem Stoffwert nicht unerheblich höherer Verarbeitungswert.

Fraglich ist aber, ob G Hersteller der Handschuhe ist. Hersteller i. S. v. § 950 BGB ist grundsätzlich derjenige, in dessen Namen und wirtschaftlichem Interesse die Herstellung erfolgt, wem also die Herstellung nach der Verkehrsanschauung wirtschaftlich zuzurechnen ist (BGHZ 14, 114, 117). Danach wäre nicht G sondern S als Hersteller anzusehen.

Durch die Abrede zwischen G und S könnte aber von der Regelung des § 950 BGB abgewichen worden sein. Weitgehend Einigkeit besteht darüber, dass von der Vorschrift des § 950 BGB nicht durch Parteivereinbarung abgewichen werden kann, sie also keinen dispositiven Charakter hat (Palandt/*Bassenge,* § 950 Rn. 2 m. w. N.).

Nach der Rspr. kann für die Auslegung des Begriffs „Hersteller" allerdings die vertraglichen Abrede zwischen den Parteien maßgeblich sein (*BGH* NJW 1991, 1480 f.). Derjenige, der das Eigentum nicht erwerben wolle, solle dieses auch nicht kraft Gesetzes erhalten. Danach wäre G durch die Vereinbarung mit S als Hersteller der Handschuhe anzusehen, so dass er nach § 950 BGB Eigentümer geworden wäre. Ein Aussonderungsrecht stünde dem G gleichwohl nicht zu. Denn Grund für die Vereinbarung des verlängerten Eigentumsvorbehalts ist das Bedürfnis des Lieferanten (G), bei einem Eigentumsverlust durch Verarbeitung eine neue Sicherheit zu erhalten; diese Sachlage entspricht derjenigen einer Sicherungsübereignung, die nur ein Recht auf abgesonderte Befriedigung nach § 51 Nr. 1 gewährt. Die Rechtsprechung gesteht dem Lieferanten deshalb trotz des Eigentumserwerbs kein Aussonderungsrecht zu (*BGH* JZ 1971, 505).

Nach der a. A. kann dagegen nur derjenige Eigentum nach § 950 BGB erlangen, der nach objektiven Kriterien Hersteller ist. Es widerspricht der Zuordnungsfunktion des § 950 BGB, durch Vereinbarung mit dinglicher Wirkung den Hersteller zu bestimmen (Palandt/*Bassenge,* § 950 Rn. 8 m. w. N.). Danach hat G nicht kraft Gesetzes nach § 950 BGB Eigentum an den Handschuhen erworben, so dass schon deshalb kein Aussonderungsrecht in Betracht kommt.

b) Aus der Vereinbarung zwischen G und S wird der Wille deutlich, das Eigentum im Wege eines vorweggenommenen Besitzkonstituts zu übertragen. Die Abrede enthält die vorweggenommene Einigung über den Übergang des Eigentums an den herzustellenden Handschuhen auf G sowie die vorweggenommene Vereinbarung eines Besitzmittlungsverhältnisses (§ 868 BGB), aufgrund dessen S für G Besitz an den Handschuhen haben soll. Die Sicherungsabrede reicht als Besitzmittlungsverhältnis aus. G hat also Sicherungseigentum an den Handschuhen erworben. Ihm steht daher kein Aussonderungsrecht, sondern ein <u>Recht auf abgesonderte Befriedigung nach § 51 Nr. 1</u> zu.

G kann deshalb von dem Verwalter nicht Herausgabe der Handschuhe verlangen.

76.

Großhändler G hat dem Supermarkt S zwei Paletten Dosengemüse für 2.000 € geliefert. Die Lieferbedingungen des G sehen vor, dass das Eigentum an den gelieferten Gegenständen erst auf den Käufer übergeht, wenn sämtliche Forderungen des G aus der bestehenden Geschäftsbeziehung erfüllt sind. Als über das Vermögen des S das Insolvenzverfahren eröffnet wird, ist zwar das gelieferte Dosengemüse bereits bezahlt, es sind aber noch Forderungen des G aus anderen Lieferungen offen. G verlangt vom Verwalter Herausgabe einer der von ihm gelieferten Paletten, die S noch nicht weiterveräußert hatte. Muss der Verwalter die Palette herausgeben?

Nein. G und S haben einen erweiterten Eigentumsvorbehalt in der Form des sog. Kontokorrentvorbehalts vereinbart. In diesen Fällen ist zu unterscheiden:

Ist die ursprüngliche Kaufpreisforderung – wenigstens zum Teil – noch offen, der Erweiterungsfall also noch nicht eingetreten, ist der Vorbehaltsverkäufer wie bei einem einfachen Eigentumsvorbehalt berechtigt, vom Vertrag zurückzutreten und das Vorbehaltseigentum auszusondern. Der Verwalter kann auch nach § 103 Erfüllung des Vertrages wählen und die Forderung bezahlen mit der Folge, dass das Aussonderungsrecht erlischt.

Ist die ursprüngliche Kaufpreisforderung – wie in diesem Fall – bereits bezahlt oder wird sie vom Verwalter bezahlt, so hat der Kontokorrentvorbehalt dieselbe Funktion wie eine Sicherungsübereignung, nämlich die dingliche Sicherung von Forderungen, die nicht den Sicherungsgegenstand selbst betreffen. Der Kontokorrentvorbehalt wird deshalb wie ein Sicherungseigentum behandelt. Der Vorbehaltsverkäufer (G) hat also lediglich das Recht, sich aus der Kaufsache abgesondert zu befriedigen (BGHZ 98, 160, 170; *Hess/Weis/Wienberg*, § 47 Rn. 67 m.w.N.). Eine Aussonderung des bereits bezahlten Kaufgegenstandes ist ausgeschlossen.

77.

G ist Hersteller von Telefonanlagen. Er liefert eine Telefonanlage an den S mit der Maßgabe, dass das Eigentum an der Anlage bis zur vollständigen

Bezahlung bei G verbleibt und dass Forderungen des S aus der Weiterveräußerung der Anlage bereits jetzt an G abgetreten werden. Nachdem S die Telefonanlage an D weiterveräußert hat, fällt er in Insolvenz. Die Rechnung des G hatte S noch nicht bezahlt.
a) G verlangt vom Verwalter die Aussonderung der noch offenen Kaufpreisforderung gegen D. Mit Recht?
b) Wie wäre der Fall zu beurteilen, wenn S vor der Vereinbarung mit G seine sämtlichen künftigen Forderungen an die Bank B abgetreten hätte?

a) Nein. G und S haben einen verlängerten Eigentumsvorbehalt in der Form der Vorausabtretung künftiger Forderungen aus dem Weiterverkauf der Ware vereinbart. Dabei handelt es sich um eine echte Sicherungsabtretung, die nach § 51 Nr. 1 ein Absonderungsrecht gewährt, nicht aber zur Aussonderung berechtigt. Der Verwalter darf die Forderung deshalb einziehen und verwerten und kehrt den realisierten Betrag abzüglich der Feststellungs- und Verwertungskosten an den Sicherungsgläubiger aus (§§ 166 II, 170, 179).

b) Das Zusammentreffen eines verlängerten Eigentumsvorbehalts mit einer zeitlich vorher vereinbarten Globalzession ist problematisch. Gäbe allein die zeitliche Priorität der Abtretungen den Ausschlag für die Berechtigung an einer abgetretenen Forderung, ginge die Sicherung des Lieferanten regelmäßig ins Leere, obwohl durch die Lieferung die Sicherung der Bank erst möglich gemacht wird. Zudem würde die Bank, die mit ihrem Kunden eine Globalzession vereinbart und dabei weiß oder wissen muss, dass er seine Waren unter verlängertem Eigentumsvorbehalt kauft, den Kunden zum Vertragsbruch gegenüber seinem Lieferanten verleiten. Deshalb verstößt eine solche Globalzession gegen die guten Sitten und ist nach § 138 BGB nichtig (*BGH* NJW 1999, 940).

Die Praxis trägt diesem Umstand dadurch Rechnung, dass sog. dingliche Verzichtsklauseln verwendet werden. Der Bank werden die Forderungen aus dem Weiterverkauf der gelieferten Waren aufschiebend bedingt durch das Erlöschen des Eigentumsvorbehalts des Lieferanten übertragen. Dadurch gibt die Bank die Forderungen für die Lieferanten frei.

78.

S hatte von G eine Maschine gemietet. Kurz vor Eröffnung des Insolvenzverfahrens über sein Vermögen veräußert S die Maschine für 2.000 € an den gutgläubigen D, der den Kaufpreis noch nicht an S gezahlt hat.
a) G fragt, welche Rechte er hat.
b) Wie wäre die Rechtslage, wenn D vor Eröffnung des Verfahrens bereits 1.000 € an S gezahlt hätte?

a) Ein Herausgabeanspruch des G gegen den D aus § 47 InsO, § 985 BGB scheitert daran, dass D gutgläubig Eigentum an der Maschine erworben hat (§ 932 BGB). Ein Aussonderungsrecht an der offenen Kaufpreisforderung gegen D steht dem G ebenfalls nicht zu. Bei den danach verbleibenden Ansprüchen gegen S – u. a. aus

§§ 816 I, 823 I BGB – handelt es sich um Insolvenzforderungen, die G zur Insolvenztabelle anmelden kann.

Um dieses unbillige Ergebnis zu vermeiden, begründet § 48 die Möglichkeit, auf die Gegenleistung als Ersatz für das Aussonderungsrecht zuzugreifen. Diese sog. Ersatzaussonderung setzt voraus, dass ein Gegenstand, dessen Aussonderung hätte verlangt werden können, vor Eröffnung des Verfahrens unberechtigt veräußert wurde. Diese Voraussetzungen liegen hier vor. Ohne die unberechtigte Veräußerung der Maschine hätte G nach Eröffnung des Verfahrens und Beendigung des Mietvertrages ein Aussonderungsrecht gegenüber dem Verwalter geltend machen können. Da die Gegenleistung aus dem Kaufvertrag zwischen S und D noch aussteht, kann G vom Verwalter Abtretung des gegen D bestehenden Kaufpreisanspruchs verlangen.

b) Den Fall, dass die Gegenleistung bereits erbracht wurde, regelt § 48 S. 2. Danach kann der Ersatzabsonderungsberechtigte die Gegenleistung aus der Insolvenzmasse verlangen, soweit diese noch unterscheidbar vorhanden ist. Dies wäre etwa der Fall, wenn S von G Bargeld erhalten hätte und dieses Geld gesondert aufbewahrt hat (zum Kriterium der Unterscheidbarkeit vertiefend MüKoInsO/*Ganter*, § 48 Rn. 55 ff.). Ist der Betrag nicht mehr unterscheidbar vorhanden, besteht kein Ersatzaussonderungsrecht. In Betracht kommt dann ein Anspruch gegen die Insolvenzmasse aus ungerechtfertigter Bereicherung (§ 55 I Nr. 3).

Sofern das Geld auf das Verfahrenskonto des Insolvenzverwalters gelangt, so gilt nach der Bodensatztheorie des Bundesgerichtshofes, dass zur Wahrung der Unterscheidbarkeit gemäß § 48 InsO der Guthabenkontostand zum Zeitpunkt des Eingangs des Geldes (sog. Bodensatz) durchgehend bis zur Inanspruchnahme durch den Ersatzaussonderungsberechtigten nicht unterschritten worden sein darf (vgl. *BGH* NZI 1999, 265; NZI 2008, 426).

79.

Der Winzer G liefert an den Weingroßhändler S zehn Kartons Rotwein unter Eigentumsvorbehalt. Ohne die Lieferung bezahlt zu haben, veräußert S den Wein an verschiedene Einzelhändler weiter. Er liefert dabei ebenfalls unter Vereinbarung eines Eigentumsvorbehalts. Zu diesem Zeitpunkt hat S die Zahlungen an seine Gläubiger im Wesentlichen bereits eingestellt, weil er zahlungsunfähig ist. Als wenige Wochen später das Insolvenzverfahren über das Vermögen des S eröffnet wird, verlangt G von dem Verwalter die Abtretung der gegen die Einzelhändler noch bestehenden Forderungen aus den Weinlieferungen. Mit Recht?

G könnte gemäß § 48 zur Ersatzabsonderung an den Forderungen gegen die Einzelhändler berechtigt sein. Ohne die Weiterveräußerung des Weins an die gutgläubig erwerbenden Einzelhändler hätte G den Wein wegen des Eigentumsvorbehalts aus der Insolvenzmasse aussondern können. Fraglich ist, ob die zum Untergang dieses Aussonderungsrechts führende Weiterveräußerung des Weins durch S unberechtigt geschah.

Der Vorbehaltskäufer ist in der Regel zur Weiterveräußerung der unter Eigentumsvorbehalt gelieferten Ware berechtigt, soweit die Veräußerung im ordnungsgemäßen oder normalen Geschäftsgang erfolgt. Ob sich eine Weiterveräußerung in diesem vorgegebenen Rahmen hält, ist eine Frage des Einzelfalles und wird allein durch das objektive Verhalten bei der Vornahme des Geschäfts bestimmt (BGHZ 68, 199, 202). So ist etwa eine Verschleuderung der Ware, insbesondere eine Veräußerung unter dem Einstandspreis, von der Weiterveräußerungsermächtigung nicht gedeckt (BGHZ 104, 129, 133). Dagegen reicht allein eine ungünstige wirtschaftliche Lage des Vorbehaltskäufers noch nicht aus, um von einem Erlöschen der Ermächtigung zur Weiterveräußerung auszugehen (Kübler/Prütting/Bork/*Prütting*, § 48 Rn. 16; InsR-Hdb/*Gottwald*, § 41 Rn. 14).

Die Veräußerung der Vorbehaltsware nach Zahlungseinstellung durch den Vorbehaltskäufer wird unterschiedlich beurteilt. Teilweise wird angenommen, die Weiterveräußerungsermächtigung ende regelmäßig mit der Zahlungseinstellung (InsR-Hdb/*Gottwald*, § 41 Rn. 14; *Gundlach*, DZWiR 2000, 430, 432; Kübler/Prütting/Bork/*Prütting*, § 48 Rn. 16; Nerlich/Römermann/*Andres*, § 48 Rn. 9). Dem ist mit der Rspr. entgegenzuhalten, dass die Zahlungseinstellung kein objektives Merkmal ist, anhand dessen sich der ordnungsgemäße Geschäftsverkehr bestimmen lässt. Zudem ist der genaue Zeitpunkt der Zahlungseinstellung oft für den Betroffenen selbst nicht eindeutig und für Außenstehende noch schwerer zu erkennen (*BGH* NJW 2000, 1950, 1952; MüKoInsO/*Ganter*, § 47 Rn. 126). Der Verkauf des Weines an die Einzelhändler war daher noch durch die Weiterveräußerungsermächtigung gedeckt, so dass es an einer unberechtigten Veräußerung i. S. d. § 48 fehlte. G kann deshalb nicht die Abtretung der gegen die Einzelhändler bestehenden Forderungen vom Verwalter verlangen.

III. Absonderung

80.

a) Welchen Inhalt hat ein Absonderungsanspruch im Vergleich zum Aussonderungsanspruch?
b) Wer ist absonderungsberechtigt?

a) Der Begriff der Aussonderung ist zugeschnitten auf die Herausgabe einer nicht dem Schuldner gehörenden Sache aus der Insolvenzmasse. Demgegenüber gehören die mit Absonderungsrechten belasteten Gegenstände zur Insolvenzmasse. Die abgesonderte Befriedigung dient nur der Bewährung von Sicherungsrechten in der Insolvenz. Demjenigen, der ein Sicherungsrecht an einem zum Vermögen des Schuldners gehörenden Gegenstand hat, gebührt grds. nicht die Sache selbst, sondern nur der in ihr verkörperte Wert. Er kann deshalb nicht Aussonderung verlangen, sondern nur, dass er sich vor allen anderen Gläubigern aus dem Sicherungsgut befriedigen darf, dass also der Verwertungserlös vorrangig zur Tilgung seiner Forderung verwendet wird (*Bork*, Rn. 246). Die Aussonderung bestimmt also die Grenzen der haftungsrechtlichen Vermögenszuweisung an alle Insolvenzgläubiger, während die Absonderung regelt, unter welchen Voraussetzungen einzelne Gläubiger

III. Absonderung

vom Gleichbehandlungsgrundsatz ausgenommen werden, weil sie über Sicherungsrechte an Gegenständen der Insolvenzmasse verfügen (*Häsemeyer*, Rn. 11.02.).

b) Absonderungsrechte können an unbeweglichem und beweglichem Vermögen des Schuldners bestehen:

aa) Ist ein Gläubiger berechtigt, sich aus einem unbeweglichen Gegenstand durch Zwangsvollstreckung zu befriedigen, so steht ihm in der Insolvenz gemäß § 49 ein Absonderungsrecht an dem betroffenen Gegenstand zu. Aus § 49 ergibt sich auch, dass die Befriedigung des Absonderungsrechts nach dem ZVG, also durch Zwangsversteigerung und Zwangsverwaltung, erfolgt. In der Praxis gehören zu diesen Absonderungsberechtigten vor allem die Grundpfandrechtsgläubiger. Sofern das Absonderungsrecht nicht der Rückschlagsperre (§ 88) unterliegt oder anfechtbar ist (§§ 129 ff.), kann also die Vollstreckung in das Grundeigentum betrieben werden, § 165. [→ auch durch Insolvenzverwalter!]

bb) Ein Absonderungsrecht am beweglichen Vermögen gewähren Pfandrechte (rechtsgeschäftlich bestellte, durch Pfändung erlangte und gesetzliche, vgl. § 50 I), Sicherungseigentum und Sicherungsabtretung (§ 51 Nr. 1), Zurückbehaltungsrechte wegen werterhöhender Aufwendungen (§ 51 Nr. 2), handelsrechtliche Zurückbehaltungsrechte (§ 51 Nr. 3) sowie Sicherheiten an zu versteuernden oder zu verzollenden Sachen (§ 51 Nr. 4). Für sie gilt, dass das Verwaltungsrecht grundsätzlich beim Insolvenzverwalter liegt, § 166.

81.

Über das Vermögen des S, der seine Geschäftsräume von V gemietet hat, wird das Insolvenzverfahren eröffnet. Den Mietzins hatte S zu diesem Zeitpunkt bereits 18 Monate lang nicht mehr entrichtet. Die gesamte in den Geschäftsräumen des S befindliche Büroeinrichtung war vor Eröffnung des Verfahrens zugunsten des G1 und wenig später von G2 gepfändet worden. G1, G2 und V, der sich auf sein Vermieterpfandrecht beruft, streiten um die Verteilung des Erlöses aus der Verwertung der Büroeinrichtung.

G1, G2 und V sind nach § 50 I zur abgesonderten Befriedigung aus der Büroeinrichtung berechtigt. Die Rangfolge der Absonderungsrechte richtet sich nach den zivilrechtlichen und prozessualen Vorschriften, nach denen hier allein die zeitliche Priorität entscheidet. Zunächst ist danach V zu befriedigen, gemäß § 50 II allerdings nur hinsichtlich des Mietzinses für die letzten 12 Monate vor Eröffnung des Verfahrens. Wegen der darüber hinausgehenden Forderungen ist V gemäß § 52 Insolvenzgläubiger. Verbleibt nach der Befriedigung des V ein Betrag aus der Verwertung der Büroeinrichtung, so ist zunächst G1 und – sofern der Erlös aus der Verwertung dann noch nicht verbraucht ist – G2 zu befriedigen (Prioritätsprinzip, § 804 III ZPO).

82.

Wie erfolgt die abgesonderte Befriedigung?

a) Die abgesonderte Befriedigung erfolgt durch Verwertung, die sich nach dem Inhalt des Absonderungsrechts bestimmt. Die Verwertung unbeweglicher, mit einem Absonderungsrecht (z. B. Grundschuld) belasteter Gegenstände erfolgt durch Zwangsversteigerung oder Zwangsverwaltung nach dem ZVG, sofern Absonderungsberechtigter und Insolvenzverwalter (wie häufig) keine Vereinbarung zur freihändigen Verwertung treffen. Pfandrechte an beweglichen Sachen werden durch Pfandverkauf (§§ 1233 I, 1235 ff. BGB) verwirklicht. Abweichende Vereinbarung zwischen Gläubiger und Verwalter sind zulässig und insbesondere bei der Verwertung von Immobilien üblich.

b) Die Verwertung erfolgt entweder durch den Verwalter oder durch den Gläubiger. Bei unbeweglichen Gegenständen, an denen ein Absonderungsrecht besteht, sind sowohl der Verwalter als auch der Absonderungsberechtigte befugt, die Verwertung durch Zwangsversteigerung oder Zwangsverwaltung zu betreiben (§ 165 für Verwalter, § 49 für Gläubiger). Bei beweglichen Gegenständen steht allein dem Verwalter das Verwertungsrecht zu, sofern sich der Gegenstand in seinem Besitz befindet (§ 166 I), anderenfalls allein dem Gläubiger (§ 173 I). Abgetretene Forderungen kann allein der Verwalter einziehen (§ 166 II), nicht aber verpfändete Forderungen.

Soweit die Verwertungsbefugnis beim Verwalter liegt, hat dieser am Verwertungserlös nach Abzug der Feststellungs- und Verwertungskosten unverzüglich an den absonderungsberechtigten Gläubiger auszukehren (§ 170 I).

83.

Die Darlehensforderung der G-Bank gegen S ist durch eine Grundschuld zulasten eines dem S gehörenden Grundstücks gesichert. G möchte wissen, ob sie ihre Forderung zu Aufnahme in die Tabelle anmelden oder ihr Absonderungsrecht geltend machen soll.

G ist nach § 49 zur abgesonderten Befriedigung aus dem Grundstück des S berechtigt. Beantragt sie oder der Verwalter die Zwangsversteigerung oder Zwangsverwaltung des Grundstücks, so nimmt sie – abhängig vom grundbuchlichen Rang – ihrer Forderung an der Verteilung des Erlöses teil. Aufgrund des mit S abgeschlossenen Darlehensvertrages ist G auch persönliche Gläubigerin des S. Sie ist mit dieser Forderung gemäß § 52 S. 1 Insolvenzgläubiger und kann die Darlehensforderung also auch zur Insolvenztabelle anmelden. An der Verteilung der Insolvenzmasse nimmt G dann aber gemäß §§ 190, 52 S. 2 nur insoweit teil, soweit sie auf die abgesonderte Befriedigung verzichtet oder bei ihr ausgefallen ist. Der Vermerk in der Tabelle lautet demgemäß „festgestellt für den Ausfall". Ihren Ausfall muss G vor der Verteilung belegen oder auf die abgesonderte Befriedigung verzichten. Letzteres ist ihr zu empfehlen, wenn die Verwertung des Grundstücks bei der Verteilung noch nicht abgeschlossen ist und G wegen des grundbuchlichen Rangs ihrer Grundschuld bei einer Verteilung des Verwertungserlöses voraussichtlich nicht berücksichtigt wird.

III. Absonderung

84.
S hat dem G einen Bagger zur Sicherung einer Darlehensverbindlichkeit des S in Höhe von 10.000 € übereignet. Nach Eröffnung des Insolvenzverfahrens über das Vermögen des S führt der Verwalter den Betrieb fort und benutzt hierfür auch den Bagger. Sechs Monate nach dem Gerichtstermin stellt der Verwalter den Betrieb ein und veräußert den Bagger für 5.000 €.
a) G fragt, welche Ansprüche er aufgrund der Sicherungsübereignung geltend machen kann.
b) G kann nachweisen, dass er den Bagger für 7.000 € hätte verwerten können. Welche Ansprüche hat er?

a) Die Sicherungsübereignung begründet ein Absonderungsrecht des G gemäß § 51 Nr. 1. Das Verwertungsrecht liegt gemäß § 166 I beim Verwalter. Der grundsätzlich vorgeschriebenen unverzüglichen Verwertung nach dem Gerichtstermin (§ 159) stand hier die Fortführung des Betriebes entgegen, die dem Willen der Gläubigerversammlung entsprochen haben wird. Als Ausgleich für die Verzögerung der Verwertung gibt § 169 S. 1 dem Absonderungsberechtigten einen Anspruch gegen die Insolvenzmasse auf die laufend geschuldeten Zinsen ab dem Gerichtstermin. G kann daher für die sechs Monate vom Gerichtstermin bis zu Verwertung Zinsen auf seine Darlehensforderung vom Insolvenzverwalter verlangen.

Darüber hinaus kann G aus § 172 I Ausgleich für den Wertverlust des Baggers ab dem Zeitpunkt der Verfahrenseröffnung verlangen. Ausgangspunkt für die Berechnung des Wertverlustes ist der Verkehrswert, den der Gegenstand im Zeitpunkt der Verfahrenseröffnung hat.

Schließlich kann G den nach Abzug der Feststellungs- und Verwertungskosten verbleibenden Erlös aus der Verwertung des Baggers aus § 170 I verlangen. Die Feststellungskosten sind gemäß § 171 I pauschal mit 4 % des Brutto-Verwertungserlöses anzusetzen; die Kosten der Verwertung können pauschal mit 5 % angesetzt werden, wenn die tatsächlichen Kosten nicht erheblich geringer oder höher sind (§ 171 II 1 u. 2). Die Pauschalen werden vom Nettoerlös berechnet. Etwa anfallende Umsatzsteuer wird nicht an den Absonderungsberechtigten ausgekehrt, sondern vom Verwalter abgeführt. An G sind deshalb 4.550 € (5.000 € abzüglich 9 %) auszukehren.

b) Zur Sicherstellung einer für alle Seiten optimalen Verwertung der mit Absonderungsrechten belasteten Gegenstände schreibt § 168 die Beteiligung des Absonderungsberechtigten an der Verwertung dergestalt vor, dass der Absonderungsberechtigte von einer beabsichtigten Verwertung durch den Verwalter zu informieren ist. Der Absonderungsberechtigte hat nach einer solchen Mitteilung gemäß § 168 II eine Woche Zeit, eine für ihn günstigere Verwertungsmöglichkeit zu benennen. Wäre der Verwalter hier so verfahren, hätte der Bagger für 7.000 € verwertet werden können. Das Unterlassen der Mitteilungspflicht nach § 168 I stellt eine Pflichtverletzung des Insolvenzverwalters dar, für die er gemäß § 60 I haftet. G kann daher den Verwalter auf Ersatz des ihm aus der unvorteilhaften Verwertung entstandenen Schadens in Anspruch nehmen.

47

85.

> Bauunternehmer S hat seine bestehenden und künftigen Forderungen im Rahmen einer Globalzession an die Bank G zur Sicherung eines Darlehens abgetreten. Nach den AGB der Bank ist S zum Einzug der Forderungen im Rahmen des ordnungsgemäßen Geschäftsverkehrs ermächtigt. Als S einen Insolvenzantrag stellt, kündigt G die Geschäftsbeziehung und fordert S zur Rückzahlung des Darlehens auf. Bevor über das Vermögen des S das Insolvenzverfahren eröffnet wird, zieht S noch mehrere Forderungen gegen seine Auftraggeber auf ein vom vorläufigen Insolvenzverwalter eingerichtetes Konto ein. G verlangt nach Eröffnung des Verfahrens vom Verwalter Auskehrung der eingezogenen Beträge. Mit Recht?

a) Zunächst ist festzuhalten, dass zugunsten der Bank nach Verfahrenseröffnung ein Absonderungsrecht an den abgetretenen Forderungen gemäß §§ 51 Nr. 1, 50 I besteht. Dieses Absonderungsrecht setzt jedoch voraus, dass die Forderungen gegen die Drittschuldner zum Zeitpunkt der Eröffnung des Insolvenzverfahrens noch bestehen. Den Drittschuldnern war die Abtretung an die Bank mangels Offenlegung nicht bekannt. Mit der Zahlung erbrachten die Drittschuldner daher eine Leistung an S, die dessen Forderung zum Erlöschen brachte (vgl. § 362 I BGB) und zugleich gegenüber der Bank als Sicherungszessionarin gemäß § 407 I BGB schuldbefreiende Wirkung hatte (vgl. BGHZ 53, 139, 141 f.; 138, 291, 304; *BGH* ZIP 1989, 785, 786). Damit waren die Forderungen gegen die Drittschuldner und das daran durch die Globalabtretung begründete Sicherungsrecht der Bank erloschen.

b) Die Bank könnte aber einen Anspruch auf Ersatzabsonderung an den während der vorläufigen Verwaltung eingezogenen Beträgen haben.

Für die Konkursordnung war anerkannt, dass es analog zu der gesetzlich geregelten Ersatzaussonderung (§ 48) auch ein Recht auf Ersatzabsonderung gibt (BGHZ 47, 181; *BGH* WM 1971, 71). Der Regierungsentwurf enthielt eine ausdrückliche Regelung der Ersatzabsonderung, die in der schließlich verkündeten Version der Insolvenzordnung allein zur redaktionellen Straffung gestrichen wurde (BT-Drs. 12/7302, S. 160). Nach dem Willen des Gesetzgebers soll § 48 also auf die Ersatzabsonderung Anwendung finden (*OLG Stuttgart* ZIP 2001, 2183; Kübler/Prütting/Bork/*Prütting*, § 48 Rn. 26).

Voraussetzung für das Entstehen des Ersatzabsonderungsrechts ist zunächst, dass der Schuldner die Forderungen „unberechtigt" im Sinne des § 48 eingezogen hat. Überwiegend wird eine analoge Anwendung auf unberechtigte Verwertungshandlungen des (auch schwachen) vorläufigen Verwalters bejaht (MüKoInsO/*Ganter*, § 48 Rn. 14; Kübler/Prütting/Bork/*Prütting*, § 48 Rn. 28).

Eine unberechtigte Verwertung scheidet aus, wenn der Rechtsinhaber der Verfügung über sein Recht zugestimmt hat (Kübler/Prütting/Bork/*Prütting*, § 48 Rn. 14). Eine Einziehung sicherungsabgetretener Forderungen ist deshalb berechtigt, wenn und solange der Zessionar den Schuldner oder den vorläufigen Insolvenzverwalter zur Einziehung ermächtigt hat (*OLG Stuttgart* ZIP 2001, 2183). Hier war dem S von der Bank die Ermächtigung erteilt worden, die Forderungen gegen die Drittschuldner im eigenen Namen einzuziehen. Eine solche Einziehungsermächtigung erlischt nicht ohne weiteres, wenn deren Fortbestehen den Sicherungszweck gefährden würde, insbesondere wenn über das Vermögen des Schuldners die Eröffnung des Insolvenzverfahrens beantragt wird. Vielmehr verlangt der BGH im Hinblick auf die Fortführungspflicht nach § 22 I Nr. 2 und aus Gründen der Rechtsklarheit, dass der Zessionar von dem ihm zustehenden Recht zum Widerruf der Einziehungsermächtigung ausdrücklich Gebrauch macht (*BGH* ZIP 2000, 895 ff.).

Hier wurde die von der Bank erteilte Einziehungsermächtigung nicht ausdrücklich widerrufen, so dass der Forderungseinzug nicht unberechtigt geschah. Ein Ersatzabsonderungsrecht der Bank an den vor Eröffnung des Verfahrens von S bzw. vom vorläufigen Verwalter eingezogenen Beträgen besteht deshalb nicht.

c) Schließlich kommt ein gegen die Masse gerichteter Bereicherungsanspruch der Bank in Betracht. Der Anspruch scheitert jedoch schon daran, dass im Rahmen der sog. schwachen vorläufigen Verwaltung grundsätzlich noch keine Masseverbindlichkeiten begründet werden können. Außerdem ist ein Anspruch aus § 816 II BGB (Leistungsannahme durch einen Nichtberechtigten) nicht gegeben, weil die Drittschuldner angesichts der nicht widerrufenen Einziehungsermächtigung an einen Berechtigten geleistet haben.

Im Ergebnis sind deshalb die bis zur Eröffnung des Verfahrens eingezogenen Forderungen nicht an die Bank auszukehren.

IV. Verwaltung und Verwertung

86.

Verwalter V verlangt von Schuldner S die Herausgabe seines Porsches, weil dieser zur Insolvenzmasse gehöre. S verweigert die Herausgabe mit der Begründung, er habe sich den Wagen nur von D geliehen und benötige ihn außerdem für die tägliche Fahrt zu seiner Arbeitsstelle. Was kann V tun, um in den Besitz des Fahrzeugs zu gelangen?

Nach § 148 I hat V das gesamte zur Insolvenzmasse gehörende Vermögen unmittelbar nach Eröffnung des Insolvenzverfahrens in Besitz zu nehmen. Verweigert der Schuldner die Herausgabe von Gegenständen der Insolvenzmasse, so kann der Verwalter vom Insolvenzgericht eine vollstreckbare Ausfertigung des Eröffnungsbeschlusses erhalten und damit unter Zuhilfenahme eines Gerichtsvollziehers die Herausgabe im Wege der Zwangsvollstreckung durchsetzen (§ 148 II). Zwar bestimmt der Eröffnungsbeschluss im Gegensatz zu einem Herausgabeurteil die Gegenstände nicht, auf die sich die Herausgabevollstreckung richtet. Eine Konkretisierung ist mit Blick auf §§ 35, 36 aber nicht erforderlich, da alle Vermögensgegenstände zur Ist-Masse gezogen werden (*LG Düsseldorf* KTS 1957, 143 ff.).

Der Eröffnungsbeschluss ermächtigt den Verwalter und den von ihm beauftragten Gerichtsvollzieher auch dazu, die Wohnung des Schuldners zu betreten, um Gegenstände der Insolvenzmasse in Besitz zu nehmen; einer zusätzlichen richterlichen Anordnung bedarf es hierzu nicht (Uhlenbruck/*Uhlenbruck*, § 148 Rn. 20 m. w. N.).

Ob S den Wagen für den täglichen Weg zur Arbeit benötigt, spielt erst eine Rolle, wenn sich S gegen die Herausgabevollstreckung wehrt. Für den Einwand der Insolvenzfreiheit infolge eines Pfändungshindernisses (§§ 811, 812 ZPO; § 36 InsO) steht ihm die Erinnerung nach § 766 ZPO zur Verfügung. Wegen der besonderen Sachnähe entscheidet hierüber in Abweichung von § 764 ZPO nicht das Vollstreckungsgericht, sondern das Insolvenzgericht (vgl. § 148 II 2).

Eine Erinnerung, die darauf gestützt ist, dass der Wagen dem D gehört, hätte dagegen keinen Erfolg. Die Frage von Drittrechten kann nur auf von D im Wege der Drittwiderspruchsklage geltend gemacht werden, für die nicht das Insolvenzgericht, sondern das allgemeine Prozessgericht zuständig ist (*BGH* NJW 1962, 1392, a. A. *LG Dortmund* NZI 2000, 182, 183; *Mäusezahl*, ZInsO 2000, 193, 196).

V. Insolvenzanfechtung

Nach den vier grundsätzlich unterschiedlichen Anfechtungstatbeständen können angefochten werden:
1. Rechtshandlungen im Zeitpunkt der Krise, §§ 130–132, 137,
2. vorsätzliche Benachteiligungen, § 133,
3. unentgeltliche Rechtshandlungen, § 134,
4. Minderung von Gesellschaftskapital, §§ 135, 136.

87.

Nach Eröffnung des Verfahrens verkauft der Schuldner S ohne Kenntnis des Verwalters Textillagerbestände, welche Bestandteil der Insolvenzmasse sind, an den Gläubiger G zum Verkehrswert von 500 €. Das Geld leitet S sofort an den Insolvenzverwalter weiter. Der Verwalter will das Geschäft mit G anfechten. Kann er das?

Nein. Grundvoraussetzung der Anfechtung ist gemäß § 129, dass die anzufechtende Rechtshandlung vor Eröffnung des Verfahrens stattgefunden hat und die Gläubiger benachteiligt. Diese Grundvoraussetzung gilt für alle Insolvenztatbestände gemäß §§ 130–137. An beiden Voraussetzungen scheitert die Anfechtung. Zum einen hat das Geschäft des Schuldners nach Eröffnung des Verfahrens stattgefunden, weshalb nicht die §§ 129 ff., sondern diejenigen gemäß §§ 81 f., 89 den Schutz der Gläubigergemeinschaft sichern (dazu Frage 133). Weiterhin muss die Rechtshandlung die Gläubiger benachteiligen. Dies ist hier ebenfalls nicht gegeben, weil die Befriedigung der Insolvenzgläubiger nicht verkürzt, vereitelt, erschwert, gefährdet oder verzögert wird. Der Kaufpreis entsprach dem Verkehrswert und ist der Insolvenzmasse tatsächlich zugute gekommen.

88.

Welche Arten von Gläubigerbenachteiligung gemäß §§ 129 ff. werden unterschieden?

Unmittelbare (§§ 133 II, 132) und mittelbare Gläubigerbenachteiligung (§§ 130, 131, 133 I, 134). Erstere liegt vor, wenn die Benachteiligung unmittelbare Folge der vorgenommenen Rechtshandlung ist, z. B. wenn der Schuldner eine Sache verschenkt oder unter Wert verkauft. Letztere liegt vor, wenn die Gläubigerbenachteiligung nicht durch das Geschäft selbst, sondern aufgrund späterer Umstände verursacht wurde, z. B. wenn der Schuldner Wertpapiere zu einem vor Eröffnung marktüblichen Preis verkauft und bezahlt bekommen hat, nach Eröffnung der Preis jedoch gestiegen ist.

89.

Gläubiger G vollstreckt in das Grundvermögen des S. Am 23.4.2005 wird die Eintragung einer Sicherungshypothek beantragt. Am 12.6.2005 wird die Sicherungshypothek eingetragen. Am 30.6.2005 stellt S den Antrag auf Eröffnung des Insolvenzverfahrens über sein Vermögen. Der Insolvenzverwalter meint, die Sicherungshypothek des G sei unwirksam; S meint, alles habe seine Richtigkeit. Wer hat Recht?

Der Insolvenzverwalter. Die im Wege der Zwangsvollstreckung eingetragene Zwangssicherungshypothek ist aufgrund der Rückschlagsperre gemäß § 88 absolut unwirksam. Danach sind alle Sicherheiten (nicht: Befriedigungen!), welche im Wege der Einzelzwangsvollstreckung erlangt werden, unwirksam. Dabei kommt es für die Berechnung der Monatsfrist nicht auf den Tag der Antragstellung (23.4.2005), sondern auf den der Eintragung (12.6.2005) an. Damit ist die Monatsfrist i. S. d. § 88 eingehalten. Denn erst mit Eintragung ist die Sicherheit „erlangt". Dabei braucht der Verwalter sich nicht auf Anfechtung zu berufen oder Anfechtungsklage zu erheben. Mit Eröffnung des Verfahrens wird die Sicherungshypothek entsprechend § 868 ZPO zur Eigentümergrundschuld. Der Verwalter hat dementsprechend das Recht auf Umschreibung des Rechts und kann ebenso das Recht selbst zur Löschung bringen (vgl. Fachanwaltskommentar/*Piekenbrock*, § 88 Rn. 18). Soll das Recht gelöscht werden, muss der Verwalter dagegen eine entsprechende Aufgabeerklärung gemäß § 875 BGB nebst grundbuchrechtlicher Bewilligung gemäß § 19 GBO abgeben.

90.

Wegen Zahlungsrückständen beantragte Insolvenzgläubiger G im Juli 2005 ein Insolvenzverfahren über das Vermögen des S zu eröffnen. Daraufhin zahlte S die Rückstände vollständig. G nahm deshalb seinen Antrag unverzüglich zurück. Im November stellt ein anderer Gläubiger V einen weiteren Insolvenzantrag, woraufhin das Insolvenzverfahren eröffnet wird. Kann der Insolvenzverwalter die Zahlung des S an G anfechten?

In Betracht käme ein Anspruch des Verwalter nach § 143 i. V. m. § 130 I Nr. 2. Fraglich ist, ob die Zahlung „nach dem Eröffnungsantrag" i. S. v. § 130 I Nr. 2 erfolgte. S zahlte G nach dem Antrag des G, jedoch vor dem Antrag des V. Dieser wurde zurückgenommen, jener führte zur Insolvenzeröffnung. Aus dem Wortlaut des § 139 II 1 lässt sich schließen, dass bei zwei zulässigen und begründeten Insolvenzanträgen der erste, also der des G, maßgeblich ist. Nach Ansicht des Bundesgerichtshofs (*BGH* NJW 2002, 515 f.) setzt § 139 II 1 jedoch einen Antrag voraus, der zur Eröffnung hätte führen können. Anträge, die zurückgenommen, für erledigt erklärt wurden etc. gehören danach nicht hierher. Aus diesen Gründen scheitert die Anfechtung nach § 130 I Nr. 2.

Jedoch ist eine Anfechtung nach § 130 I Nr. 1 möglich. S zahlte in den letzten drei Monaten vor dem Antrag des V. S war auch zahlungsunfähig. Daran änderte die Antragsrücknahme des G nichts (vgl. § 17 II 2, Frage 121). Fraglich ist, ob die subjektiven Voraussetzungen nach § 130 I Nr. 1 vorliegen. Kannte G die Zahlungsunfähigkeit, obgleich seine Forderungen vollständig beglichen wurden? Der Bundesgerichtshof bejaht dies in ständiger Rspr. (vgl. *BGH* NJW 2002, 515, 518). Wer als Gläubiger und Insolvenzantragsteller nach dem Antrag noch Leistungen erhält, wisse, dass dies typischerweise lediglich zur Abwendung des Insolvenzantrages erfolge, dies jedoch keinesfalls den Insolvenzeröffnungsgrund beseitige.

91.

Abwandlung: Wie Fall 90, allerdings ist G der angestellte Prokurist des S.

G ist eine nahestehende Person gem. § 138 II Nr. 3, sog. Insider. Damit wird gem. § 130 II die Kenntnis der Zahlungsunfähigkeit (widerleglich) vermutet. Die Insolvenzordnung erleichtert die Anfechtung gegenüber Insidern gem. § 138. Im Falle der Anfechtung von Rechtshandlungen im Zeitpunkt der Krise und von vorsätzlichen Benachteiligungen greift gegenüber Insidern eine für den Insolvenzverwalter günstige Beweislastregelung (vgl. §§ 130 III, 131 II 2, 132 III, 137 II 2, 145 II Nr. 2). Nach ihr hat der Verwalter nur zu behaupten und im Streitfalle zu beweisen, dass der Anfechtungsgegner Insider ist, die Rechtshandlungen in dem anfechtungsrelevanten Zeitraum fallen und zur tatbestandlichen Gläubigerbenachteiligung führten. Daneben enthält die Insolvenzordnung im Falle der Anfechtung von vorsätzlichen Benachteiligungen und von Minderungen des Gesellschaftskapitals Tatbestandsregeln, nach denen die Qualifizierung des Anfechtungsgegners als Insider tatbestandliche Voraussetzung der Anfechtung ist (vgl. §§ 133 II, 135, 136).

92.

Im Zwangsvollstreckungsverfahren hat der Gerichtsvollzieher auf Antrag des Gläubigers des späteren Insolvenzschuldners (IS), aufgrund eines Vollstreckungstitels, im Hause des IS eine Kassenpfändung nach Stellung eines Eröffnungsantrages vorgenommen und dem Gläubiger 400 € abgeliefert (vgl. § 815 I ZPO). Drei Wochen später wird die Eröffnung des Insolvenzverfahrens über das Vermögen des IS veröffentlicht.

In Betracht kommt eine Insolvenzanfechtung nach § 131 I Nr. 2. Zwar vollstreckt der Gläubiger aufgrund eines Titels gegen den IS. Doch können nach § 141 auch

Rechtshandlungen aufgrund eines vollstreckbaren Titels angefochten werden. Der Gläubiger des IS müsste gemäß § 131 I Nr. 2 eine inkongruente Deckung erhalten haben. Dies ist hier der Fall, da der Titel des Gläubigers keinen materiellrechtlichen Anspruch auf Befriedigung durch Zwangsvollstreckung begründet. Mit den Worten des § 131 I 1 hat die Zwangsvollstreckung dem Gläubiger „Befriedigung gewährt, die er nicht in der Art zu beanspruchen hatte". Auch sind die weiteren objektiven Voraussetzungen gegeben. Die inkongruente Deckung erfolgte nach Stellung des Insolvenzantrages. Subjektive Voraussetzungen sind nach § 131 I Nr. 2 entbehrlich; der Anfechtungsanspruch besteht gemäß §§ 143, 131.

93.

Abwandlung von Fall 92: Der Gläubiger hat aus Lieferung einen Zahlungsanspruch gegen IS. Pünktlich und vertragsgemäß zahlt IS an den Gläubiger, obwohl IS zu diesem Zeitpunkt nicht mehr in der Lage ist, alle seine Verbindlichkeiten zu erfüllen. Zum Zeitpunkt der Zahlung war ein Insolvenzantrag schon gestellt. Dies wusste der Gläubiger des IS. Hat eine Insolvenzanfechtung Erfolg und wenn ja, nach welcher Vorschrift?

Es könnte eine Anfechtung nach § 130 I Nr. 2 möglich sein. Da der Gläubiger die Zahlung von IS bekommen hat, die ihm vertragsgemäß zustand, liegt eine kongruente Deckung vor. Die erste Voraussetzung – Rechtshandlung nach dem Eröffnungsantrag – ist erfüllt. Auch war die Zahlungsunfähigkeit zu diesem Zeitpunkt gegeben, da nach § 17 II die Zahlungsunfähigkeit in der Regel immer schon dann gegeben ist, wenn ein Schuldner nicht in der Lage ist, alle fälligen Zahlungspflichten zu erfüllen. So lag es hier. Schließlich liegen auch die subjektiven Voraussetzungen vor, für die der Insolvenzverwalter ebenfalls die Beweislast trägt (zu Ausnahmen sogleich unten), denn der Gläubiger wusste, das ein Insolvenzantrag im Zeitpunkt der Zahlung bereits gestellt war.

94.

Der Insolvenzschuldner hatte eine Woche vor Eröffnung des Insolvenzverfahrens für seine gastronomische Grill-Vertriebs KG Elektromotoren im Werte von 5.000 € gekauft. Dieser Preis entsprach dem marktüblichen Verkehrswert der Motoren und wurde innerhalb von einer Woche beglichen. Der Insolvenzverwalter will nun wissen, ob der Kauf der Motoren anfechtbar ist.

Der Kauf der Motoren könnte nach § 130 I anfechtbar sein, wenn es sich nicht um ein Bargeschäft nach § 142 handelt. Die Voraussetzungen von § 142 sind zum einen der Austausch von gleichwertigen Leistungen und zum anderen ein unmittelbar zeitlicher Zusammenhang der Leistungen. Beides ist hier gegeben, denn der Insolvenzschuldner hat für seine Leistung (Zahlung von 5.000 €) unmittelbar eine gleichwertige Gegenleistung (Elektromotoren) erhalten. Die Voraussetzungen sind hier auch nicht deswegen ausgeschlossen, weil der Käufer erst nach einigen Tagen, nämlich innerhalb der ersten Woche gezahlt hat. „Unmittelbar" (§ 142) meint nämlich nicht etwa Leistung Zug um Zug. Bei Erfüllung innerhalb eines üblichen Zahlungszieles handelt es sich noch um ein Bargeschäft; zwischen den Leistungen darf nur keine so große Zeitspanne liegen, dass das Rechtsgeschäft nach der verkehrsüblichen Gepflogenheiten im Wirtschaftsverkehr den Charakter eines Kreditgeschäftes annimmt. Der Einkauf des Insolvenzschuldners wäre also nur anfechtbar, wenn er mit dem Vorsatz gehandelt hätte, seine übrigen Gläubiger zu benachteiligen, und wenn der Käufer zur Zeit der Handlung diesen Vorsatz gekannt hätte (§ 133 I).

Damit kann also der Verwalter das Kaufgeschäft über die Motoren nicht anfechten.

95.

Der Insolvenzschuldner betrieb eine Zahnarztpraxis und hatte am 30.5.2011 seiner Tochter ein kleines Boot – Jolle Joghurt – an der Kieler Förde geschenkt. Am 28.5.2014 erfolgt die Eröffnung des Insolvenzverfahrens durch das zuständige Insolvenzgericht. Während des Verfahrens entdeckt der Insolvenzverwalter nun diese Schenkung und will sie rückgängig machen.

In Betracht kommt die Anfechtung nach § 134 I. Die objektiven Voraussetzungen dieser Anfechtung liegen vor: Die Übertragung des Bootes erfolgte unentgeltlich und innerhalb des anfechtungsrelevanten Zeitraums, nämlich drei Jahre vor Verfahrenseröffnung und damit früher als vier Jahre vor Eröffnung. Subjektive Voraussetzungen kennt § 134 I nicht, da der Grund der Anfechtung die bloße Unentgeltlichkeit der Leistung ist. Die Anfechtung ist auch nicht nach der Ausnahmebestimmung des § 134 II ausgeschlossen, da eine Jolle objektiv kein gebräuchliches Gelegenheitsgeschenk geringen Wertes ist. Unerheblich sind dabei die wirtschaftlichen Gewohnheiten und Verhältnisse des Schenkers zur Zeit der Schenkung. Damit kann der Verwalter erfolgreich die Schenkung per Anfechtung nach § 134 I rückgängig machen.

96.

Der Gläubiger G hat eine Forderung gegen IS in Höhe von 20.000 €. Da beiden Seiten klar ist, dass IS zahlungsunfähig ist, kauft G noch schnell vor Verfahrenseröffnung den BMW Touring von IS zum (marktüblichen) Verkaufspreis von 25.000 €. Kurz danach wird das Insolvenzverfahren über das Vermögen des IS eröffnet, in dem G gegenüber dem Insolvenzverwalter aufrechnet.

Die Aufrechnung des G scheitert zwar nicht an § 96 I Nr. 2, da der G die Forderung gegen IS bereits vor Verfahrenseröffnung hatte und auch die Hauptforderung noch vor Eröffnung des Verfahrens (wirksam) begründet wurde. Sie scheitert aber an § 96 I Nr. 3 i. V. m. § 130 I Nr. 3, da die Hauptforderung in anfechtbarer Weise begründet wurde.

97.

Der spätere Insolvenzschuldner gibt seinem Freund zwei Jahre vor Eröffnung des Insolvenzverfahrens ein selbständiges (abstraktes) Schuldanerkenntnis (§ 771 BGB), wonach er ihm 40.000 € schulde. Zweck dieses Anerkenntnisses ist es, den Freund vor allen anderen Gläubigern zu bevorzugen. Der Insolvenzschuldner sagt daher zu seinem Freund, just nachdem er die Unterschrift unter das Anerkenntnis gesetzt hatte: „So, jetzt werden alle anderen leer ausgehen." Der Verwalter erfährt 2 ½ Jahre nach der Verfahrenseröffnung von dem Geschäft im Rahmen der Anmeldung dieser Forderung zur Insolvenztabelle.
War das Geschäft zwischen Insolvenzschuldner und seinem Freund anfechtbar?

Das Anerkenntnis ist nach § 133 I anfechtbar, da es die Gläubiger benachteiligt und von dem Insolvenzschuldner mit dem Vorsatz vorgenommen wurde, seine anderen Gläubiger zu benachteiligen. Der Freund wusste auch von diesem Benachteiligungsvorsatz und die Rechtshandlung fand auch im anfechtungsrelevanten Zeitraum von zehn Jahren vor Eröffnung des Insolvenzverfahrens statt, vgl. § 133 I. Doch der Anfechtungsanspruch könnte nach § 146 I verjährt sein, da der Verwalter nach Ablauf der zweijährigen Verjährungszeit, nämlich erst nach 2,5 Jahren nach Verfahrenseröffnung von dem Anerkenntnis erfährt. Doch hilft hier dem Verwalter der § 146 II: Trotz Ablaufes der Verjährung kann der Verwalter einredeweise (= verteidigungsweise) die Anfechtung geltend machen, da er nichts zur Masse einziehen, sondern die Masse nur vor (anfechtbaren) Ansprüchen schützen will.

98.

Wie Fall 97. Wie setzt der Insolvenzverwalter die Anfechtung durch?

Die Insolvenzanfechtung kann wie oben gezeigt als haftungsrechtlicher Anspruch mit allen formellen und materiellen Rechtsbehelfen durchgesetzt werden. In diesem Falle wird der Insolvenzverwalter die angemeldete Forderungen aufgrund von § 133 im Rahmen der Forderungsprüfung bestreiten, vgl. § 178 I. Dem Gläubiger, dem Freund des Insolvenzschuldners, bleibt es dann gemäß § 179 überlassen, die Feststellungsklage zu erheben. In diesem Prozess kann der Insolvenzverwalter dann verteidigungsweise die Anfechtbarkeit gemäß § 133 geltend machen.

99.

Was bedeutet Anfechtung von Kontokorrentverrechnungen?

Besonders praktisch bedeutsam ist die Anfechtung von Rechtshandlungen, welche bestehende debitorische (= im Soll stehende) Konten zurückführen. Im Giroverhältnis zwischen Schuldner und kontoführender Bank fasst die Kontokorrentabrede die einzelnen Gutschriften und Lastschriften zusammen, damit diese verrechnet und die Salden feststellbar werden. Saldierungen erfolgen gemäß § 355 HGB periodisch mit dem Rechnungsabschluss. Mit Insolvenzeröffnung erlischt die Kontokorrentabrede gemäß §§ 115 ff. (vgl. Fragen 115, 144). Verrechnungen sind nicht mehr gestattet. Vor Verfahrenseröffnung kann die Kontokorrentverrechnung gläubigerbenachteiligend i. S. d. § 129 sein. Die Bank könnte sich vorrangig wegen bestehender Rückstände befriedigen: Besteht z. B. ein Schuldsaldo auf dem Kontokorrentkonto und gehen dort vor Eröffnung des Verfahrens noch Gutschriften für den Schuldner ein, sind diese aufgrund der Kontokorrentabrede zu Gunsten der Bank gebunden: Die Gutschriften mindern aufgrund der Saldierung den Schuldsaldo. In der Krise ist jedoch eine Verrechnung ebenso wie eine Aufrechnung (dazu Frage 100) gemäß § 96 I Nr. 3 unzulässig, wenn die Bank die Möglichkeit der Verrechnung durch eine anfechtbare Rechtshandlung erlangt. Das soll nach h. M. und nach Ansicht des Bundesgerichtshofes davon abhängen, ob die Deckung, welche die Bank erhält, kongruent (§ 130) oder inkongruent (§ 131) ist. Ist sie kongruent, so dürfte es sich nach Ansicht des BGH meist um ein unanfechtbares Bargeschäft (§ 142) handeln (so die ständige Rechtsprechung, vgl. nur *BGH* NJW 2002, 1722 ff.).

100.

S hat mit seiner Hausbank B einen Kontokorrentvertrag mit einer Kreditlinie in Höhe von 500.000 € vereinbart. Am 5.3. wird S zahlungsunfähig und nimmt bei B einen Kredit in Höhe von 380.000 € in Anspruch. Er führt ihn bis zur Antragstellung am 4.4. auf 240.000 € herunter. Diese Rückführung resultierte aus Gutschriften in Höhe von 400.000 €, welchen Lastschriften in Höhe von 260.000 € gegenüberstanden. Der Insolvenzverwalter will 400.000 € gegenüber der Bank wegen inkongruenter Deckung (§ 131) anfechten. Zu Recht?

Ein Anspruch des Verwalter gemäß §§ 143, 131 setzt voraus, dass die Verrechnung der 400.000 € inkongruent war, d. h. dass die Befriedigung der Bank nicht zu der Zeit bzw. nicht in der Art zu beanspruchen war.

Nach ständiger Rechtsprechung (*BGH* NJW 2002, 1722 ff.) sind Verrechnung als solche jedoch kongruent. Denn sie beruhen nach Ansicht des BGH auf der Kontokorrentabrede. Die Verrechnungen dienten dazu, die Kontokorrentlinie „offen zu halten". Die jeweiligen Gutschriften und die erneute Kreditgewährung stünden im Verhältnis von Leistung und Gegenleistung im zeitlichen engen Rahmen. Es handele sich dann um Bargeschäfte, die gemäß § 142 nicht anfechtbar sind. Gegen die Anfechtung spricht wesentlich, dass sich die Bank nicht endgültig begünstigt, solange sie Werte erhält, die sie sogleich dem Schuldner wieder zur Verfügung stellt.

Dies gilt in diesem Fall nur hinsichtlich von 260.000 € die als Lastschriften gewährt wurden und den eingegangenen Gutschriften gegenüberstehen. Insoweit war die Verrechnung der Bank ein kongruentes Bargeschäft.

Hinsichtlich der übrigen 140.000 € liegt eine Rückführung des Schuldsaldos vor. In diesem Umfange sieht auch der BGH eine inkongruente Deckung. Die Bank hat sich nämlich in der Krise zu Lasten der übrigen Gläubiger befriedigt und hatte diese zu der Zeit nicht mehr zu beanspruchen (*BGH* NJW 2002, 1722 ff., 1723, Leitsatz Nr. 3).

Anfechtbar sind daher gemäß §§ 143, 131 I Nr. 1 die Verrechnungen in Höhe von 140.000 €.

101. (✓)

Welche Rechtsfolgen hat die Insolvenzanfechtung?

Nach § 143 I ist dasjenige, was aufgrund anfechtbarer Handlung weggegeben, veräußert oder aufgegeben wurde, zur Masse zurückzugewähren. Die Rechtsnatur dieses Anspruchs ist seit jeher umstritten. Neben den dinglichen Theorien werden heute im Wesentlichen die haftungsrechtliche und die schuldrechtliche Theorie vertreten. Der Bundesgerichtshof vertritt Letzteres und hält den Anfechtungsanspruch für einen schuldrechtlichen Anspruch auf Rückgewähr der anfechtbar erworbenen Rechtsposition (BGHZ 101, 286, 288). Die haftungsrechtliche Theorie zählt den anfechtbar weggegebenen Gegenstand zum Haftungsvermögen des Schuldners, wenngleich der Gegenstand dinglich aus dem Schuldnervermögen ausscheidet. Dies stärkt die Anfechtungsmöglichkeiten.

VI. Aufrechnungsbefugte Insolvenzgläubiger

102.

Insolvenzgläubiger G hat bereits vor Eröffnung des Insolvenzverfahrens eine Forderung gegen Insolvenzschuldner S in Höhe von 100 € begründet, der seinerseits 150 € von G zu bekommen hatte. Nach Eröffnung rechnet G gegenüber dem Insolvenzverwalter auf und zahlt lediglich 50 € zur Masse. Zu Recht? Wie wäre es, wenn die Aufrechnung nur aufgrund vertraglicher Abrede erfolgt?

Ja. Gemäß § 94 sind Insolvenzgläubiger auch während des Insolvenzverfahrens zur Aufrechnung berechtigt. G ist nicht verpflichtet, seine Forderung gemäß § 174 zur Insolvenztabelle anzumelden. Die Befugnis des G zur Aufrechnung gemäß § 387 BGB unterliegt grundsätzlich im eröffneten Insolvenzverfahren keinerlei Einschränkungen. Hinsichtlich der geschuldeten 100 € sind damit durch Aufrechnungserklärung die gegenseitigen Forderungen erloschen.

Dies gilt auch für Aufrechnungen, die durch Vereinbarungen begründet sind; sie sind den kraft Gesetzes erklärten Aufrechnungen gleichzustellen.

103.

Wie Fall 102, nur das die aufzurechnenden Forderungen nicht fällig sind. G erklärt gleichwohl die Aufrechnung. Mit Erfolg?

Nein. Zwar hat G gemäß § 94 grundsätzlich das Recht gemäß § 387 BGB die Aufrechnung zu erklären. Gemäß § 95 steht der Aufrechnung jedoch das Hindernis der fehlenden Fälligkeit entgegen und zwar unabhängig davon, ob Hauptforderung oder aufzurechnende Gegenforderung nicht fällig sind (kritisch dazu Kölner Schrift zur InsO/*Häsemeyer*, S. 648 Rn. 7). Die Vorschrift des § 41 I, wonach nicht fällige Forderungen als fällig gelten, findet insoweit gemäß § 95 I 2 keine Anwendung.

104.

V schuldet dem Insolvenzschuldner S 300 €. Als er nach Eröffnung des Verfahrens vom Insolvenzverwalter auf Zahlung der 300 € in Anspruch genommen wird, lässt sich V die Forderung eines Insolvenzgläubigers gegen S in Höhe von 400 € abtreten. V erklärt daraufhin gegenüber dem Insolvenzverwalter gemäß § 387 BGB die Aufrechnung seiner abgetretenen Forderung gegen die Forderung des Insolvenzverwalters. Zu Recht?

Nein. Der Aufrechnungserklärung steht ein Aufrechnungsverbot gemäß § 96 I Nr. 2 entgegen. Durch den Erwerb der Gegenforderung nach Insolvenzeröffnung aufgrund der Abtretung sind zwar die Voraussetzungen nach § 387 BGB eingetreten, gemäß § 96 I Nr. 2 ist dem V jedoch die Aufrechnung untersagt.

105.

Nach Eröffnung des Verfahrens entstehen zu Gunsten der Insolvenzmasse Steuererstattungsansprüche. Das zuständige Finanzamt erklärt daraufhin wegen Steuerverbindlichkeiten aus der Zeit vor Verfahrenseröffnung die Aufrechnung gemäß § 226 AO. Ist die Aufrechnung wirksam?

Nein. Ist die Forderung des Steuergläubigers vor Insolvenzeröffnung erworben und damit Insolvenzforderung (§ 38) und ist der Steuergläubiger nach Eröffnung etwas zur Masse schuldig geworden, so ist die Aufrechnung gemäß § 96 I Nr. 1 ausgeschlossen. Dies war hier der Fall, weil der Erstattungsanspruch erst nach Verfahrenseröffnung, die Steuerschuld jedoch vorher begründet worden war (grundsätzlich dazu *BFH* ZIP 1994, 50).

106.

Insolvenzschuldner S verkauft zehn Tage vor Eröffnung des Insolvenzverfahrens ohne vorherige rechtliche Verpflichtung Ware an den Insolvenzgläubiger G, der von der Zahlungsunfähigkeit des S weiß. Daraufhin erklärt G nach Eröffnung die Aufrechnung seiner Forderung gegen die Kaufpreisforderung des S. Mit Erfolg?
(Fall nach *BGH* ZIP 2001, 885)

Nein. Es liegt ein Aufrechnungsverbot gemäß § 96 I Nr. 3 vor, weil G die Aufrechnungslage in anfechtbarer Weise herbeigeführt hat. Die hergestellte Aufrechnungslage ist gemäß § 131 i. V. m. § 96 I Nr. 3 inkongruent.

VII. Masseverbindlichkeiten

107.

Was sind Massegläubiger? Sind Massegläubiger bevorrechtigte Insolvenzgläubiger?

Massegläubiger haben Forderungen gegen den Insolvenzschuldner, die erst nach Eröffnung des Insolvenzverfahrens begründet werden. Sie sind keine bevorrechtigten Insolvenzgläubiger, sondern Gläubiger eigener Art, die aus der Masse vorweg, also vor allen Insolvenzgläubigern zu befriedigen sind (§ 53). Sie nehmen folglich auch nicht am Prüfungs-, Feststellungs- und Verteilungsverfahren teil und unterliegen nicht den Beschränkungen der §§ 87 und 89, können also während des Insolvenzverfahrens gegen den Insolvenzverwalter klagen und in die Insolvenzmasse vollstrecken.

108.

Worin liegt der Unterschied zwischen Massekosten und Masseverbindlichkeiten?

Massekosten sind die Kosten des Insolvenzverfahrens, also die Gerichtskosten und die Vergütung des Insolvenzverwalters, des vorläufigen Insolvenzverwalters und der Mitglieder des Gläubigerausschusses (§ 54).

Masseverbindlichkeiten sind die in § 55 aufgeführten Verbindlichkeiten, ferner die Sozialplanansprüche der Arbeitnehmer (§ 123 II 1), die Unterhaltsansprüche des Insolvenzschuldners und seiner Familie (§ 100 I) sowie die den gesicherten Gläubigern zustehenden Zinsen (§ 169).

Die Unterscheidung ist wichtig für den Fall, dass die Insolvenzmasse nicht ausreicht, um alle Massegläubiger zu befriedigen (Masseunzulänglichkeit, § 208). Dann nämlich werden nach § 209 zunächst die Massekosten ausgeglichen.

109.

Insolvenzschuldner S verkauft nach Eröffnung des Insolvenzverfahrens an K ein zur Insolvenzmasse gehörendes Fahrzeug. K zahlt bar. Das Geld leitet S an den Insolvenzverwalter weiter. Der Insolvenzverwalter ist empört und fordert von K die Herausgabe des Fahrzeuges. K möchte wissen, ob er das Fahrzeug herausgeben muss und ggf. den Kaufpreis erstattet bekommt.

Nach Eröffnung des Insolvenzverfahrens sind Verfügungen des Schuldners über Gegenstände der Insolvenzmasse unwirksam (§ 80 I 1). K muss das Fahrzeug deshalb an den Insolvenzverwalter herausgeben.

Gemäß § 80 II 1 kann K die Gegenleistung aus der Insolvenzmasse zurückverlangen. Der entsprechende Bereicherungsanspruch ist vom Insolvenzverwalter als Masseverbindlichkeit nach § 55 I Nr. 3 zu berichtigen.

> **110.**
> Die S-AG betreibt ein Aluminiumschmelzwerk. Bei der Produktion fallen dioxinhaltige Filterstäube an. Einige Tonnen dieser entsorgungspflichtigen Stäube lagert die S-AG wegen finanzieller Schwierigkeiten in einer Halle ab, bevor über ihr Vermögen das Insolvenzverfahren eröffnet wird. Verwalter V betreibt das Unternehmen noch zwei Monate weiter, bevor er den Betrieb einstellt. Die dabei neu anfallenden Filterstäube lässt er ordnungsgemäß entsorgen.

Die zuständige Ordnungsbehörde gibt V durch Bescheid die Entsorgung der in der Halle lagernden Stäube auf und droht zugleich die Ersatzvornahme an, weil von diesen Stäuben eine erhebliche Gefahr ausgeht. V legt Widerspruch ein und meint, für die vor Verfahrenseröffnung entstandenen Stäube sei er nicht verantwortlich. Trifft dies zu?

Ob und in welcher Weise der Verwalter für Umweltlasten in Anspruch genommen werden kann, wird unterschiedlich beurteilt. Unstreitig ist allerdings, dass der Verwalter solche Störungen oder Gefahren zu Lasten der Masse zu beseitigen hat, die erst nach Eröffnung des Verfahrens entstehen. Das ist z. B. der Fall, wenn der Verwalter eine immissionsträchtige Anlage und/oder ein kontaminiertes Grundstück nach Verfahrenseröffnung weiter betreibt. Hier sind durch den Weiterbetrieb der Anlage neue Filterstäube entstanden, für die der V als Handlungsstörer verantwortlich ist. Diese Abfälle hat V allerdings ordnungsgemäß entsorgt.

Auch von den bereits vor Insolvenzeröffnung gelagerten Stäuben geht jedoch weiterhin eine Gefahr aus. Fraglich ist, ob V zur Entsorgung auch dieser Stoffe mit Mitteln der Insolvenzmasse verpflichtet ist.

Knüpft die Sanierungsverantwortlichkeit nach der im Einzelfall einschlägigen ordnungsrechtlichen Vorschrift allein an die tatsächliche Sachherrschaft an, so begründet die daraus resultierende Zustandsstörerhaftung des Insolvenzverwalters nach Auffassung des BVerwG eine Masseverbindlichkeit, unabhängig davon, ob die Kontamination vor oder nach Insolvenzeröffnung eingetreten ist. Folgt die Sanierungsverantwortlichkeit dagegen aus einem in der Vergangenheit liegendes Verhalten, so ist nicht der Insolvenzverwalter, sondern der Schuldner als Verhaltensstörer sanierungspflichtig. In diesem Fall stellt die Sanierungspflicht eine Insolvenzforderung dar. Als Beispiel hierfür nennt das BVerwG die Erzeugung von Abfällen gemäß § 11 I i. V. m. § 3 V KrW-/AbfG (BVerwGE 108, 269, 272; *BVerwG* ZIP 1999, 538, 540; NZI 2005, 51, 52; 2005, 55, 56).

Die hier bei der Produktion angefallenen dioxinhaltigen Filterrückstände sind gemäß § 3 I 1 KrW-/AbfG i. V. m. lit. Q9 der Anlage I zum KrW-/AbfG Abfälle zur Beseitigung i. S. d. § 11 I KrW-/AbfG. Nach § 11 I KrW-/AbfG ist neben dem Erzeuger der Abfälle, also der S-AG, auch der Besitzer der Abfälle für deren Beseitigung verantwortlich. Besitzer ist gemäß § 3 VI KrW-/AbfG jede Person, die die tatsächliche Sachherrschaft über die Abfälle hat, hier also V. Somit wäre V nach der Rspr. des BVerwG als Zustandsstörer für die Beseitigung der Stäube verantwortlich. Bei dieser Verpflichtung handelt es sich um eine Masseverbindlichkeit i. S. d. § 55 I Nr. 1.

Die überwiegende Auffassung nimmt dagegen an, dass es sich bei der abstrakten Ordnungspflicht und der daraus resultierenden Gefahren- und Störungsbeseitigungspflicht stets um eine Insolvenzforderung handelt, weil die Ordnungspflicht des Schuldners ihren Ursprung vor Verfahrenseröffnung hatte und die geschuldete vertretbare Handlung nach § 45 in einen Geldanspruch umgerechnet werden könne (BGHZ 150, 305, 310 f.; *Häsemeyer,* FS Uhlenbruck, 2000, 101, 103 ff.; *Weitemeyer,* NVwZ 1997, 533; *v. Wilmowsky,* ZIP 1997, 1445). Der Beseitigungsanspruch konnte danach nicht mehr nach Eröffnung des Insolvenzverfahrens gegen die Insolvenzmasse durchgesetzt werden.

Für diese Ansicht spricht, dass es für die Abgrenzung zwischen Insolvenz- und Masseforderung allgemein darauf ankommt, ob wenigstens der Rechtsgrund der Forderung bereits vor Verfahrenseröffnung gelegt war. Bei der Einordnung von Ordnungspflichten muss es entsprechend darauf ankommen, wann die Gefahrenlage eingetreten ist und der Schuldner Störer war (*Foerste,* Rn. 705). Dagegen spricht allerdings, dass eine bestehende abstrakte Ordnungspflicht stets erst der Konkretisierung und Ausfüllung durch die Behörde im Rahmen des ihr eingeräumten Ermessens- und Beurteilungsspielraumes bedarf. Ein konkreter Anspruch besteht deshalb erst, wenn die Ordnungspflicht durch einen Bescheid konkretisiert wird (MüKoInsO/*Hefermehl,* § 55 Rn. 97).

Richtigerweise ist zu differenzieren: Die öffentlich-rechtlichen Beseitigungsansprüche unterliegen keinen insolvenzrechtlichen Beschränkungen. Sie sind deshalb im Anschluss an das BVerwG wie eine Masseverbindlichkeit zu behandeln und zu erfüllen. Davon zu trennen ist die Frage, wie die Kosten der Ersatzvornahme einzuordnen sind, wenn der Verwalter seiner Beseitigungspflicht nicht nachkommt (dazu der folgende Fall).

Nach dieser differenzierten Betrachtung ist der V der richtige Adressat für die Ordnungsverfügung der Behörde. Sein Widerspruch ist unbegründet.

111.
Wie Fall 110, jedoch hat V unmittelbar nach Insolvenzeröffnung hinsichtlich der in der Halle lagernden Abfälle die Freigabe erklärt. Die Behörde hält dies für unbeachtlich.
a) Ist die Beseitigungsverfügung rechtmäßig?
b) Da V der Beseitigungsverfügung nicht nachkommt, lässt die Behörde die Filterstäube entsorgen und gibt dem V die hierdurch entstandenen Kosten durch Bescheid auf. Muss V zahlen?

a) Ja. Die Freigabe aus dem Insolvenzbeschlag führt zwar grundsätzlich zu einer Beseitigung der Zustandsverantwortlichkeit des Insolvenzverwalters und damit zur Beseitigung der Sanierungspflicht (BVerwGE 122, 75; NZI 2005, 51, 52; *Kebekus,* NZI 2001, 63, 67 ff.; a. A. *OVG Greifswald* NJW 1998, 175). Die Beseitigungspflicht entfällt aber nicht, wenn lediglich die Freigabe der Reststoffe ohne Freigabe der gesamten emissionsträchtigen Anlage oder des gesamten kontaminierten Grundstücks erklärt wird (*OVG Lüneburg* NJW 1993, 1671; *OVG Lüneburg* KTS 1998, 577).

b) Die Kosten der Ersatzvornahme müssen von V beglichen werden, wenn es sich um Masseverbindlichkeiten handelt, nicht jedoch, wenn sie als Insolvenzforderungen (§ 38) zu qualifizieren sind. Nach h. M. stellen die Ersatzvornahmekosten Insolvenzforderungen dar, wenn sie – wie hier – auf einem vor Verfahrenseröffnung begründeten Lebenssachverhalt bzw. einer eingetretenen Störung beruhen (*BGH* NJW 1996, 845; Leonhardt/Smid/Zeuner/*Smid,* § 55 Rn. 17; Uhlenbruck/*Sinz,* § 55 Rn. 33 m. w. N.).

Dagegen geht insbesondere das BVerwG davon aus, dass es sich bei den Kosten einer nach Verfahrenseröffnung vollzogenen Ersatzvornahme stets um Masseverbindlichkeiten handelt, weil erst mit der Ersatzvornahme der Erstattungsanspruch besteht, ganz unabhängig davon, ob die Altlast vor oder nach Verfahrenseröffnung entstanden ist (BVerwGE 108, 269, 272 = NJW 1999, 2131). Danach müsste V die Kosten der Ersatzvornahme aus der Insolvenzmasse begleichen.

Gegen diese Privilegierung bestehen dogmatische Bedenken. Denn mit der Insolvenzordnung wurden die Konkursvorrechte nach der KO abgeschafft. Mit dieser Zielsetzung ist es nicht vereinbar, gegen Wortlaut und Zweck des § 55 I eine Privilegierung bestimmter Gläubiger einzuführen (Nerlich/Römermann/*Andres,* § 55 Rn. 73).

Bei den von der Behörde geltend gemachten Kosten handelt es sich mithin um Insolvenzforderungen. V muss nicht zahlen.

112.

S betreibt ein Bauunternehmen. Am 1.2. wird über sein Vermögen das Insolvenzverfahren eröffnet und V zum Insolvenzverwalter bestellt. V stellt den Betrieb mangels vorhandener Mittel ein und meldet das Gewerbe des S ab. Ab dem 1.8. wird S wieder als Bauunternehmer tätig und meldet ein neues Gewerbe in Kenntnis des V an. V erklärt sich zur selbständigen Tätigkeit des S nicht. Das Finanzamt teilt S eine neue Steuernummer zu, unter der S auch Umsatzsteuererklärungen abgibt. Da er aber die geschuldete Umsatzsteuer nicht an das Finanzamt abgibt, fordert das Finanzamt den V auf, die Umsatzsteuer zu zahlen. Zu Recht?
Abwandlung:
Wie verhält es sich, wenn V keine Kenntnis von der selbständigen Tätigkeit des Schuldners S hat?

Ist der Schuldner eine natürliche Person, die bei Insolvenzeröffnung selbständig tätig ist, oder beabsichtigt er, während des Verfahrens eine solche Tätigkeit aufzunehmen, hat der Insolvenzverwalter – außerhalb des Insolvenzplanverfahrens – gem. § 35 II nur drei Möglichkeiten zu reagieren:

Er kann die Tätigkeit gemeinsam mit dem Schuldner als Betriebsfortführung organisieren. Er kann das Wirtschaften des Schuldners dulden oder er kann die Tätigkeit freigeben. Die Entscheidung hierüber ist gem. § 35 II obligatorisch. Nach dieser Vorschrift entstehen nunmehr zum einen Masseverbindlichkeiten, wenn der Verwalter ausdrücklich durch sog. Positiverklärungen eine Haftung wählt. Zum anderen steht das Dulden der selbständigen Tätigkeit durch den Verwalter einer Positiverklärung gleich. Da V Kenntnis von der neuen selbständigen Tätigkeit ab dem 1.8. hat, haftet er folglich für die Umsatzsteuerleistung. Dies liegt daran, dass § 35 II 1 auf die Rechtspflicht zum Handeln des Verwalters V abstellt: Er hat entweder eine Haftungserklärung abzugeben oder eine Betriebsfortführung zu organisieren. Sein pflichtwidriges Unterlassen begründet eine Haftung der Masse nach § 55 I Nr. 1 Alt. 1 InsO. Die Verpflichtung der Masse gilt nach der Gesetzesbegründung auch für Verbindlichkeiten, die der Schuldner unter Einsatz von massefreien Sachen begründet, womit entgegen der vorherigen Rechtsprechung des *BFH* (ZInsO 2005, 774) in diesen Fällen auch die Umsatzsteuer eine Masseverbindlichkeit ist.

Abwandlung: Eine Duldung im oben genannten Sinne liegt erst ab dem Zeitpunkt vor, ab dem der **Insolvenzverwalter Kenntnis** von der selbständigen Tätigkeit des S hat (so auch *BFH* ZInsO 2010, 1556). Erfasst werden sinngemäß nur Verbindlichkeiten, die nach seiner Kenntniserlangung entstehen. Bei Unkenntnis – wie hier – werden nur Neuverbindlichkeiten des Schuldners begründet. V muss folglich die Umsatzsteuer nicht zahlen.

3. Kapitel. Das Insolvenzverfahren

I. Das Insolvenzgericht (✓)

113.

Welche Gerichte nehmen die Aufgaben des Insolvenzgerichts wahr?

Die sachliche Zuständigkeit liegt nach § 2 I bei den Amtsgerichten. In jedem Landgerichtsbezirk ist nur ein Amtsgericht zuständig, nämlich das Amtsgericht am Sitz des Landgerichts selbst. Die Landesregierungen können hiervon nach § 2 II Ausnahmen festlegen.

Für die örtliche Zuständigkeit kommt es auf den allgemeinen Gerichtsstand des Schuldners an (§ 3 I). Der allgemeine Gerichtsstand bestimmt sich nach den §§ 13 ff. ZPO. Der allgemeine Gerichtsstand bei Schuldnern, die unternehmerisch tätig sind, ergibt sich aus dem Ort, an dem der Mittelpunkt ihrer selbständigen wirtschaftlichen Tätigkeit ist.

114.

Wer ist innerhalb des Insolvenzgerichts für das Insolvenzverfahren zuständig?

Das Verfahren fällt grundsätzlich in die Kompetenz des Rechtspflegers (§ 3 Nr. 2e RPflG). § 18 RPflG regelt hiervon Ausnahmen. So bleiben das Verfahren bis zur Eröffnung (Eröffnungsverfahren), einschließlich der Ernennung des Insolvenzverwalters sowie Entscheidungen im Restschuldbefreiungsverfahren, dem Richter vorbehalten. Der Richter kann darüber hinaus das Insolvenzverfahren jederzeit an sich ziehen (§ 18 II RPflG).

115.

Welches sind die wichtigsten Aufgaben des Insolvenzgerichts?

Als wichtigste Aufgaben des Insolvenzgerichts sind zu nennen:

(1) Anordnung vorläufiger Maßnahmen während des Eröffnungsverfahrens (§ 21; bspw. Einsetzung eines vorläufigen Gläubigerausschusses gemäß § 21 II 1 Nr. 1a),

(2) Eröffnung (§ 27) und Beendigung (§§ 200, 207 ff., 258) des Insolvenzverfahrens,

(3) Anordnung und Aufhebung der Eigenverwaltung (§§ 270 I, 272 I),

(4) Bestätigung (§ 248), Bestätigung der Berichtigung (§ 248a) oder Zurückweisung (§ 231 I) des Insolvenzplans,

(5) Überwachung des Insolvenzverwalters (§ 58),

(6) Einberufung und Leitung der Gläubigerversammlung (§§ 29, 74, 76 I),

(7) Einsetzung eines Gläubigerausschusses (§ 67 I),

(8) Entscheidung über die Restschuldbefreiung (§§ 287a–290, 296–298, 303).

116.

Welche Rechtsmittel stehen den Beteiligten im Insolvenzverfahren gegen Entscheidungen des Gerichts zu?

Entscheidungen des Insolvenzgerichts unterliegen der sofortigen Beschwerde, jedoch nur, soweit dies durch die Insolvenzordnung vorgesehen ist (§ 6 I). Die sofortige Beschwerde ist in der Insolvenzordnung u. a. zugelassen gegen die Entscheidung über den Antrag auf Eröffnung eines Insolvenzverfahrens (§ 34 I, II), gegen die Entlassung des Insolvenzverwalters (§ 59), gegen die Festsetzung der Verwaltervergütung (§ 64 III), gegen Entscheidungen im Zusammenhang mit der Gläubigerversammlung (§§ 75 III, 78 II), gegen die Zurückweisung des Insolvenzplans (§ 231 III) und gegen Entscheidungen über die Restschuldbefreiung (§§ 287a I, 296 III, 300 IV, 303 III).

Gegen die Entscheidung über die sofortige Beschwerde kann die Rechtsbeschwerde nur dann erhoben werden, wenn das Beschwerdegericht sie zulässt, § 574 I Nr. 2 ZPO.

Sofern die Entscheidung durch den Rechtspfleger getroffen wurde, ist darüber hinaus die Erinnerung statthaft (§ 11 II 2 RPflG). Einen Sonderfall bildet außerdem die Stimmrechtsfestsetzung nach § 18 III RPflG (siehe dazu Fall 189).

117.

Der Verleger S betreibt einen Verlag in Berlin und hat seinen Wohnsitz in Potsdam. Sein wichtiger Geschäftspartner G betreibt sein Geschäft in Köln, weshalb S und G für den Fall der Insolvenz des S das AG Köln als zuständiges Insolvenzgericht vereinbaren. G fragt, bei welchem Gericht er die Eröffnung des Insolvenzverfahrens über das Vermögen des S beantragen muss.

Nach § 3 I 1 ist örtlich grundsätzlich das Gericht zuständig, bei dem der Schuldner seinen allgemeinen Gerichtsstand hat. S hat seinen allgemeinen Gerichtsstand nach § 13 ZPO an seinem Wohnsitz, also in Potsdam. Davon abweichend legt § 3 I 2 aber den Mittelpunkt der selbständigen wirtschaftlichen Tätigkeit als Gerichtstand fest, sofern dieser von dem Wohnort abweicht. Da S seinen Verlag in Berlin betreibt, ist das dortige Insolvenzgericht zuständig. Es handelt sich dabei um einen *ausschließlichen* Gerichtsstand, so dass die Gerichtsstandsvereinbarung zwischen S und G nach § 40 II ZPO unwirksam ist.

Sachlich zuständig ist nach § 2 das AG. In Berlin hat die Landesregierung (Senat) von der Ermächtigung nach § 2 II Gebrauch gemacht und das AG Charlottenburg als zuständiges Gericht für alle Unternehmensinsolvenzen festgelegt. Hier müsste G den Antrag auf Eröffnung eines Insolvenzverfahrens stellen.

II. Antrag auf Eröffnung eines Insolvenzverfahrens und Eröffnungsvoraussetzungen

118.

Unter welchen Voraussetzungen wird das Insolvenzverfahren eröffnet?

Prozessuale Voraussetzungen für die Eröffnung des Insolvenzverfahrens sind die Insolvenzfähigkeit des Schuldners (Fälle 119 ff.) und ein zulässiger Antrag auf Eröffnung eines Insolvenzverfahrens. In formeller Hinsicht muss der Antrag schriftlich gestellt werden (§ 13 I 1). Materielles Erfordernis für die Eröffnung ist das Vorliegen eines Eröffnungsgrundes (Fall 122). Stellt nicht der Schuldner selbst, sondern ein Gläubiger den Antrag auf Eröffnung eines Insolvenzverfahrens, ist weitere Zulässigkeitsvoraussetzung, dass der Gläubiger seine Forderung und den Eröffnungsgrund glaubhaft macht. Die Voraussetzungen der Insolvenzeröffnung werden im sogenannten Eröffnungsverfahren geprüft (Fall 123).

119.

Wer ist insolvenzfähig?

Insolvenzschuldner kann jede natürliche oder juristische Person des Privatrechts sein (§ 11 I 1). Auch der nicht rechtsfähige Verein ist nach § 11 I 2 insolvenzfähig, ebenso wie gemäß § 11 II Nr. 1 die sog. Gesellschaften ohne Rechtspersönlichkeit, also die Personengesellschaften (z. B. OHG, KG, PartG, GbR; zur Insolvenzfähigkeit einer sog. Limited siehe Fall 241).

Weiter regelt die Insolvenzordnung Verfahren über Sondervermögen gemäß §§ 315–334: auch über einen Nachlass und über das Gesamtgut einer (fortgesetzten) Gütergemeinschaft kann das Insolvenzverfahren eröffnet werden (zur Insolvenzfähigkeit juristischer Personen des öffentlichen Rechts s. Fall 121).

120.

Ist eine Wohnungseigentümergemeinschaft insolvenzfähig?

Über das Verwaltungsvermögen einer Wohnungseigentümergemeinschaft findet kein Insolvenzverfahren statt, vgl. § 11 III WEG.

121.

Das Bundesland B ist in Zahlungsschwierigkeiten. Es ist nicht mehr in der Lage, einen Kredit der Bank G zu bedienen. G beantragt deshalb die Eröffnung des Insolvenzverfahrens über das Vermögen des B.
a) Welche Entscheidung trifft das Insolvenzgericht?

b) Wie wäre es, wenn sich der Antrag auf Eröffnung eines Insolvenzverfahrens gegen die zahlungsunfähige Gemeinde S im Bundesland L richten würde?
c) Wäre der Antrag der G zulässig, wenn er sich z. B. gegen eine evangelische Landeskirche richten würde?

a) Das Insolvenzgericht weist den Antrag auf Eröffnung eines Insolvenzverfahrens als unzulässig zurück. Zwar beschränkt § 11 I die Insolvenzfähigkeit nicht auf juristische Personen des Privatrechts, so dass auch juristische Personen des öffentlichen Rechts (Körperschaften, Anstalten, Stiftungen) grds. insolvenzfähig sind. Allerdings beschränkt § 12 die Insolvenzfähigkeit juristischer Personen des öffentlichen Rechts. Nach § 12 I Nr. 1 sind der Bund und die Länder nicht insolvenzfähig, da die Durchführung des Insolvenzverfahrens über das Vermögen von Bund und Ländern mit den öffentlich-rechtlichen Aufgaben dieser Körperschaften unvereinbar ist. Außerdem können sich die Gläubiger dieser insolvenzunfähigen Personen auf die Finanzgarantie von Staat und Ländern verlassen. Dem Staat steht ein breites Spektrum gesetzlicher Möglichkeiten zur Schuldenregulierung zur Verfügung, z. B. Festsetzung des Steueraufkommens, so dass die Tilgung der Verbindlichkeiten sichergestellt werden kann (vgl. allgemein dazu BVerfGE 29, 144, 152 ff.).

b) Bei der Gemeinde handelt es sich um eine juristische Person des öffentlichen Rechts, die der Aufsicht eines Landes untersteht. Gemäß § 12 I Nr. 2 beurteilt sich die Insolvenzfähigkeit der Gemeinde danach, ob das Bundesland L ihren Gemeinden durch ausdrückliche Anordnung die Insolvenzfähigkeit entzogen hat. Von dieser Möglichkeit haben alle Bundesländer Gebrauch gemacht (zu den einzelnen Regelungen siehe Jaeger/*Ehricke*, § 12 Rn. 20 ff.). Dadurch soll die Weiterführung der Verwaltung und die Versorgung der Bevölkerung gewährleistet werden. Das Gericht würde deshalb den Antrag auf Eröffnung eines Insolvenzverfahrens auch in diesem Fall als unzulässig abweisen, weil die Gemeinde S nicht insolvenzfähig ist.

c) Nein. Auch ohne entsprechende Regelung sind Religionsgemeinschaften und ihre Organisationen, soweit als Körperschaften des öffentlichen Rechts anerkannt, insolvenzunfähig. Dies folgt unmittelbar aus Art. 4 II, 140 GG i. V. m. Art. 137 III 1 der Weimarer Reichsverfassung (Garantie der staatlichem Einfluss entzogenen Verwaltung).

122.
Welches sind die Insolvenzeröffnungsgründe?

Allgemeiner Eröffnungsgrund ist die Zahlungsunfähigkeit (§ 17 I). Sofern der Schuldner selbst den Antrag auf Eröffnung eines Insolvenzverfahrens stellt, kann das Verfahren auch wegen drohender Zahlungsunfähigkeit eröffnet werden (§ 18 I). Bei juristischen Personen und nicht rechtsfähigen Vereinen (sie sind den juristischen Personen gleichgestellt, § 11 I 2) ist auch die Überschuldung ein Grund für die Eröffnung des Insolvenzverfahrens (§ 19 I). Die Begriffe der Zahlungsunfähigkeit, der drohenden Zahlungsunfähigkeit und der Überschuldung sind in der Insolvenzordnung definiert:

a) Nach § 17 II ist der Schuldner **zahlungsunfähig**, wenn er nicht in der Lage ist, die fälligen Zahlungspflichten zu erfüllen, wobei Zahlungsunfähigkeit i. d. R. anzunehmen ist, wenn der Schuldner seine Zahlungen eingestellt hat. Von der Zahlungsunfähigkeit ist die bloße *Zahlungsstockung* abzugrenzen, die noch keinen Grund für die Eröffnung des Insolvenzverfahrens darstellt. Eine Zahlungsstockung liegt vor, wenn der Schuldner lediglich einzelne Verbindlichkeiten vorübergehend nicht befriedigen kann, wie dies beispielsweise bei verzögertem Eingang von Außenständen oder bei einem unerwarteten Forderungsausfall geschehen kann. Es muss aber absehbar sein, dass die Illiquidität nur vorübergehender Natur ist (MüKoInsO/*Eilenberger*, § 17 Rn. 18a; Fachanwaltskommentar/*Kadenbach*, § 17 Rn. 3 ff.). Zeiträume von drei Wochen werden als vorübergehend angesehen (MüKoInsO/*Eilenberger*, § 17 Rn. 18a; Fachanwaltskommentar/*Kadenbach*, § 17 Rn. 10 ff.). Entscheidend sind die Umstände des Einzelfalls.

Hat der Schuldner seine Zahlungen eingestellt, so indiziert dies nach § 17 II 2 die Zahlungsunfähigkeit. Eine **Zahlungseinstellung** liegt vor, wenn der Schuldner seine fälligen und von den Gläubigern ernsthaft eingeforderten Verbindlichkeiten nicht mehr erfüllen kann und wenn dieser Zustand für die beteiligten Verkehrskreise erkennbar wird (*BGH* WM, 1975, 6; NJW 1992, 1960). Starkes Indiz für die Zahlungseinstellung sind Wechselproteste und die Hingabe ungedeckter Schecks, insbesondere wenn dies mehrfach geschieht. Gleiches gilt für die Nichtzahlung von Löhnen und Gehältern, die Einstellung des Geschäftsbetriebes, Pfändungen durch den Gerichtsvollzieher und das Vorliegen eines Antrags auf Abgabe der Vermögensauskunft gemäß § 802d ZPO (Fachanwaltskommentar/*Kadenbach*, § 17 Rn. 19; Uhlenbruck/*Uhlenbruck*, § 17 Rn. 31; MüKoInsO/*Eilenberger,* § 17 Rn. 29).

b) Nach der Legaldefinition des § 18 II liegt **drohende Zahlungsunfähigkeit** vor, wenn der Schuldner voraussichtlich nicht in der Lage sein wird, die bestehenden Zahlungspflichten im Zeitpunkt ihrer Fälligkeit zu erfüllen. Anders als bei der Zahlungsunfähigkeit sind bei der drohenden Zahlungsunfähigkeit auch diejenigen Zahlungsverpflichtungen des Schuldners in die Betrachtung einzubeziehen, die schon bestehen, aber noch nicht fällig sind. Ist damit zu rechnen, dass der Schuldner zum Zeitpunkt der Fälligkeit seine Zahlungspflichten nicht erfüllen kann, so ist der Eröffnungsgrund gegeben. Es handelt sich also im Gegensatz zur Zahlungsunfähigkeit nicht um eine zeitpunktbezogene, sondern eine zeitraumbezogene Beurteilung.

Zu beachten ist, dass ein Antrag auf Eröffnung eines Insolvenzverfahrens, der auf den Eröffnungsgrund der drohenden Zahlungsunfähigkeit gestützt wird, nur dann zulässig ist, wenn er vom Schuldner selbst gestellt wird.

c) Der nur bei juristischen Personen und nichtrechtsfähigen Vereinen einschlägige Eröffnungsgrund der **Überschuldung** ist gegeben, wenn das Vermögen des Schuldners die bestehenden Verbindlichkeiten nicht mehr deckt (§ 19 II). Die Überschuldung wird anhand eines Überschuldungsstatus, bezogen auf den Zeitpunkt der gerichtlichen Entscheidung über den Antrag auf Eröffnung eines Insolvenzverfahrens, festgestellt. Dazu sind die Aktiva (Vermögen) und die Passiva (Verbindlichkeiten) gegenüberzustellen. Für den Ansatz des Vermögens sind grds. die sog. Liquidationswerte zugrunde zu legen, also die Werte, die im Wege der Einzelveräußerung bei der Zerschlagung des Schuldnervermögens für jeden einzelnen Gegenstand voraussichtlich erzielt werden können (HK/*Kirchhof*, § 19 Rn. 15). Ergibt eine

Fortführungsprognose, dass eine Fortführung des Unternehmens nach den Umständen überwiegend wahrscheinlich ist, so kann die Prüfung des Überschuldungsstatus entbehrlich sein, § 19 II 1 HS. 2 (vgl. HK/*Kirchhof*, § 19 Rn. 8).

d) Die Eröffnungsgründe der (drohenden) Zahlungsunfähigkeit und der Überschuldung können kumulativ oder **alternativ** vorliegen. So kann der Schuldner trotz einer bilanziellen Überschuldung zahlungsfähig sein, wenn er etwa bei Banken und Lieferanten noch Kredit in Anspruch nehmen kann. Umgekehrt kann der Schuldner zahlungsunfähig sein, obwohl sein Vermögen bilanziell die fälligen Verbindlichkeiten deckt, er also nicht überschuldet ist (etwa, wenn das Vermögen in nicht ausreichendem Maße aus liquiden Mitteln – Bargeld, Kontoguthaben – besteht, die zur Begleichung der Verbindlichkeiten eingesetzt werden können).

123.

Erläutern Sie kurz, wie das sog. Insolvenzeröffnungsverfahren abläuft? Welche Verfahrensgrundsätze gelten?

a) Während das eröffnete Insolvenzverfahren ein reines Amtsverfahren darstellt, ist das Eröffnungsverfahren als **Parteiverfahren mit Amtsermittlungspflichten** ausgestaltet. Beginn und Fortgang des Eröffnungsverfahrens hängen also von einem Antrag auf Verfahrenseröffnung ab. Antragsberechtigt sind die Gläubiger und der Schuldner (§ 13 I 2). Die Umstände für die Prüfung der Begründetheit des Antrags auf Eröffnung eines Insolvenzverfahrens hat das Gericht von Amts wegen zu ermitteln (§ 5); Beweisanträge sind nicht erforderlich. Das Gericht kann insb. den Schuldner vernehmen, Zeugen befragen, Behörden um Auskunft ersuchen, Einsicht in Geschäftsunterlagen nehmen und einen Sachverständigen beauftragen.

b) Das **eigentliche Eröffnungsverfahren** beginnt nach der Feststellung der Antragsberechtigung. Das Gericht prüft im Rahmen der Zulässigkeit des Antrags auf Eröffnung eines Insolvenzverfahrens neben den allgemeinen Prozessvoraussetzungen seine Zuständigkeit (§ 2), die Insolvenzfähigkeit des Schuldners (§§ 11, 12) und – bei einem Gläubigerantrag – die Glaubhaftmachung der Forderung und des Eröffnungsgrundes (§ 14 I). Ist der Antrag zulässig, schließt sich die Prüfung des Vorliegens eines Eröffnungsgrundes an. Das Gericht prüft schließlich, ob vorläufige Maßnahmen zur Sicherung der Insolvenzmasse anzuordnen sind (dazu Fall 127).

124.

a) Ein Vollstreckungsversuch des G wegen einer Forderung gegen S ist fruchtlos verlaufen. G stellt deshalb bei dem zuständigen Amtsgericht einen Antrag auf Eröffnung eines Insolvenzverfahrens gegen S. Da G nicht genau weiß, ob seine Unterlagen für die Glaubhaftmachung eines Eröffnungsgrundes ausreichen und er fürchtet, ihm würden bei Abweisung des Antrags hohe Kosten auferlegt, stellt der den Antrag auf Eröffnung eines Insolvenzverfahrens „nur für den Fall, dass das Gericht kein Gutachten zu den Eröffnungsgründen" einholt. Wie entscheidet das Gericht?

b) Nachdem das Gericht dem G seine Bedenken mitteilt, erklärt G, er stelle den Antrag auf Eröffnung eines Insolvenzverfahrens ohne Bedingung. Eine Woche später gleicht S die Forderung des G aus. Wie kann G sich verhalten?

a) Die Befürchtung des G ist durchaus begründet. Wird der Antrag eines Gläubigers als unzulässig zurückgewiesen, weil Forderung oder Eröffnungsgrund nicht ausreichend glaubhaft gemacht werden, so hat der Gläubiger die Gebühren und Auslagen des Verfahrens zu tragen (weiterführend zur Kostentragung Braun/*Bäuerle*, § 13 Rn. 13 ff. und § 54 Rn. 9 ff.). Der Antrag auf Eröffnung eines Insolvenzverfahrens darf aber als Prozesshandlung weder befristet noch bedingt sein. G hat seinen Antrag unter eine Bedingung gestellt. Das Gericht wird den Antrag deshalb als unzulässig abweisen.

b) G könnte den Antrag auf Eröffnung eines Insolvenzverfahrens zurücknehmen. Dies wäre noch bis zur Eröffnung des Verfahrens möglich. G hätte dann aber gemäß § 50 I GKG die Gerichtskosten zu tragen. Zu den Gebühren gehören die Gebühren und die gerichtlichen Auslagen, die z. B. durch die Beauftragung eines Sachverständigen entstanden sind. Auf Antrag des Schuldners könnte dem G nach § 4 i. V. m. § 269 III ZPO sogar die Erstattung der dem Schuldner entstandenen Auslagen auferlegt werden. Um diese Kostenfolgen zu umgehen, hilft sich die Praxis mit der aus dem Zivilprozess bekannten Erledigterklärung. Der Gläubiger erklärt seinen Antrag einseitig für erledigt und beantragt, dem Schuldner die Kosten des Verfahrens aufzuerlegen. Das Gericht entscheidet dann nach § 91a ZPO. War der Antrag auf Eröffnung eines Insolvenzverfahrens vor der Zahlung an den Gläubiger nach summarischer Prüfung zulässig und begründet, werden die Kosten dem Schuldner auferlegt.

125.

Welche Entscheidungen kann das Gericht zum Abschluss des Insolvenzeröffnungsverfahrens treffen?

Das Insolvenzgericht entscheidet durch Beschluss.

a) Ist der Antrag auf Eröffnung eines Insolvenzverfahrens **unzulässig**, wird er zurückgewiesen. Gleiches gilt, wenn der Antrag auf Eröffnung eines Insolvenzverfahrens **unbegründet** ist, weil ein Eröffnungsgrund nicht vorliegt. Der jeweilige Beschluss kann vom Antragsteller mit der sofortigen Beschwerde angefochten werden (§§ 6, 34 I).

b) Ist der Antrag auf Eröffnung eines Insolvenzverfahrens zulässig und begründet, reicht aber das Vermögen des Schuldners voraussichtlich nicht aus, um die Kosten des Verfahrens zu decken, ist der Antrag auf Eröffnung eines Insolvenzverfahrens nach § 26 I 1 **„mangels Masse"** abzuweisen. Der Beschluss kann sowohl durch den Antragsteller als auch durch den (nicht antragstellenden) Schuldner mit der sofortigen Beschwerde angefochten werden (§§ 6, 34 I).

c) Erweist sich der Antrag auf Eröffnung eines Insolvenzverfahrens als zulässig und begründet und deckt das Vermögen des Schuldners die Kosten des Verfahrens, so beschließt das Gericht die **Eröffnung des Insolvenzverfahrens.** Der notwendige Inhalt des Eröffnungsbeschlusses ergibt sich aus den §§ 27–29. Gegen den Eröffnungsbeschluss steht nur dem Schuldner die sofortige Beschwerde zu (§§ 6, 34 II), allerdings nur im Falle eines Fremdantrages. Hatte der Schuldner selbst den Antrag auf Eröffnung eines Insolvenzverfahrens gestellt, fehlt die für das Rechtsmittel erforderliche Beschwer (*OLG Celle* NZI 1999, 493).

126.

Am 1.7. wird über das Vermögen der S-GmbH das Insolvenzverfahren eröffnet. Am 3.7. veräußert die S-GmbH eine zur Insolvenzmasse gehörende Maschine an D. Außerdem veräußert der Insolvenzverwalter V am 1.8. aus der Insolvenzmasse ein Fahrzeug an X. Die S-GmbH hatte gegen den Eröffnungsbeschluss sofortige Beschwerde eingelegt. Auf diese Beschwerde hin wird am 15.8. der Eröffnungsbeschluss aufgehoben. Können D und X die ihnen veräußerten Gegenstände behalten.

Ja. Alle mit der Eröffnung des Insolvenzverfahrens verbundenen Wirkungen entfallen rückwirkend mit der Aufhebung des Eröffnungsbeschlusses. Der Schuldner ist so zu behandeln, als hätte er die Verwaltungs- und Verfügungsbefugnis über sein Vermögen nie verloren (*Häsemeyer,* Rn. 7.57a). Die Wirksamkeit der von der S-GmbH getroffenen Verfügung kann deshalb nicht mehr in Frage gestellt werden.

Rechtshandlungen des Insolvenzverwalters werden durch die Aufhebung des Eröffnungsbeschlusses nicht berührt (§ 34 III 3). Die Veräußerung des Fahrzeuges an X bleibt deshalb wirksam.

III. Anordnung vorläufiger Sicherungsmaßnahmen

127.

Durch welche Maßnahmen kann das Insolvenzgericht während des Eröffnungsverfahrens das Vermögen des Schuldners vor nachteiligen Handlungen des Insolvenzschuldners oder Dritter sichern?

Die Insolvenzordnung enthält in den §§ 21–25 Regelungen über Sicherungsmaßnahmen im Insolvenzeröffnungsverfahren. Nach § 21 II kann das Gericht insb.
– einen vorläufigen Insolvenzverwalter bestellen;
– einen vorläufigen Gläubigerausschuss einsetzen;
– dem Schuldner ein allgemeines Verfügungsverbot auferlegen oder anordnen, dass Verfügungen des Schuldners nur mit Zustimmung des vorläufigen Insolvenzverwalters wirksam sind;
– Maßnahmen der Zwangsvollstreckung gegen den Schuldner untersagen oder einstweilen einstellen, soweit nicht unbewegliche Gegenstände betroffen sind oder
– anordnen, dass Gegenstände, die im Falle der Eröffnung des Verfahrens von § 166 (Verwertungsrecht an Absonderungsgegenständen) erfasst würden oder deren Aus-

sonderung verlangt werden könnte, vom Gläubiger nicht verwertet oder eingezogen werden dürfen und dass solche Gegenstände zur Fortführung des Unternehmens des Schuldners eingesetzt werden können, soweit sie hierfür von erheblicher Bedeutung sind.

Dieser Katalog ist nicht abschließend. Nach § 21 I hat das Gericht alle erforderlichen Maßnahmen zu treffen, um nachteilige Veränderungen in der Vermögenslage des Schuldners zu verhindern.

128.

Worin unterscheiden sich der sog. „starke" und der „schwache" vorläufige Insolvenzverwalter?

Nach § 22 I geht die Verwaltungs- und Verfügungsbefugnis über das Vermögen des Schuldners auf den vorläufigen Insolvenzverwalter über, wenn dem Schuldner nach § 21 II Nr. 2 ein allgemeines Verfügungsverbot auferlegt wird. Damit tritt der vorläufige Insolvenzverwalter voll in die Rechtsstellung des Schuldners oder seiner Organe ein. Für diesen vorläufigen Insolvenzverwalter hat sich der Begriff „starker" vorläufiger Insolvenzverwalter durchgesetzt. In Abgrenzung dazu ist mit dem Begriff des „schwachen" vorläufigen Insolvenzverwalters regelmäßig die Bestellung eines vorläufigen Insolvenzverwalters mit Zustimmungsbefugnis (§ 21 II Nr. 2, 2. Alt.) gemeint.

128a.

Wann darf ein vorläufiger Gläubigerausschuss eingesetzt werden?

Der vorläufige Gläubigerausschuss stellt eine Maßnahme gemäß § 21 II 1 Nr. 1a dar. Die Einsetzung durch das Gericht kann gemäß § 22a II auf Antrag des Schuldners, des vorläufigen Insolvenzverwalters oder eines Gläubigers erfolgen (sog. Antragsausschuss). Bei Erreichen der durch § 22a I vorgegebenen Schwellenwerte ist der vorläufige Gläubigerausschuss verpflichtend einzusetzen (sog. Pflichtausschuss). Bei eingestelltem Geschäftsbetrieb des Schuldners, Unverhältnismäßigkeit hinsichtlich der zu erwartenden Insolvenzmasse oder einer zu Nachteilen der Vermögenslage führenden Verzögerung ist gemäß § 22a III (sog. „Einsetzungsbremse") kein vorläufiger Gläubigerausschuss einzusetzen.

128b.

Welche Rechte und Pflichten hat der vorläufige Gläubigerausschuss?

(1) Anhörungsrecht vor Bestellung des (vorläufigen) Verwalters, § 56a I,

(2) Bindender Vorschlag eines Verwalters bei Einstimmigkeit, § 56a II,

(3) Ersetzung der gerichtlichen Verwalterauswahl bei Einstimmigkeit, § 56a III,

(4) Antragsrecht auf Aufhebung des Schutzschirmverfahrens vor Fristablauf, § 270b IV 1 Nr. 2,

(5) Recht zur Stellungnahme bei Antrag auf Eigenverwaltung, § 270 III,

(6) Zustimmung zu Maßnahmen nach § 160,

(7) Aufgaben gemäß § 21 II 1 Nr. 1a i. V. m. § 69.

129.

S stellt bei dem zuständigen Amtsgericht den Antrag auf Eröffnung des Insolvenzverfahrens über sein Vermögen. Da S einen laufenden Geschäftsbetrieb unterhält, bestellt das Gericht einen vorläufigen Insolvenzverwalter, der in dem Bestellungsbeschluss ermächtigt wird, Forderungen des S auf ein Anderkonto einzuziehen. Die Bank B macht geltend, S habe ihr sämtliche Forderungen abgetreten. Sie widerruft ihre dem S erteilte Einziehungsermächtigung und legt die Abtretung gegenüber den Drittschuldnern offen. Der Forderungsschuldner D fragt, an wen er zahlen soll.

An den Insolvenzverwalter. Bis zur Insolvenzrechtsreform 2007 war umstritten, ob das Insolvenzgericht den „schwachen" vorläufigen Insolvenzverwalter nach §§ 21 I, 22 II zum Forderungseinzug ermächtigen kann mit der Folge, dass dem Sicherungsgläubiger selbst nach Widerruf der Einziehungsermächtigung und Offenlegung der Abtretung der Einzug der Forderungen des Schuldners verwehrt ist, so dass sein Absonderungsrecht vereitelt wird (bejahend u. a. *BayObLG* NZI 2001, 592; Uhlenbruck/*Vallender*, § 21 Rn. 38 ff.; a. A. *Gundlach/Frenzel/Schmidt*, NZI 2002, 533).

Die Befugnis des Insolvenzgerichts, den Verwalter auch zum Einzug abgetretener Forderungen zu ermächtigen, ist nunmehr ausdrücklich in § 21 II geregelt. Gleichzeitig wurde klargestellt, dass die Vorschriften der §§ 171, 172 in diesem Fall entsprechende Anwendung finden. Der absonderungsberechtigte Gläubiger kann die vom Verwalter eingezogenen Beträge also herausverlangen. Sein Absonderungsrecht bleibt also geschützt.

130.

V ist zum vorläufigen Insolvenzverwalter ohne Verwaltungs- und Verfügungsbefugnis bestellt worden. Verfügungen des Schuldners S sind nach dem Beschluss des Insolvenzgerichts nur noch mit Zustimmung des V wirksam. S bestellt mit Zustimmung des V bei G Material. G liefert vertragsgemäß. Nach Eröffnung des Insolvenzverfahrens verlangt G von V Zahlung.

V muss zahlen, wenn es sich um eine sog. Masseverbindlichkeit handelt. Die Entstehung von Masseverbindlichkeiten ist in § 55 abschließend geregelt. Die von einem „starken" vorläufigen Verwalter begründeten Verbindlichkeiten sind gemäß § 55 II Nr. 1 nach Eröffnung des Verfahrens Masseverbindlichkeiten. Diese Vorschrift findet keine analoge Anwendung auf den schwachen vorläufigen Verwalter. Vielmehr folgt im Umkehrschluss aus der Norm, dass der schwache vorläufige Verwalter keine Masseverbindlichkeiten begründen kann. Da G einen zur Zeit der Eröffnung des Insolvenzverfahrens begründeten Vermögensanspruch gegen S hat, ist er nach § 38 einfacher Insolvenzgläubiger.

In der Praxis kann dieses unbillige Ergebnis dadurch vermieden werden, dass die mit Zustimmung des vorläufigen Verwalters begründeten Verbindlichkeiten noch vor Eröffnung des Insolvenzverfahrens beglichen werden oder dass das Insolvenzgericht den Verwalter im Einzelfall zur Begründung einer bestimmten Masseverbindlichkeiten ermächtigt. Immer häufiger machen die Geschäftspartner der Schuldner ihre Weiterbelieferung während der vorläufigen Verwaltung von einer Zahlungszusage des vorläufigen Verwalters abhängig. Daraus kann eine persönliche Haftung des Verwalters folgen (dazu Fall 58).

131.

a) S hat bei G einen LKW geleast. Als S den Antrag auf Eröffnung des Insolvenzverfahrens über sein Vermögen stellt, sind drei Leasingraten offen. G kündigt daher den Leasingvertrag und verlangt Herausgabe des LKW. Der schwache vorläufige Verwalter stimmt der Herausgabe an G nicht zu, wohl aber der Zahlung der künftig fällig werdenden Raten. Kann G die Herausgabe des LKW verlangen?

b) **Abwandlung:** Wie ist die Rechtslage, wenn der Insolvenzverwalter auch hinsichtlich der Zahlung der zukünftigen Leasingraten nicht zustimmt und im Beschluss über die Anordnung der vorläufigen Verwaltung eine Sicherungsmaßnahme nach § 21 II Nr. 3 angeordnet ist?

a) Nein. Das aus dem Leasingvertrag folgende Besitzrecht des S (§ 986 II BGB) ist durch die Kündigung nicht entfallen. Denn das außerordentliche Kündigungsrecht des Vermieters wegen Zahlungsverzug gemäß § 543 II Nr. 3 BGB wird nach § 112 Nr. 1 gesperrt. Nach dieser Vorschrift kann ein Mietverhältnis, das der Insolvenzschuldner **als Mieter** eingegangen war, durch die andere Vertragspartei nach dem Antrag auf Eröffnung des Insolvenzverfahrens nicht wegen eines Verzuges mit der Entrichtung der Miete, der in der Zeit *vor* dem Eröffnungsantrag eingetreten ist, gekündigt werden. Solange S die zukünftigen Raten mit Zustimmung des schwachen Insolvenzverwalters zahlt, kann G nicht kündigen. Die offen Leasingraten kann G zur Insolvenztabelle anmelden.

b) G kann den Leasingvertrag wirksam kündigen, sobald die Voraussetzungen des gesetzlichen Kündigungsrechts nach § 543 II Nr. 3 BGB eintreten. Die Sperrwirkung aus § 112 Nr. 1 greift nicht, da der Verzug erst **nach** dem Eröffnungsantrag eingetreten ist.

Gleichwohl ist der Herausgabeanspruch nicht durchsetzbar. Denn der Beschluss über die Anordnung der vorläufigen Verwaltung enthält die Untersagung von Maßnahmen der Zwangsvollstreckung gegen den Schuldner, soweit es sich um bewegliche Gegenstände handelt (§ 21 II Nr. 3). Durch dieses Vollstreckungsverbot werden Eingriffe von Gläubigern mit titulierten Forderungen während der vorläufigen Verwaltung verhindert, um insb. die einstweilige Fortführung des Unternehmens sicherzustellen.

Mit Eröffnung des Insolvenzverfahrens kann G seinen Anspruch aus § 985 BGB als Aussonderungsberechtigter gemäß § 47 geltend machen.

132.
Über das Vermögen der S-GmbH wird durch Beschluss des Insolvenzgerichts die vorläufige Insolvenzverwaltung angeordnet und Steuerberater V zum vorläufigen Verwalter bestellt. In dem Beschluss heißt es, dass Verfügungen der S-GmbH über Gegenstände ihres Vermögens nur noch mit Zustimmung des vorläufigen Verwalters wirksam sind (§ 21 Abs. 2 Nr. 2). Das Recht zur Ausübung der Arbeitgeberbefugnisse einschließlich der Ermächtigung, Kündigungen auszusprechen, verbleibt jedoch nach dem Beschluss bei der Schuldnerin. Wenige Tage nach diesem Beschluss kündigt S, der Geschäftsführer der S-GmbH, im Einverständnis mit V das Arbeitsverhältnis mit dem Mitarbeiter L. Die Kündigung enthält den Hinweis, V habe seine Zustimmung erteilt. Neben der Unterschrift des S unterzeichnet auch der Mitarbeiter M des V das Kündigungsschreiben mit dem Vermerk: „für den abwesenden V als Verwalter". L weist die Kündigung sofort zurück, weil eine Vollmacht des V dem Kündigungsschreiben nicht beigefügt war. Gleichzeitig erhebt er mit derselben Begründung beim Arbeitsgericht Kündigungsschutzklage. Mit Erfolg?

Nein. Zwar ist eine von einem Vertreter abgegebene einseitige Willenserklärung gemäß § 174 BGB unwirksam, wenn nicht mit der Erklärung eine Originalvollmacht vorgelegt wird und die Erklärung deshalb unverzüglich zurückgewiesen wird. Die Kündigung der S-GmbH war jedoch nicht von der Zustimmung des vorläufigen Insolvenzverwalters V abhängig, so dass es auf die Vertretungsproblematik nicht ankommt. Die S-GmbH durfte ohne Zustimmung des V kündigen. Dies hat sie durch ihr Vertretungsorgan, den Geschäftsführer (§ 6 GmbHG), getan. Zwar kann auch die Kündigung eines Arbeitsverhältnisses eine zustimmungsbedürftige Verfügung i. S. d. § 21 II Nr. 2 sein. Es kann aber – wie hier geschehen – auch durch das Insolvenzgericht für die Arbeitsgerichte bindend angeordnet werden, dass die Schuldnerin für bestimmte Bereiche ihre rechtsgeschäftliche Verfügungsbefugnis behält, ohne dafür die Zustimmung des vorläufigen Insolvenzverwalters zu benötigen. Auf die Unterschrift des V bzw. seines Vertreters M und damit auf die Frage der wirksamen Vertretung des Insolvenzverwalters kam es daher für die Wirksamkeit der Kündigung nicht an.

IV. Wirkungen der Verfahrenseröffnung

133.

Wie wirkt sich die Eröffnung des Insolvenzverfahrens auf die Befugnisse des Schuldners hinsichtlich der Vermögensgegenstände der Insolvenzmasse aus? Welche wesentlichen Befugnisse hat der Insolvenzverwalter?

Wichtigste Folge der Eröffnung des Insolvenzverfahrens ist der Übergang des Rechts des Schuldners, Gegenstände der Insolvenzmasse zu verwalten und über sie zu verfügen, auf den Verwalter (§ 80 I). Allein der Verwalter ist nunmehr befugt, das Vermögen des Schuldners zu verwalten und über dies zu verfügen (zu verwerten). Daneben kann der Verwalter nach den §§ 103 ff. Einfluss auf schwebende Rechtsgeschäfte mit dem Schuldner nehmen und nach den Vorschriften des Anfechtungsrechts (§§ 129 ff.) bestimmte nachteilige Rechtsgeschäfte, die vor Verfahrenseröffnung vorgenommen wurden, rückgängig machen.

134.

Über das Vermögen des S wurde am 1.7. das Insolvenzverfahren eröffnet. Am 10.7. veräußert S seinen Pkw an K, der den Kaufpreis sofort bar an S zahlt. Der Insolvenzverwalter V fordert den Pkw von K zurück, nachdem er von dem Geschäft Kenntnis erlangt. Muss K den Pkw herausgeben? Wenn ja, von wem kann K den Kaufpreis zurückfordern?

Der Insolvenzbeschlag erstreckt sich nach § 35 auf das gesamte Vermögen, das dem Schuldner zum Zeitpunkt der Eröffnung des Insolvenzverfahrens gehört. Bei dem Pkw handelt es sich deshalb um einen Gegenstand der Insolvenzmasse. Mit Eröffnung des Verfahrens ist das Recht des S, über diesen Gegenstand zu verfügen, auf den Verwalter übergegangen (§ 80 I). Verfügungen des Schuldners nach Verfahrenseröffnung sind deshalb gemäß § 81 I 1 grds. unwirksam. Nach allgemeiner Meinung wird durch den klaren Wortlaut eine absolute Unwirksamkeit der Verfügung gegenüber jedermann angeordnet, nicht nur eine relative Unwirksamkeit gegenüber den Insolvenzgläubiger (vgl. nur Kübler/Prütting/Bork/*Lüke,* § 81 Rn. 14). Die Unwirksamkeit der Verfügung tritt also unmittelbar kraft Gesetzes ein. Ein gutgläubiger Erwerb ist gemäß § 81 I 2 nur beim Erwerb von eingetragenen Rechten an Grundstücken, Schiffen und Luftfahrzeugen möglich.

Allerdings kann eine gegen § 81 I 1 verstoßende Verfügung vom Verwalter in analoger Anwendung des § 185 II 1 BGB mit Wirkung ex tunc genehmigt werden (MüKoInsO/*Ott/Vuia,* § 81 Rn. 17 m. w. N.).

V hat mit der Rückforderung des Pkw eine solche Genehmigung endgültig verweigert. K muss das Fahrzeug daher an V herausgeben.

Den Kaufpreis kann K gemäß § 81 I 3 nach Bereicherungsgrundsätzen vom Verwalter zurückverlangen, soweit die Masse noch um den Kaufpreis bereichert ist. Inhalt und Umfang des Anspruchs richten sich nach den §§ 818, 819 BGB, so dass der Anspruch insb. nach § 818 III ausgeschlossen sein kann, wenn die Masse entreichert ist. Letzteres wird in § 81 I 3 noch einmal klargestellt. Soweit der Anspruch danach besteht, handelt es sich um eine Masseverbindlichkeit nach § 55 I Nr. 3.

135.

Abwandlung von Fall 134: Der Kaufvertrag zwischen S und K ist *vor* Eröffnung des Insolvenzverfahrens zustande gekommen. Das Fahrzeug wurde bereits übereignet. Erst nach Eröffnung des Insolvenzverfahrens, aber vor Veröffentlichung des Eröffnungsbeschlusses übergibt K dem S den Kaufpreis, der das Geld sofort ausgibt. Verwalter V verlangt von K nochmalige Zahlung des Kaufpreises an ihn selbst. Zu Recht?

V kann den Kaufpreis für den Pkw von K verlangen, wenn K durch die Zahlung an S nicht von seiner Verpflichtung aus dem Kaufvertrag frei geworden ist. Durch den Übergang der Verfügungsbefugnis auf V ist auch das Recht des S, die Forderung aus dem Kaufvertrag gegen K geltend zu machen, auf den V übergegangen, so dass grds. mit befreiender Wirkung nur noch an den V geleistet werden konnte. Eine Ausnahme von diesem Grundsatz regelt § 82, wonach die Erfüllungswirkung der Leistung an den Schuldner nur bei positiver Kenntnis der Verfahrenseröffnung entfällt. Grob fahrlässige Unkenntnis der Verfahrenseröffnung schadet dem Leistenden nicht, ebenso wenig die Kenntnis des Eröffnungsgrundes oder des gestellten Antrags auf Eröffnung eines Insolvenzverfahrens (Kübler/Prütting/Bork/*Lüke*, § 82 Rn. 4).

Zu beachten ist die Beweisregelung des § 82 S. 2: Bei Leistung vor der öffentlichen Bekanntmachung der Insolvenzeröffnung im Internet durch das Insolvenzgericht (§§ 9 I 1, 30 I) spricht eine Vermutung für die Unkenntnis des Leistenden; nach der öffentlichen Bekanntmachung kehrt sich diese Vermutung in ihr Gegenteil um und der Leistende muss seine Unkenntnis beweisen.

Hier war der Eröffnungsbeschluss bei der Zahlung des K noch nicht veröffentlicht, so dass K mit befreiender Wirkung an S gezahlt hat, falls der Verwalter nicht beweisen kann, dass K positive Kenntnis von der Verfahrenseröffnung hatte.

136.

a) S tritt den pfändbaren Teil seines Gehalts nach Eröffnung des Insolvenzverfahrens über sein Vermögen sicherungshalber an den Gläubiger G ab. Die Abtretung soll erst nach der Beendigung des Insolvenzverfahrens greifen. G legt die Abtretung gegenüber dem Arbeitgeber des S offen und verlangt Zahlung ab dem Zeitpunkt der Beendigung des Insolvenzverfahrens. Da das Verfahrensende kurz bevor steht, fragt der Arbeitgeber, ob er zahlen soll.
b) **Abwandlung:** S hatte den pfändbaren Teil seines Arbeitsentgelts bereits sechs Monate vor Verfahrenseröffnung an G abgetreten.

a) Die Abtretung an G könnte nach § 81 II unwirksam sein. Diese Vorschrift erstreckt das absolute Verfügungsverbot aus § 81 I auf Verfügungen über künftige, die Zeit nach Beendigung des Insolvenzverfahrens betreffende Forderungen. Sie dient dem Interesse der Gläubigergemeinschaft, nach Beendigung des Insolvenzverfahrens im Rahmen des Restschuldbefreiungsverfahrens oder eines Insolvenzplans den Zugriff auf das Arbeitseinkommen des Schuldners zu haben.

Angesichts dieses Zwecks könnte man die Anwendung des § 81 II im Wege der teleologischen Reduktion auf solche Fälle beschränken, in denen überhaupt ein Antrag des Schuldners auf Restschuldbefreiung nach § 287 I oder ein Insolvenzplan nach § 217 vorliegt (Kübler/Prütting/Bork/*Lüke,* § 81 Rn. 29). Gegen eine solche Auslegung spricht aber, dass dadurch die Frage der Wirksamkeit von Abtretungen von Umständen abhängig gemacht würde, über die – wie etwa bei einem Insolvenzplan – längere Zeit offen bleiben (MüKoInsO/*Ott/Vuia,* § 81 Rn. 28). Danach ist die Abtretung des Gehalts an den G unwirksam, unabhängig davon, ob S den Antrag auf Restschuldbefreiung gestellt hat oder ein Insolvenzplan vorgelegt wurde.

b) Mit Aufhebung des § 114 im Rahmen des Gesetzes zur Verkürzung des Restschuldbefreiungsverfahrens und zur Stärkung der Gläubigerrechte ist die Abtretung vor Verfahrenseröffnung wirksam. Jedoch kann G den pfändbaren Betrag nicht selbst von dem Arbeitgeber fordern. Die Sicherungsabtretung begründet gemäß §§ 50, 51 Nr. 1 ein Absonderungsrecht. Das Einziehungsrecht steht deshalb gemäß § 166 I allein dem Verwalter zu, der die eingezogenen Beträge nach Abzug der Feststellungs- und Verwertungskosten an G abführen muss (§§ 171, 172).

137.

S ist Gesellschafter der ASB GbR. Nach Eröffnung des Insolvenzverfahrens über das Vermögen des S fragen die anderen Gesellschafter, was aus der GbR wird.

Das Insolvenzverfahren erfasst nur das Vermögen des Schuldners; in die verfassungsrechtlich (Art. 14 I GG) geschützte Rechtsposition Dritter soll es nicht eingreifen, wie auch die Regelungen der Aus- und Absonderung (§§ 47, 49–51) zeigen. Ist der Schuldner an einem Gegenstand zusammen mit anderen Personen gemeinsam beteiligt, so soll nur diese Beteiligung und nicht der gesamte Gegenstand als solcher zur Insolvenzmasse gehören. Dies wird durch § 84 klargestellt, der hinsichtlich der Teilung oder Auseinandersetzung des betroffenen Gegenstandes auf diejenigen Regelungen verweist, die für den jeweiligen gemeinschaftlichen Gegenstand gelten. Bei einer GbR sind dies die Vorschriften der §§ 731 ff. BGB. Soweit vertraglich nichts anderes vereinbart ist, führt die Eröffnung des Insolvenzverfahrens über das Vermögen eines Gesellschafters zu der Auflösung der GbR (§ 728 II BGB). Die GbR tritt damit in das Liquidationsstadium; es erfolgt eine Auseinandersetzung der Gesellschaft nach den Vorschriften der §§ 729 ff. BGB, bei der Verwalter an die Stelle des insolventen Gesellschafters tritt.

Führt die Eröffnung des Insolvenzverfahrens nach dem Gesellschaftsvertrag abweichend von § 728 II BGB nicht zur Auflösung der GbR, sondern zum Ausscheiden des betroffenen Gesellschafters, so entsteht ein Anspruch auf das nach § 738 BGB zu ermittelnde Abfindungsguthaben. Nur das Auseinandersetzungs- bzw. Abfindungsguthaben fällt in die Insolvenzmasse. Ein sich umgekehrt ergebender Ausgleichsanspruch der Gesellschaft gegen den ausgeschiedenen Gesellschafter ist eine Insolvenzforderung, die zur Tabelle anzumelden ist.

Den Mitgesellschaftern steht allerdings für ihre Ansprüche aus dem Gemeinschaftsverhältnis ein Absonderungsrecht an dem im Rahmen der Auseinandersetzung ermittelten Anteil des Schuldners zu (§ 84 I 2). Zu den Ansprüchen aus dem Gemeinschaftsverhältnis gehören z. B. Ansprüche auf Ausgleichung, Aufwendungsersatz, Gewinn- und Verlustanteile.

V. Eigenverwaltung

138.

Was versteht man unter der Eigenverwaltung im Insolvenzverfahren? Welchen Zweck hat die Eigenverwaltung?

a) Die Eigenverwaltung ist in den §§ 270 ff. geregelt. Sie wird unter den Voraussetzungen des § 270 II auf Antrag des Schuldners durch das Insolvenzgericht angeordnet und bewirkt, dass der Schuldner auch nach Verfahrenseröffnung die Verwaltungs- und Verfügungsbefugnis hinsichtlich der Insolvenzmasse behält. Er steht dabei unter Aufsicht eines vom Insolvenzgericht bestellten Sachwalters. Hieran ist eine Aufteilung der Kompetenzen auf Schuldner und Sachwalter geknüpft, die sich aus den §§ 274 ff. ergibt: Grds. ist der Schuldner für die Durchführung des Verfahrens zuständig. Er hat die **Vermögensverzeichnisse** zu erstellen, die vom Sachwalter geprüft werden (§ 281 I); er **berichtet in der Gläubigerversammlung** (§ 281 II); er entscheidet gemäß § 279 grds. über die **Fortsetzung von Vertragsverhältnissen** und über die **Aufnahme unterbrochener Prozesse.** Ausschließlich der Sachwalter ist dagegen gemäß § 280 für die **Gesamtschadensliquidation** (§§ 92, 93) sowie für die **Insolvenzanfechtung** (§§ 129 ff.) zuständig. Auch für die **Verwertung** der Masse ist der Schuldner zuständig, wobei ebenso wie bei der Verwaltung der Masse die Mitwirkungsrechte des Sachwalters (§ 275) zu beachten sind. Die **Forderungsanmeldungen** der Insolvenzgläubiger sind an den Sachwalter zu richten (§ 270 III 2); im Prüfungstermin sind an Stelle des Insolvenzverwalters der Schuldner und der Sachwalter zum **Widerspruch** gegen eine Anmeldung berechtigt (§ 283 I). Die **Verteilung** des Verwertungserlöses liegt wieder in den Händen des Schuldners (§ 283 II).

b) Die Eigenverwaltung findet ihre Grundlage in dem gesetzlichen Ziel, den Verfahrensbeteiligten die Auswahl des nach ihrer Ansicht effizientesten Weges der Insolvenzabwicklung zu überlassen. Eine Motivation für die Eigenverwaltung kann sich beispielsweise aus der besonderen Sachkunde des Schuldners zur Nutzung von Sanierungschancen ergeben. Daneben kann die Eigenverwaltung zu einer Zeit- und Kostenersparnis führen und soll ein Anreiz für den Schuldner zu einer frühzeitigen Antragstellung sein (vgl. BegrRegE, BT-Drs. 12/2443, S. 222 f.). Als Anwendungs-

V. Eigenverwaltung

fälle für die Eigenverwaltung sind ursprünglich die Insolvenzverfahren über die Vermögen von bestimmten Selbständigen (z. B. Zahnärzte, Künstler) gedacht gewesen. Mittlerweile werden sie auf die Fälle der Insolvenz von Unternehmensträgern erweitert, bei denen erhebliche Sanierungschancen gesehen werden.

138a.

Was ist das sog. Schutzschirmverfahren?

Durch das sog. Schutzschirmverfahren gemäß § 270b wird dem Schuldner die Möglichkeit gegeben, durch einen gerichtlich angeordneten Vollstreckungsschutz einen Insolvenzplan ausarbeiten zu können. Voraussetzung ist, dass ein Insolvenzgrund in Form der drohenden Zahlungsunfähigkeit (§ 18) oder Überschuldung (§ 19) vorliegt, die Eigenverwaltung beantragt wurde und die Sanierung nicht offensichtlich aussichtslos ist (§ 270b I 3). Dabei kommt dem Schuldner u. a. auch die Möglichkeit zu, einen vorläufigen Sachwalter seiner Wahl vorzuschlagen.

139.

Der zahlungsunfähige Angestellte S beantragt die Eröffnung des Insolvenzverfahrens über sein Vermögen und gleichzeitig die Erteilung der Restschuldbefreiung. Da er das Geschehen weitgehend selbst in der Hand behalten möchte, fragt S, ob er auch die Anordnung der Eigenverwaltung beantragen kann.

Die Eigenverwaltung ist nicht den juristischen Personen und Personengesellschaften vorbehalten. Die Anwendung der Vorschriften über die Restschuldbefreiung (§§ 286 ff.) ist nach Durchlaufen des Eigenverwaltungsverfahrens also nicht ausgeschlossen. Im Verbraucherinsolvenzverfahren ist die Anwendung der Vorschriften über die Eigenverwaltung nach Aufhebung von § 312 nicht mehr ausgeschlossen.

S übt keine selbständige Tätigkeit aus und war mangels anderweitiger Anhaltspunkte auch niemals selbständig tätig. Deshalb finden die Vorschriften über das Verbraucherinsolvenzverfahren Anwendung (§ 304). Das Gericht wird über das Vermögen des S das Verbraucherinsolvenzverfahren eröffnen. Die Anordnung der Eigenverwaltung ist möglich.

140.

a) Unter welchen Voraussetzungen kann das Insolvenzgericht die Eigenverwaltung anordnen?
b) Wer kann gegen die Anordnung bzw. Ablehnung der Eigenverwaltung vorgehen?
c) Wer führt bei einem Insolvenzverfahren unter Eigenverwaltung die Insolvenztabelle?

a) Die Anordnung der Eigenverwaltung setzt zunächst einen **Antrag des Schuldners** voraus (§ 270 II Nr. 1). Vor allem aber muss nach den Umständen des Verfahrens zu erwarten sein, dass die Anordnung der Eigenverwaltung **keine Nachteile für die Gläubiger** zur Folge hat (§ 270 II Nr. 2). Bei der Prüfung dieser Voraussetzung hat das Gericht festzustellen, ob die Eigenverwaltung für die Gläubiger Vorteile verspricht, etwa weil zu erkennen ist, dass die Insolvenz nicht auf dem persönlichen Versagen des Schuldners beruht und weil seine besonderen persönlichen Kenntnisse und Fähigkeiten für die Verwertung dringend benötigt werden (*Bork*, Rn. 467). In jedem Fall muss auch berücksichtigt werden, dass die Eigenverwaltung einen Ausnahmefall darstellt, der im Interesse der Gläubiger einer besonderen Legitimation bedarf (*Bork*, Rn. 466).

b) Über den Antrag des Schuldners auf Anordnung der Eigenverwaltung entscheidet das Gericht im Eröffnungsbeschluss (§ 270 I 1). Über die Anfechtbarkeit der Entscheidung äußert sich das Gesetz nicht. Nach dem Grundsatz in § 6 I bedeutet das, dass die Entscheidung über die Anordnung oder Ablehnung der Eigenverwaltung nicht anfechtbar ist. Es bestehen aber folgende Möglichkeiten:

aa) Wird der Antrag auf Eigenverwaltung durch die Gläubigerversammlung gestellt (§ 271), ordnet das Gericht diese an, sofern der Schuldner zustimmt. Die Eigenverwaltung ist auf Antrag des Schuldners ohne Weiteres aufzuheben (§ 272 I Nr. 3).

bb) Wird dem Antrag des Schuldners im Eröffnungsbeschluss stattgegeben, so kann später vom Schuldner, von der Gläubigerversammlung und von jedem Gläubiger die Aufhebung der Eigenverwaltung beantragt werden (§ 272) mit der Folge, dass dann ein Insolvenzverwalter eingesetzt wird. Der Antrag eines Gläubigers setzt allerdings voraus, dass der Wegfall der Anordnungsvoraussetzungen glaubhaft gemacht wird (§ 272 II), während einem Antrag des Schuldners oder der Gläubigerversammlung ohne Weiteres stattzugeben ist.

c) Der Sachwalter hat gemäß § 270c S. 2 auch bei Anordnung der Eigenverwaltung die Tabelle zu führen.

140a.
Zu welchem Zeitpunkt kann die Anordnung der Eigenverwaltung erfolgen?

Die Eigenverwaltung ist grds. im Eröffnungsbeschluss anzuordnen, § 270 I 1. Es besteht auch die Möglichkeit, die Eigenverwaltung schon in das Eröffnungsverfahren vorzuziehen. Voraussetzung hierfür ist gemäß § 270a I, dass der Antrag auf die Eigenverwaltung „nicht offensichtlich aussichtslos" erscheint. Eine solche Aussichtslosigkeit wird jedoch angenommen werden müssen, wenn der Schuldner (oder dessen Organe) durch Umstände wie bspw. den Tatbestand der Insolvenzverschleppung erkennen lässt, dass er zur ordnungsgemäßen Eigenverwaltung voraussichtlich nicht imstande wäre.

V. Eigenverwaltung

141.

A ist alleiniger Vorstand des Großhandelsunternehmens S-AG. Als A merkt, dass die S-AG ihre fälligen Verbindlichkeiten nicht mehr in voller Höhe ausgleichen kann, zahlt er aus den noch vorhandenen Mitteln sich selbst die rückständigen fünf Monatsgehälter aus und stellt sodann einen Antrag auf Eröffnung eines Insolvenzverfahrens. Der vom Gericht eingesetzte Gutachter berichtet dem Gericht darüber, dass die Zahlung der Gehälter in anfechtbarer Weise geschah und dass die eingetretene Krise des Unternehmens auf erheblichem Missmanagement des A beruht. Drei Tage bevor das Insolvenzverfahren eröffnet wird, beantragt A beim Insolvenzgericht die Anordnung der Eigenverwaltung mit der Begründung, er verfüge über die notwendigen Fachkenntnisse für die Fortführung des Unternehmens und habe einen guten Kontakt zu den Hauptlieferanten. Wie wird das Gericht entscheiden?

Das Insolvenzgericht wird den Antrag abweisen. Der Antrag ist zwar rechtzeitig gestellt worden, weil er vor dem Eröffnungsbeschluss eingegangen ist. Es ist nicht erforderlich, dass der Antrag auf Eigenverwaltung zugleich mit dem Antrag auf Eröffnung eines Insolvenzverfahrens gestellt wird (Nerlich/Römermann/*Riggert*, § 270 Rn. 19). Der Antrag der S-AG ist aber unbegründet, weil die Anordnungsvoraussetzung des § 270 II Nr. 2 nicht gegeben ist, wonach die Anordnung der Eigenverwaltung nicht Nachteile für die Gläubiger befürchten lassen darf. Im Rahmen dieser Gesamtwürdigung sind hier die besonderen Fachkenntnisse des A und seine guten Kontakte zu den Lieferanten zu berücksichtigen. Gegen die erforderliche Zuverlässigkeit des Schuldners spricht dagegen der Umstand, dass Anfechtungsansprüche gegen Vertretungsorgane bestehen (*Hess/Weis/Wienberg*, § 270 Rn. 63). Das war hier der Fall, weil A sich in Kenntnis der Zahlungsunfähigkeit der S-AG rückständige Gehälter ausgezahlt hat. Hinzu kommt, dass Fähigkeit zur Sanierung wegen des offensichtlichen Missmanagements vor Eröffnung des Verfahrens verneint werden muss.

142.

Über das Vermögen des Kaufhausbetreibers S-AG wurde das Insolvenzverfahren eröffnet und gleichzeitig die Eigenverwaltung unter Bestellung des V zum Sachwalter angeordnet. Die S-AG möchte im Rahmen der Neuausrichtung des Unternehmens ihre Geschäftsanteile an der X-GmbH veräußern. Der Vorstand fragt, ob der Sachwalter oder gar der Gläubigerausschuss oder die Gläubigerversammlung in diese Entscheidung einbezogen werden müssen.

Bei Anordnung der Eigenverwaltung führt der Schuldner die Geschäfte mit Wirkung für und gegen die Insolvenzmasse selbständig. Im Rahmen des gewöhnlichen Geschäftsbetriebes ist der Schuldner in seinen Entscheidungen frei. Diese umfassende Befugnis endet bei der Berechtigung, Verbindlichkeiten einzugehen, die nicht zum gewöhnlichen Geschäftsbetrieb gehören. Für derartige ungewöhnliche Geschäfte muss die Zustimmung des Sachwalters vorliegen. (§ 275 I). Darüber hinaus hat der

Schuldner für Rechtshandlungen, die von besonderer Bedeutung sind, die Zustimmung des Gläubigerausschusses oder – wenn ein solcher nicht bestellt ist – die Zustimmung der Gläubigerversammlung einzuholen (§§ 276, 160 I 2).

Die Veräußerung von Geschäftsanteilen gehört nicht zu dem gewöhnlichen Geschäft der S-AG, Kaufhäuser zu betreiben. Deshalb muss die Zustimmung des Sachwalters eingeholt werden. Außerdem ist für die Veräußerung von Anteilen an anderen Unternehmen gemäß § 276 i. V. m. § 160 II Nr. 1 die Zustimmung des Gläubigerausschusses bzw. der Gläubigerversammlung einzuholen.

143.

Abwandlung von Fall 142: Die S-AG verkauft die Geschäftsanteile ohne Zustimmung des Sachwalters und der Gläubigerversammlung an D. Ist die Veräußerung wirksam? Welche Konsequenzen ergeben sich für die S-AG?

Eigenmächtiges Handeln des Schuldners ohne Zustimmung oder gegen den Widerspruch des Sachwalters berührt die rechtliche Wirksamkeit des Verpflichtungsgeschäftes nicht, da die Verwaltungs- und Verfügungsbefugnis des Schuldners fortbesteht (*Hess/Weis/Wienberg*, § 275 Rn. 13; Leonhardt/Smid/Zeuner/*Wehdeking*, § 275 Rn. 9). Etwas anderes würde nur für den Fall gelten, dass das Gericht gemäß § 277 angeordnet hat, dass bestimmte Rechtsgeschäfte nur mit Zustimmung des Sachwalters wirksam sind.

Aus dem Verweis auf § 164 in § 276 S. 2 folgt, dass die Zustimmung der Gläubigerversammlung für die Wirksamkeit des Geschäfts im Außenverhältnis nicht erforderlich ist. Auch der von der S-AG begangene Verstoß gegen §§ 276, 160 II Nr. 1 führt nicht zur Unwirksamkeit des mit D abgeschlossenen Vertrages.

Die Masse wird also aus dem von der S-AG abgeschlossenen Vertrag berechtigt und verpflichtet. Das eigenmächtige Handeln des Schuldners hat der Sachwalter gemäß § 274 III unverzüglich dem Insolvenzgericht und dem Gläubigerausschuss anzuzeigen, damit entschieden werden kann, ob die Aufhebung der Eigenverwaltung (§ 272) beantragt werden soll.

Der Vorstand der S-AG setzt sich außerdem der Gefahr von Schadensersatzansprüchen aus, die unter § 92 S. 1 fallen und vom Sachwalter (§ 280) bzw. nach Aufhebung der Eigenverwaltung vom Insolvenzverwalter geltend gemacht werden.

VI. Schicksal schwebender Rechtsgeschäfte

144.

Geben Sie einen kurzen Überblick über die besonderen gesetzlichen Regelungen für die zum Zeitpunkt der Eröffnung des Insolvenzverfahrens schwebenden bzw. noch nicht vollständig abgewickelten Rechtsverhältnisse.

Die Abwicklung offener Rechtsbeziehungen ist ein Kernproblem im Insolvenzverfahren. Die Rechtsverhältnisse des Schuldners werden nach der Insolvenzordnung sehr unterschiedlich behandelt. Einige erlöschen (z. B. Aufträge und Vollmachten, §§ 115 I, 117 I), andere bleiben unverändert bestehen (z. B. Arbeitsverträge mit insolventem Arbeitnehmer, Mietverträge, bei denen der Schuldner Vermieter eines unbeweglichen Gegenstandes ist, Darlehen, bei denen der Schuldner Darlehensgeber ist; § 108); wieder andere können durch den Verwalter vorzeitig beendet werden (Arbeitsverträge mit insolventem Arbeitgeber, § 113 I). Die Einzelheiten sind in den §§ 104–118 umfassend geregelt. Allgemeine und in der Praxis sehr wichtige Vorschrift zur Abwicklung gegenseitiger Verträge ist § 103, der dem Verwalter ein Wahlrecht hinsichtlich der Erfüllung bestimmter Verträge gibt.

145.

G verkauft und übereignet dem S eine Maschine für 10.000 €. Den Kaufpreis stundet G dem S für drei Monate. Zwei Wochen nach der Übergabe der Maschine wird S insolvent. Weitere vier Wochen später, nach der Eröffnung des Insolvenzverfahrens über das Vermögen des S, verlangt G vom Insolvenzverwalter Zahlung des Kaufpreises oder Herausgabe der Maschine. Zu Recht?

Nein. Der Kaufpreisanspruch des G war zur Zeit der Eröffnung des Insolvenzverfahrens bereits entstanden. Es handelt sich deshalb nach § 38 um eine Insolvenzforderung, die G nur noch nach den Vorschriften der Insolvenzordnung verfolgen kann (§ 87), also durch Anmeldung zur Insolvenztabelle. Die Anwendung des § 103 setzt voraus, dass ein gegenseitiger Vertrag bei Insolvenzeröffnung von keiner der beiden Seiten vollständig erfüllt ist. Der Kaufvertrag zwischen G und S ist aber von G durch die Übereignung der Maschine bereits vollständig erfüllt.

Auch ein Herausgabeanspruch besteht nicht, denn G hat dem S die Maschine bereits übereignet. Ein Aussonderungsrecht nach § 47 ist deshalb nicht gegeben.

146.

Abwandlung von Fall 145: G hat die Maschine zwar übergeben, die Eigentumsübertragung wurde aber unter den Vorbehalt der Zahlung des Kaufpreises gestellt.

Es liegt hier ein Fall des § 103 vor. Die Kaufsache ist zwar bereits übergeben, aber noch nicht übereignet; der Kaufpreis ist noch nicht geflossen, so dass der Vertrag von beiden Seiten noch nicht vollständig erfüllt ist. Wählt der Insolvenzverwalter Erfüllung des Vertrages, kann G von ihm Zahlung des Kaufpreises verlangen. G ist insoweit Massegläubiger gemäß § 55 I Nr. 2. Wählt der Insolvenzverwalter Nichterfüllung, erlischt der Kaufvertrag. G kann dann Herausgabe der Maschine verlangen, weil er Eigentümer der Maschine geblieben ist und ihm deshalb ein Aussonderungsrecht nach § 47 zusteht. Der Insolvenzverwalter braucht seinerseits die Kaufpreiszahlung nicht zu erfüllen.

Die Ausübung des Wahlrechts des Insolvenzverwalters nach § 103 erfolgt formlos durch einseitige empfangsbedürftige Willenserklärung, die auch konkludent abgegeben werden kann (BGHZ 81, 90, 91). Erklärt sich der Verwalter nicht, kann G ihn nach § 103 II 2 zur Erklärung auffordern. Reagiert der Verwalter hierauf nicht, kann er nicht mehr Erfüllung des Vertrages verlangen. Liegt – wie hier – ein Eigentumsvorbehaltskauf durch den Schuldner vor, braucht der Insolvenzverwalter sich erst nach dem Gerichtstermin zu der Frage der Erfüllung des Vertrages zu erklären (§ 107 II).

147.

Fallen folgende vom Schuldner abgeschlossene Verträge unter § 103:
- **Werkvertrag,**
- **Leihe,**
- **Dienstvertrag,**
- **Leasingvertrag über ein Kfz?**

Unter § 103 fallen alle Schuldverhältnisse, deren Verpflichtungen in einem Abhängigkeitsverhältnis zueinander stehen (gegenseitiger Vertrag, sog. Synallagma), soweit keine Sonderregelungen eingreifen.

Dazu gehören Kauf-, Tausch- und Werkverträge, aber auch Wettbewerbsabreden und Vergleiche. Nicht hierher gehört die Leihe, weil es sich dabei nicht um einen gegenseitigen Vertrag handelt. Bei Dienstverträgen handelt es sich zwar um gegenseitige Verträge. Sie unterfallen aber den Sonderregelungen der §§ 108, 113. Für Miet- und Pachtverhältnisse des Schuldners enthalten §§ 108, 109 zwar Sonderregelungen. Sie beziehen sich aber nur auf Miet- und Pachtverträge über unbewegliche Gegenstände oder Räume. Für Miet- bzw. Leasingverträge über Fahrzeuge verbleibt es deshalb bei der Anwendbarkeit des § 103 (MüKoInsO/*Huber*, § 103 Rn. 75 und 78).

148.

Bauunternehmer S hat mit G einen Vertrag über die Errichtung eines Bürogebäudes gegen Zahlung eines Festpreises abgeschlossen. Noch vor Abschluss der Bauarbeiten wird über das Vermögen des S das Insolvenzverfahren eröffnet. Der Insolvenzverwalter wählt nach § 103 Nichterfüllung des Vertrages und stellt dem G für die bereits erbrachten Teilleistungen 15.000 € in Rechnung. G wendet ein, er habe durch die anderweitige Auftragsvergabe zur Fertigstellung des Gebäudes 8.000 € mehr aufwenden müssen. Mit diesem Betrag rechnet er gegenüber der Forderung des Insolvenzverwalters auf. Muss der Insolvenzverwalter diese Aufrechnung gelten lassen?

Auf den Bauvertrag findet § 103 Anwendung, da weder S noch G ihre gegenseitigen Vertragspflichten vollständig erfüllt haben. Umstritten ist, ob die gegenseitigen Erfüllungsansprüche mit Verfahrenseröffnung „automatisch" untergehen, wie dies nach der neueren Rspr. des BGH vertreten wird (BGHZ 116, 156; 129, 336; 135, 25) oder ob erst die Erklärung des Verwalters rechtsgestaltende Wirkung hat, mit der

Folge, dass die Hauptleistungspflichten nach Verfahrenseröffnung zunächst noch fortbestehen (*Häsemeyer*, Rn. 20.07 u. 20.23; Nerlich/Römermann/*Tintelnot*, § 103 Rn. 60). Dieser Streit spielt hier aber keine Rolle, da V die Nichterfüllung des Vertrages gewählt hat. Die wechselseitigen Erfüllungsansprüche werden mit der Ablehnungserklärung durch ein Abrechnungsverhältnis ersetzt, in das sämtliche Ansprüche beider Seiten als unselbständige Rechnungsposten eingestellt werden (Nerlich/Römermann/*Tintelnot*, § 103 Rn. 62).

Für die erbrachten Teilleistung steht dem Insolvenzschuldner ein Vergütungsanspruch in Höhe von 15.000 € gemäß § 641 I 2 BGB zu, der Gegenstand der von V verwalteten Insolvenzmasse ist. Dem G ist durch die Nichterfüllung ein Schaden in Höhe von 8.000 € entstanden, da er diese zusätzlich zum vereinbarten Herstellungspreis aufwenden musste. Diesen Schadensersatzanspruch wegen Nichterfüllung kann G gemäß § 103 II 1 nur als Insolvenzforderung geltend machen. Eine Aufrechnung dieser Insolvenzforderung gegen die Forderung des S ist nach allgemeinen Grundsätzen möglich. Beide Forderungen waren hier vor Eröffnung des Insolvenzverfahrens entstanden; die Forderung des G aufschiebend bedingt (BGHZ 68, 379, 382). Die grundsätzliche Zulässigkeit der Aufrechnung folgt in diesen Fällen aus §§ 94, 95 I (näher zur Aufrechnung Fälle 102 ff.).

149.

S hat durch notariellen Vertrag von G ein Grundstück gekauft. Er zahlt den Kaufpreis und nimmt das Grundstück in Besitz. Bevor die Auflassung erklärt werden kann, wird über das Vermögen des S das Insolvenzverfahren eröffnet. Der Verwalter lehnt die Vertragserfüllung unter Hinweis auf § 103 ab und verlangt von G die Rückzahlung des Kaufpreises. G meint, der Verwalter habe kein Wahlrecht und müsse das Auflassungsangebot annehmen. Was ist rechtlich zutreffend?

Für die Anwendbarkeit des § 103 auf den zwischen S und G abgeschlossenen Kaufvertrag ist entscheidend, ob der Vertrag von *beiden* Seiten noch nicht vollständig erfüllt ist. G hat seine Verpflichtungen noch nicht vollständig erfüllt, weil er S mangels Auflassung noch kein Eigentum verschafft hat. Fraglich ist, ob auch S trotz Zahlung des Kaufpreises und Inbesitznahme des Grundstücks den Vertrag ebenfalls noch nicht vollständig erfüllt hat. Als Käufer war S nach § 433 II BGB verpflichtet, den Kaufpreis zu zahlen und die gekaufte Sache abzunehmen. Beides war hier geschehen. Nicht erworben hat S hingegen das Eigentum an dem Grundstück, denn es wurde noch nicht an ihn aufgelassen.

Nach der Rspr. fehlt es an einer vollständigen Vertragserfüllung auch, wenn nur eine nicht synallagmatische Nebenleistung aussteht, sofern es sich nicht um eine völlig unbedeutende Nebenpflicht handele. Deshalb spiele es keine Rolle, ob man bei Grundstückskäufen die Entgegennahme der Auflassungserklärung als Haupt- oder Nebenleistungspflicht einordnet (BGHZ 58, 246, 249). Danach wäre § 103 hier anwendbar, weil die Auflassung keineswegs nur formaler Natur ist. Sie stellt vielmehr eine wesentliche Voraussetzung für die Eigentumsübertragung dar. Die durch die Auflassung und Grundbucheintragung bewirkte Eigentumsübertragung führt zur

Auswechslung des dinglichen Schuldners der Grundstückslasten, denen erhebliche wirtschaftliche Bedeutung zukommen kann.

Nach einer in der Literatur vertretenen Auffassung ist die Anwendung des § 103 dagegen auf diejenigen Fälle beschränkt, in denen eine synallagmatische Pflicht zumindest teilweise nicht erfüllt ist (Fachanwaltskommentar/*Flöther/Wehner*, § 103 Rn. 6 ff.; Jaeger/*Henckel*, § 17 Rn. 7; *Häsemeyer*, Rn. 20.14; Kübler/Prütting/Bork/ *Tintelnot*, § 103 Rn. 37). Danach wäre § 103 hier nicht anwendbar, weil die Pflicht zur Entgegennahme der Auflassungserklärung nicht im Synallagma steht.

Dieser Auffassung ist aber entgegenzuhalten, dass Sinn und Zweck des § 103 der Schutz der Masse ist. Ob die Erfüllung oder die Ablehnung der Vertrages für die Masse günstiger ist, hängt jedoch nicht von der Rechtsnatur der Leistung ab, sondern von ihrem Wert (*Marotzke*, Gegenseitige Verträge im neuen Insolvenzrecht, 3. Aufl., 2001, Rn. 4.91).

Dem Verwalter steht folglich der zweiten Auffassung nach ein Wahlrecht gemäß § 103 zu. Nach Ausübung des Wahlrechts kann der Verwalter Rückzahlung des Kaufpreises gegen Rückgabe des Grundstücks verlangen.

150.

Fabrikant S hat von dem Metallgroßhändler G Kupfer zu einem fest vereinbarten Preis gekauft, lieferbar am 1.5. Am 10.4. wird über das Vermögen des S das Insolvenzverfahren eröffnet. Kann der Insolvenzverwalter Erfüllung des Kaufvertrages verlangen?

Nein. Kupfer ist börsengängige Ware und hat daher einen Börsenpreis. Fixgeschäfte über solche Waren werden nach § 104 I mit Eröffnung des Insolvenzverfahrens in Differenzgeschäfte umgewandelt, wobei die gegenseitigen Ersatzforderungen miteinander verrechnet werden. Der Insolvenzverwalter kann hier nicht zwischen Erfüllung und Nichterfüllung wählen.

Die Berechnung der Ersatzforderung richtet sich nach § 104 III 1. Je nach dem Ergebnis ist an die Insolvenzmasse zu leisten oder vom Vertragspartner der Anspruch zur Insolvenztabelle anzumelden (§ 104 III 3).

151.

Die Großbäckerei S und der Lieferant G schließen einen Kaufvertrag über 2t Mehl, die G in monatlichen Teilmengen zu je 1t liefern soll. Nachdem 7t geliefert, aber noch nicht bezahlt sind, wird über das Vermögen der S das Insolvenzverfahren eröffnet. Wie ist die Rechtslage, wenn der Insolvenzverwalter
a) die Erfüllung des Vertrages ablehnt;
b) sich für die Erfüllung entscheidet?

a) Lehnt der Insolvenzverwalter die Erfüllung des Vertrages ab, kann G Schadensersatz wegen Nichterfüllung als Insolvenzforderung geltend machen (§ 103 II 1).

b) Für Verträge über teilbare Leistungen, insbesondere über die fortlaufende Lieferung von Waren, kann der Insolvenzverwalter gemäß § 105 S. 1 für die Zukunft Erfüllung verlangen, ohne dadurch auch für die Vergangenheit zur vollen Erfüllung verpflichtet zu werden. Der Vertragspartner muss den Anspruch auf die Gegenleistung für seine Leistungen aus der Vergangenheit also als Insolvenzgläubiger geltend machen, unabhängig davon, ob der Verwalter für die Zukunft Erfüllung wählt oder diese ablehnt. Dem anderen Teil wird durch § 105 S. 2 außerdem die Möglichkeit genommen, im Falle der Erfüllungswahl den Insolvenzverwalter mittels der Einrede des nicht erfüllten Vertrages zum Ausgleich der Insolvenzforderung zu zwingen.

152.

S hat dem G ein Grundstück verkauft und die Eintragung einer Auflassungsvormerkung zugunsten des G bewilligt, die auch eingetragen wird. Auflassung und Übergabe des Grundstücks sowie Kaufpreiszahlung sollen zwei Monate nach Vertragsabschluss erfolgen. Vor Ablauf dieser Frist wird über das Vermögen des S das Insolvenzverfahren eröffnet. Der Insolvenzverwalter lehnt die Erfüllung des Kaufvertrages unter Hinweis auf § 103 ab. Zu Recht?

Nein. Zwar handelt es sich bei dem Grundstückskaufvertrag um einen gegenseitigen Vertrag i. S. v. § 103, der auch weder von S noch von G vollständig erfüllt ist. § 106 bestimmt aber, dass bei einer zu Gunsten eines Gläubigers eingetragenen Vormerkung von diesem Befriedigung verlangt werden kann. Der vorgemerkte Auflassungsanspruch ist deshalb insolvenzfest. Damit geht § 106 dem Wahlrecht des Insolvenzverwalters aus § 103 vor. Die Vorschrift trägt dem Umstand Rechnung, dass bei Grundstücksgeschäften zwischen Verpflichtungs- und Verfügungsgeschäft meist erhebliche Zeiträume verstreichen.

G kann daher von dem Insolvenzverwalter Befriedigung des gesicherten Anspruchs, also die Auflassung des Grundstücks verlangen. Der Insolvenzverwalter kann nicht die Nichterfüllung des Vertrages wählen. Er kann aber selbstverständlich von G die Zahlung des Kaufpreises verlangen.

153.

Möbelhändler S hat von G ein Ladenlokal fest für zehn Jahre gemietet. S zahlt mehrere Monate lang keine Miete. Schließlich wird über das Vermögen des S das Insolvenzverfahren eröffnet.
a) Welche Möglichkeiten haben der Vermieter G und der Verwalter V, den Mietvertrag zu beenden?
b) Ist die Rechtslage anders zu beurteilen, wenn das Insolvenzverfahren nach Abschluss des Mietvertrages aber noch vor Überlassung des Ladens an S eröffnet wird?
c) Wie wäre in Abweichung von a), wenn statt des S der G in Insolvenz fiele?

a) Ein Wahlrecht des Insolvenzverwalters nach § 103 besteht nicht, denn Miet- und Pachtverhältnisse des Schuldners über Räume oder Immobilien bleiben nach der spezielleren Vorschrift des § 108 I auch nach Eröffnung des Insolvenzverfahrens bestehen. Der Verwalter hat aber gemäß § 109 I 1 das Recht, ein Mietverhältnis ohne Rücksicht auf die vereinbarte Vertragsdauer mit einer dreimonatigen Frist ordentlich zu kündigen (wenn nicht eine kürzere Frist maßgeblich ist), wenn der Schuldner – wie hier – Mieter oder Pächter ist. Dieses Sonderkündigungsrecht kann der Verwalter während der gesamten Verfahrensdauer ausüben. Nach § 580a II BGB ist die Kündigung spätestens am dritten Werktag eines Kalendervierteljahres zum Ablauf des nächsten Kalendervierteljahres auszusprechen. Es greift daher nach der neuen Gesetzeslage die dreimonatige Kündigungsfrist gemäß § 109 I 1.

Kündigt der Verwalter, so hat der Vermieter einen Schadensersatzanspruch in Höhe des Mietzinses, den er durch die vorzeitige Beendigung des Vertrages verliert. Der Anspruch ist einfache Insolvenzforderung (§ 109 I **3**).

Der Vermieter G hat hingegen kein Sonderkündigungsrecht. Er kann den Mietvertrag allenfalls ordentlich oder außerordentlich nach den vertraglichen oder gesetzlichen Regelungen wegen Zahlungsverzuges kündigen. Dabei ist jedoch die Kündigungssperre des § 112 Nr. 1 zu beachten: Eine Kündigung wegen eines vor dem Antrag auf Eröffnung eines Insolvenzverfahrens eingetretenen Verzugs ist ausgeschlossen.

Mietzinsansprüche, die **bis** zur Eröffnung entstanden sind, können von G nur als Insolvenzforderung geltend gemacht werden (§ 108 III). Die **ab** Eröffnung bis zur Vertragsbeendigung entstehenden Mietzinsforderungen bilden gemäß § 55 I Nr. 2 Masseverbindlichkeiten.

b) Waren die Mieträume im Zeitpunkt der Eröffnung noch nicht übergeben, können sowohl der Verwalter als auch G vom Vertrag zurücktreten (§ 109 II 1). Macht der Verwalter von diesem Rücktrittsrecht Gebrauch, kann G seinen Schadensersatzanspruch wegen des verlorenen Mietzinses nur als einfache Insolvenzforderung geltend machen (§ 109 II 2).

c) § 108 gilt gemäß Satz 2 auch für den auf Vermieterseite auftretenden Schuldner. Das Mietverhältnis bleibt also von der Eröffnung des Verfahrens unberührt. Der Verwalter rückt in sämtliche Rechte und Pflichten des Schuldners aus dem Mietvertrag ein. Das Sonderkündigungsrecht des § 109 besteht hier nicht; es gilt nur für den Schuldner als Mieter. Der dadurch bedingte Bestandsschutz für die Mieter wird nur dadurch eingeschränkt, dass auch die freihändige Verwertung einer Immobilie – wie bei der Zwangsversteigerung – ein außerordentliches Kündigungsrecht für den Erwerber begründet (§ 111). Das Prinzip „Kauf bricht nicht Miete" (§§ 566, 578 BGB) wird also durchbrochen.

154.

S hatte von D Büroflächen gemietet und diese an U untervermietet. Nachdem über das Vermögen des S das Insolvenzverfahren eröffnet wird, kündigt Verwalter V den Hauptmietvertrag mit D gemäß § 109 I. D fordert deshalb von U die Räumung und Herausgabe der Räume. D beruft sich auf seinen Mietvertrag mit S. Wie ist die Rechtslage?

Die nach § 109 I mögliche Kündigung des Hauptmietvertrages zwischen S und D führt gemäß § 546 II BGB dazu, dass D von U die Rückgabe des Mietobjekts verlangen kann. U muss die Büroflächen also räumen.

Das Untermietverhältnis zwischen S und U besteht nach § 108 I ungekündigt fort. Die Masse schuldet weiter Gebrauchsgewährung an U, jedoch entsteht infolge des Rückgabeverlangens des Hauptvermieters D ein Rechtsmangel (§ 536 III BGB). Ob der daraus resultierende Schadensersatzanspruch des Untermieters (§ 536a BGB) sich gegen die Masse richtet oder nur als Insolvenzforderung zur Tabelle angemeldet werden kann, wird unterschiedlich beurteilt. Die Rspr. zur Konkursordnung ordnete den Anspruch als Konkursforderung ein (RGZ 67, 372; BGHZ 17, 127). Dem ist ein Teil der Literatur auch für die Insolvenzordnung gefolgt, weil sich durch das Herausgabeverlangen des Hauptvermieters ein vorinsolvenzlich eingegangenes Risiko des Untermieters realisiere (Kübler/Prütting/Bork/*Tintelnot*, § 108 Rn. 16b).

Dem ist entgegenzuhalten, dass der Schadensersatzanspruch des Untermieters auf einer Maßnahme des Verwalters beruht, nämlich auf der Kündigung des Hauptmietvertrages; und Maßnahmen des Verwalters begründen nach § 55 I Nr. 1 Masseverbindlichkeiten (MüKoInsO/*Eckert,* § 108 Rn. 78). Wo nach dem Willen des Gesetzgebers trotz einer Verwaltungsmaßnahme nur eine Insolvenzforderung begründet werden soll, ist dies als Ausnahme explizit geregelt, etwa in § 103 II 1 und § 109 I 2.

U kann deshalb nach der zweiten Auffassung von dem Verwalter Schadensersatz wegen der Nichtgewährung der aus dem Untermietverhältnis geschuldeten Gebrauchsüberlassung verlangen.

155.

Rechtsanwalt M hat von Vermieter V Büroräume für 1.000 € monatlich gemietet. M und V vereinbaren eine einmalige Vorauszahlung des Mietzinses von 24.000 €, die in den ersten zwei Jahren mit dem monatlichen Mietzins verrechnet werden soll. Vier Monate nach Abschluss des Mietvertrages wird über das Vermögen des V das Insolvenzverfahren eröffnet. Der Insolvenzverwalter verlangt von M Zahlung des Mietzinses ab Eröffnung des Insolvenzverfahrens in voller Höhe.
a) Zu Recht?
b) Wie wäre es, wenn M und V eine Verrechnung des Mietzinses vereinbart haben, weil M die Räume auf eigene Kosten umgebaut und die Sanitäranlagen erneuert hat?
c) In der Alternative b) ist nicht V, sondern M in Insolvenz geraten. Der Verwalter kündigt den Mietvertrag und verlangt von V den noch nicht abgewohnten Baukostenzuschuss. Mit Recht?

a) Ja. Mit Eröffnung des Verfahrens werden Vorausverfügungen des Schuldners als Vermieter bzw. Verpächter von Immobilien nach § 110 I unwirksam. Als Verfügung gilt insb. die Einziehung der Miete oder Pacht (§ 110 II 1). Diese Regelung dient der Erhaltung der Masse. Die Erträge aus der Vermietung und Verpachtung von Schuldnervermögen soll nach Eröffnung des Verfahrens ausschließlich der Befriedigung der Gläubiger dienen (MüKoInsO/*Eckert*, § 110 Rn. 1).

§110

b) Bei der von M geleisteten Zahlung handelt es sich hier um einen sog. verlorenen Baukostenzuschuss. Nach h. M. ist in diesen Fällen ausnahmsweise eine Verrechnung mit späteren Mietforderungen zulässig, wenn durch die auf die Zahlung erfolgten Ausbauarbeiten am Grundstück bzw. Gebäude eine Wertsteigerung für zukünftige Eigentümer und Gläubiger herbeigeführt worden ist (BGHZ 6, 202, 206 f.; 15, 296, 303 f.). Dann nämlich hat die Masse den Gegenwert der Gebrauchsgewährung erhalten (MüKoInsO/*Eckert*, § 110 Rn. 14).

Nach a. A. ist diese Unterscheidung nicht gerechtfertigt. Da auch der Baukostenzuschuss im Hinblick auf eine später erwartete Nutzung erfolge, beinhalte er kein anderes Risiko als eine Mietvorauszahlung. Ob er dem Grundstück zugute gekommen ist oder nicht sei unerheblich, da auch die Mietzahlungen in das Vermögen des Schuldners übergegangen seien (Nerlich/Römermann/*Tintelnot*, § 110 Rn. 9).

c) Ja. Der Mietvertrag konnte vom Insolvenzverwalter nach § 109 I unter Einhaltung der gesetzlichen Frist gekündigt werden. Ist zum Zeitpunkt der Beendigung des Mietverhältnisses der vom Insolvenzschuldner gezahlte Baukostenzuschuss noch nicht abgewohnt, kann der Verwalter für die Masse einen Anspruch auf Rückzahlung des noch nicht durch die Verrechnung aufgezehrten Baukostenzuschusses aus § 812 I 2, Fall 2 BGB verlangen (Palandt/*Sprau*, § 812 Rn. 97 zur Zweckkondiktion).

156.

In dem Unternehmen des S ist G als Sekretärin mit einer vertraglich vereinbarten Kündigungsfrist von sechs Monaten zum Jahresende beschäftigt. Über das Vermögen des S wird am 9.8. das Insolvenzverfahren eröffnet. G hat seit Juni kein Gehalt bekommen.
a) Welche Möglichkeiten haben der Insolvenzverwalter und G, sich durch ordentliche Kündigung von dem Arbeitsvertrag zu lösen?
b) Ist eine außerordentliche fristlose Kündigung wegen der Insolvenzeröffnung möglich?
c) Kann sich G – wenn der Insolvenzverwalter den Betrieb fortführt – auf das KSchG berufen?

a) Wie sich aus § 108 I ergibt, hat die Eröffnung des Insolvenzverfahrens als solche keinerlei Einfluss auf den Fortbestand von Arbeitsverhältnissen. Ein Dienstverhältnis, bei dem – wie hier – der Schuldner der Dienstberechtigte ist, können aber sowohl der Insolvenzverwalter als auch der Arbeitnehmer ohne Rücksicht auf eine vereinbarte Vertragsdauer oder einen vereinbarten Ausschluss kündigen (§ 113 I). Die

Kündigungsfrist beträgt drei Monate zum Monatsende, wenn nicht eine kürzere Frist maßgeblich ist. Der Verwalter und G können also den Arbeitsvertrag mit Wirkung zum 30.11. ordentlich kündigen.

Kündigt der Verwalter, so kann G gemäß § 113 I 3 den aus der vorzeitigen Beendigung resultierenden Schaden als Insolvenzgläubiger i. S. d. § 38 geltend machen. Vor Verfahrenseröffnung entstandene Lohn- und Gehaltsforderungen sind ebenfalls Insolvenzforderungen (MüKoInsO/*Hefermehl*, § 55 Rn. 173), so dass G ihre bis zum 8.8. entstandenen Gehaltsforderungen nur zur Tabelle anmelden kann. In der Zeit zwischen Verfahrenseröffnung und erstem möglichen Kündigungstermin stellen die Lohn- und Gehaltsforderungen der Arbeitnehmer Masseforderungen dar (§ 55 I Nr. 2, Fall 2). Für die Zeit vom 9.8. bis zum 30.11. kann G folglich Zahlung ihres Lohns aus der Masse verlangen.

b) § 113 lässt das Recht von Arbeitnehmer und Arbeitgeber zur außerordentlichen Kündigung aus wichtigem Grund nach § 626 BGB an sich unberührt. Auf schwere Vertragsverletzungen können also beide Seiten nach wie vor mit der außerordentlichen Kündigung reagieren. Die Eröffnung des Insolvenzverfahrens ist als solche aber kein wichtiger Grund i. S. v. § 626 BGB (*BAG* NJW 1969, 525). Anderenfalls wäre die Kündigungsfrist des § 113 überflüssig. G könnte hier den Arbeitsvertrag wegen des Zahlungsverzuges nach § 626 BGB außerordentlich fristlos kündigen, und zwar auch wegen der vor Verfahrenseröffnung aufgelaufenen Lohnrückstände.

c) Der allgemeine Kündigungsschutz der Arbeitnehmer, deren Arbeitsverhältnis sich bei Verfahrenseröffnung in Vollzug befindet, wird hierdurch nicht berührt. Die Bestimmungen des KSchG sind daher vom Verwalter auch nach Eröffnung des Verfahrens zu beachten (*BAG* AP Nr. 4 zu § 22 KO). In der Insolvenz des Arbeitgebers ist die betriebsbedingte Kündigung der bedeutendste Kündigungsgrund. Die Eröffnung des Insolvenzverfahrens allein stellt jedoch kein dringendes betriebliches Erfordernis dar, das Voraussetzung für eine betriebsbedingte Kündigung ist (*BAG* ZIP 1999, 1721, 1724, 1729). Denn der Verwalter kann den Betrieb in der Insolvenz fortführen. Kommt es dagegen zu einer insolvenzbedingten Betriebsstillegung, ist die Kündigung i. d. R. möglich (*LAG Hamm* ZIP 1980, 470 f.).

157.

Unternehmer S hat mit dem Techniker G im Januar einen Arbeitsvertrag ab 1.3. abgeschlossen. Am 15.2. wird über das Vermögen des S das Insolvenzverfahren eröffnet. Der Insolvenzverwalter fragt, wie er das Arbeitsverhältnis schnellstmöglich beenden kann.

Grds. kann der Insolvenzverwalter ein Dienstverhältnis, bei dem der Schuldner der Dienstberechtigte ist, nur mit einer Frist von drei Monaten zum Monatsende kündigen (§ 113 I). Fraglich ist aber, ob diese Regelung auch für nicht angetretene Arbeitsverhältnisse gilt.

Teilweise wird die Geltung des § 113 I auf bereits angetretene Arbeitsverhältnisse beschränkt, so dass der Verwalter hinsichtlich eines bei Verfahrenseröffnung noch nicht in Vollzug gesetzten Arbeitsverhältnisses Erfüllung oder Nichterfüllung gemäß § 103 I wählen kann (*Hess/Weis/Wienberg*, § 113 Rn. 170 ff.; *Lohkemper*, KTS 1996, 1, 4). Nach wohl h. M. wird § 103 dagegen durch die speziellere Regelung des § 113 auch dann verdrängt, wenn das Arbeitsverhältnis noch nicht angetreten wurde (Kübler/Prütting/Bork/*Moll*, § 113 Rn. 32 ff.; *Berscheid*, ZInsO 1998, 115, 116).

Diese Ansicht verdient den Vorzug. Das noch in § 22 I KO enthaltene Erfordernis eines „angetretenen" Dienstverhältnisses findet sich in § 113 nicht mehr. Dort wird allein auf das „Bestehen" eines Dienstverhältnisses abgestellt. Auch aus der Gesetzesbegründung geht hervor, dass § 103 auf Dienstverhältnisse keine Anwendung finden soll (BegrRegE zu § 108, BT-Drs. 12/2443, S. 146). Das Wahlrecht des Verwalters böte die Möglichkeit zur sofortigen Beendigung eines Arbeitsverhältnisses. Dies kann angesichts der Regelungen über den Fortbestand von Dienstverhältnissen (§ 108) und über die Höchstkündigungsfrist des § 113 I nicht dem Willen des Gesetzgebers entsprechen (Kübler/Prütting/Bork/*Moll*, § 113 Rn. 32 ff.).

Der Verwalter kann folglich nach Eröffnung des Verfahrens nur von dem Sonderkündigungsrecht nach § 113 I Gebrauch machen.

158.

S hat die G-Inkasso GmbH mit dem Einzug mehrerer Forderungen gegen Entgelt beauftragt und ihr hierfür eine Vollmacht erteilt. Welche Auswirkungen hat die Eröffnung des Insolvenzverfahrens über das Vermögen des S auf die Rechtsbeziehung zwischen S und der G-GmbH?

Bei dem zwischen S und der G-Inkasso GmbH abgeschlossenen Vertrag handelt es sich um einen Geschäftsbesorgungsvertrag i. S. v. § 675 BGB. Ein solcher Vertrag erlischt gemäß §§ 115 I, 116 I mit Eröffnung des Verfahrens, wenn der Schuldner Geschäftsherr ist und sofern sich der Vertrag auf das zur Insolvenzmasse gehörende Vermögen bezieht. Außerdem erlöschen gemäß § 117 I die erteilten Vollmachten. Diese Regelungen verfolgen den Zweck, die Verwaltungs- und Verfügungsbefugnis des Verwalters (§ 80 I) von kollidierenden Geschäftsführungsbefugnissen frei zu halten. Dies kann nur dann vorkommen, wenn der Schuldner Geschäftsherr ist, weshalb die §§ 115, 116 auf diese Fälle beschränkt sind. Sofern der Schuldner seinerseits zur Geschäftsbesorgung verpflichtet ist, wird das Geschäftsbesorgungsverhältnis durch die Verfahrenseröffnung nicht berührt.

Hier war S Geschäftsherr. Die Tätigkeit der G bezog sich auf die Forderungen des S gegen Drittschuldner, also auf das massezugehörige Aktivvermögen. Deshalb sind der Auftrag und die Vollmacht mit der Verfahrenseröffnung erloschen. G ist daher grds. weder berechtigt noch verpflichtet, weiter die Interessen des S wahrzunehmen. Eine Ausnahme davon könnte sich allenfalls aus § 115 II ergeben, wonach eine Pflicht zur weiteren Geschäftsführung besteht, wenn mit dem Aufschub Gefahr verbunden ist. Das kann etwa der Fall sein, wenn verjährungsunterbrechend gehandelt werden muss.

Vertraglich bleibt G zur Herausgabe des aus der Geschäftsführung Erlangten und zur Rechnungslegung verpflichtet (§§ 667, 675, 666 BGB). Der Verwalter kann dagegen eine Fortsetzung der Tätigkeit nicht verlangen, das erloschene Rechtsverhältnis nicht einseitig reaktivieren. Denn die §§ 115, 116 verdrängen § 103 (RGZ 71, 76, 78 zu § 23 KO).

VII. Einfluss der Insolvenz auf schwebende Prozesse

159.

Welche grundsätzliche Wirkung hat die Eröffnung des Insolvenzverfahrens über das Vermögen einer Partei eines Rechtsstreits?

a) Nach § 240 S. 1 ZPO wird ein Rechtsstreit unterbrochen, wenn über das Vermögen einer Partei des Rechtsstreits das Insolvenzverfahren eröffnet wird und der Rechtsstreit die Insolvenzmasse betrifft. Die Unterbrechung tritt kraft Gesetzes ein, unabhängig davon, ob die Parteien oder das Gericht von der Insolvenzeröffnung Kenntnis haben. Diese Regelung trägt dem Schutzbedürfnis der Insolvenzmasse Rechnung. Die Unterbrechung massebezogener Prozesse vermeidet den Rechtsverlust durch eine gerichtliche Entscheidung. Sie gewährleistet, dass nach Verfahrenseröffnung massezugehörige Rechte nicht mehr durch die Prozessführung des Schuldners preisgegeben werden und die Insolvenzmasse nicht mit vorgeblichen Verbindlichkeiten belastet wird (*Häsemeyer*, Rn. 10.39). Dem Verwalter wird durch die Unterbrechung zugleich eine Prüfungs- und Überlegungsfrist eingeräumt: er soll prüfen können, ob es im Interesse der Gläubiger liegt, einen schwebenden Rechtsstreit trotz Insolvenz fortzuführen.

§ 240 S. 1 ZPO bestimmt zugleich, dass die Unterbrechung endet, wenn der Rechtsstreit nach den Vorschriften für das Insolvenzverfahren wieder aufgenommen oder das Insolvenzverfahren beendet wird.

b) Mit dem durch die Eröffnung des Verfahrens bewirkten Übergang der Verwaltungs- und Verfügungsbefugnis auf den Verwalter (§ 80 I) rückt der Verwalter in die Stellung des Schuldners ein, soweit den Gläubigern die Insolvenzmasse als Haftungsobjekt zugewiesen ist (*Pape/Uhlenbruck/Voigt-Salus*, Teil IV, Kap. 30, Rn. 1 ff.). Allein der Verwalter ist deshalb auch berechtigt, über ein streitiges und die Masse betreffendes Recht einen Prozess im eigenen Namen zu führen. Daraus folgt die Prozessführungsbefugnis des Verwalters für die Rechtsstreitigkeiten, die einen Bezug zur Insolvenzmasse aufweisen. Als Folge der Verfahrenseröffnung wird der Verwalter also auch gesetzlicher Prozessstandschafter und nimmt damit die Parteistellung des Schuldners in allen betroffenen Prozessen ein (BGHZ 88, 334; Zöller/*Vollkommer*, vor § 50 ZPO Rn. 21).

Gleiches gilt, wenn dem Schuldner im Insolvenzeröffnungsverfahren ein allgemeines Verfügungsverbot auferlegt und ein vorläufiger Verwalter bestellt wird. Denn auch in diesem Fall geht die Verwaltungs- und Verfügungsbefugnis des Schuldners auf den vorläufigen Verwalter über (§ 22 I 1).

160.

Welche Wirkung hat die Unterbrechung eines Rechtsstreits durch Insolvenzeröffnung auf den Lauf von Fristen? Wie ist mit Prozesshandlungen umzugehen, die eine Partei nach Eintritt der Unterbrechung vornimmt? Kann das Gericht noch wirksam nach außen hin tätig werden?

Mit der Unterbrechung des Verfahrens werden alle gesetzlichen und richterlichen Fristen unterbrochen und beginnen nach Beendigung der Unterbrechung wieder in vollem Umfang neu zu laufen (§ 249 I ZPO). Eine noch nicht begonnene Frist beginnt während der Unterbrechung gar nicht erst zu laufen (Uhlenbruck/*Uhlenbruck*, § 85 Rn. 36; Thomas/Putzo/*Hüßtege*, § 249 ZPO Rn. 3).

Während der Unterbrechung vorgenommene Prozesshandlungen einer Partei gegenüber der anderen Partei bleiben ohne rechtliche Wirkung (§ 249 II). Nach überwiegender Ansicht erfasst § 249 II ZPO nicht die gegenüber dem Gericht vorzunehmenden Prozesshandlungen, wie etwa die Einlegung von Rechtsmitteln (BGH NJW 1997, 1445; Leonhardt/Smid/Zeuner/*Smid*, § 80 Rn. 74; Zöller/*Greger*, § 249 ZPO Rn. 5; a. A. *Grunsky*, JZ 1969, 237). Sie sind also auch während der Unterbrechung wirksam und müssen nach dem Ende der Unterbrechung deshalb nicht wiederholt werden.

Auch alle nach außen wirkenden und die Hauptsache betreffenden Handlungen des Gerichts (z. B. Ladungen, Zustellungen, Entscheidungen) sind nach § 249 II ZPO unzulässig und beiden Parteien gegenüber wirkungslos. Dies ergibt sich zwar nicht unmittelbar aus dem Wortlaut des § 249 II ZPO, folgt aber aus einem Umkehrschluss aus § 249 III ZPO, wonach allein die Verkündung einer Entscheidung gestattet ist, soweit die Unterbrechung nach dem Schluss der mündlichen Verhandlung eingetreten ist.

Eine unter Missachtung der Unterbrechungswirkung ergehende Entscheidung des Gerichts ist nicht nichtig, aber anfechtbar. Sie ist auf ein Rechtsmittel hin aufzuheben (BGHZ 66, 59 f.).

161.

Handelsvertreter K klagt gegen das Autohaus B auf Herausgabe seines Pkw, auf den er zur Ausübung seines Berufes dringend angewiesen ist. Nach der Zustellung der Klageschrift wird über das Vermögen des K das Insolvenzverfahren eröffnet. B macht geltend, der Prozess sei nach § 240 ZPO unterbrochen und könne nur vom Verwalter fortgeführt werden. Trifft das zu?

Nein, denn nach § 240 ZPO werden nur die Prozesse unterbrochen, welche die Insolvenzmasse betreffen. Der Begriff der Insolvenzmasse ist in §§ 35, 36 definiert Nach § 36 I 1 gehören Gegenstände, die nicht der Zwangsvollstreckung unterliegen, auch nicht zur Insolvenzmasse. Der Pkw ist gemäß § 850 I Nr. 5 ZPO unpfändbar, weil er zur Fortsetzung der Erwerbstätigkeit des K als erforderliches Arbeitsmittel dient. Eine Unterbrechung ist danach nicht eingetreten. K führt den Prozess selbst weiter.

Besteht Streit über die Frage der Unterbrechung, entscheidet das Gericht hierüber nach h. M. durch Zwischenurteil (BGHZ 82, 209, 218; Zöller/*Greger,* vor § 239 ZPO Rn. 3)

162.

K klagt gegen B auf Rückzahlung eines Darlehens. Während des Prozesses wird über das Vermögen des B das Insolvenzverfahren eröffnet. Wie ist die Rechtslage?

K begehrt hier eine Leistung aus dem Vermögen des Schuldners, nämlich Zahlung von Geld auf eine Forderung. Die Insolvenzmasse ist also betroffen, weil die gegen L geltend gemachte Forderung die Schuldenmasse vermehrt (zum Begriff der Schuldenmasse siehe Frage 61). Wegen des massebezogenen Streitgegenstandes wird der Prozess durch die Verfahrenseröffnung nach § 240 ZPO unterbrochen.

Der Rechtsstreit bleibt gemäß § 240 S. 1 ZPO unterbrochen, bis er nach den Vorschriften der Insolvenzordnung wieder aufgenommen wird oder das Insolvenzverfahren endet (zu der Beendigung des Insolvenzverfahrens siehe Fragen 176 ff.). Nach welchen Vorschriften sich die Aufnahme nach der Insolvenzordnung richtet, hängt von der Einordnung des Rechtsstreits als Aktiv- oder Passivprozess ab, wobei ein Passivprozess zur Teilungsmasse oder zur Schuldenmasse geführt werden kann (zu den Begriffen Teilungs- und Schuldenmasse siehe Frage 61).

Um einen von § 85 geregelten, sog. Aktivprozess zur Teilungsmasse handelt es sich, wenn vom Schuldner ein Recht geltend gemacht wird, dass der zu verteilenden Insolvenzmasse zukommt und diese mehrt. Ob der Schuldner die Rolle des Klägers oder die des Beklagten innehat, spielt für die Einordnung als Aktivprozess keine Rolle. Entscheidend ist allein, dass den Streitgegenstand ein potenzielles „Aktivum" der Insolvenzmasse bildet (InsR-Hdb/*Gerhardt,* § 32 Rn. 21).

Ein Passivprozess zur Teilungsmasse liegt vor, wenn es um Ansprüche gegen den Schuldner geht, die unmittelbar auf eine Minderung der Teilungsmasse abzielen (InsR-Hdb/*Gerhardt,* § 32 Rn. 35). Das kann nur der Fall sein, wenn Streitgegenstand des Prozesses ein Aus- oder Absonderungsrecht oder eine Masseverbindlichkeit ist. Die Fortsetzung derartiger Prozesse regelt § 86.

Schließlich kann es sich bei dem unterbrochenen Rechtsstreit um einen Passivprozess zur Schuldenmasse handeln, also um einen Prozess, der im eröffneten Verfahren eine Insolvenzforderung (§ 38) betrifft. Die Aufnahme solcher Prozesse geschieht nach § 180 II und § 184 I 2.

Hier ist Gläubiger K in dem Insolvenzverfahren über das Vermögen des L Insolvenzgläubiger nach § 38. Er kann deshalb seine Forderung zunächst nur noch nach den Vorschriften der Insolvenzordnung verfolgen (§ 87), also durch Anmeldung zur Insolvenztabelle (§ 174). Nur dann, wenn der Verwalter im Prüfungstermin Widerspruch gegen die angemeldete Forderung erhebt, kann K den Rechtsstreit gemäß

§ 180 II wieder aufnehmen. Er müsste seine Klage von Leistung des Schadensersatzes auf die Feststellung der Insolvenzforderung umstellen.

Wird die von K angemeldete Forderung dagegen zur Insolvenztabelle festgestellt, tritt die Erledigung des unterbrochenen Rechtsstreits ein.

163.

K klagt gegen B auf Zahlung des Werklohnes für die Reparatur einer Maschine. Während des Rechtsstreits wird über das Vermögen des K das Insolvenzverfahren eröffnet. Welchen Lauf nimmt der Prozess?

Der von K geltend gemachte Werklohnanspruch ist ein Vermögenswert, der zu seinem der Zwangsvollstreckung unterliegendem Vermögen, also zur Insolvenzmasse gehört (§ 35). Es handelt sich also um einen massebezogenen Prozess, weshalb mit Verfahrenseröffnung eine Unterbrechung nach § 240 ZPO eintritt. Der Rechtsstreit bleibt gemäß § 240 S. 1 ZPO unterbrochen, bis er nach den Vorschriften der Insolvenzordnung wieder aufgenommen wird oder das Insolvenzverfahren endet.

Hier wird von dem Schuldner K ein Zahlungsanspruch geltend gemacht, der die Masse bei seiner Durchsetzung mehrt. Es handelt sich also um einen Aktivprozess zur Teilungsmasse (zu der Einordnung siehe Fall 162). Demnach kann der Prozess nach § 85 I vom Verwalter aufgenommen werden. Die Aufnahme erfolgt durch Zustellung eines bei Gericht einzureichenden Schriftsatzes (§ 250 ZPO). Die Aufnahme beendet die Unterbrechung.

164.

Was geschieht im vorigen Fall, wenn der Verwalter den Prozess wegen mangelnder Erfolgsaussichten nicht fortführen will?

Lehnt der Verwalter die Aufnahme eines unterbrochenen Aktivprozesses ab, können sowohl K als auch B den Rechtsstreit aufnehmen (§ 85 II). Die Ablehnung der Aufnahme eines Aktivprozesses bedeutet zugleich die Freigabe des Streitgegenstandes des Rechtsstreits aus der Insolvenzmasse (*Pape/Uhlenbruck/Voigt-Salus,* Teil IV, Kap. 30, Rn. 9; Kübler/Prütting/Bork/*Lüke,* § 85 Rn. 67 ff.), die dazu führt, dass der dem Insolvenzbeschlag unterliegende Gegenstand in das insolvenzfreie Vermögen des Schuldners zurückfällt (näher zur Freigabe Fälle 68 ff.).

Nehmen der Schuldner oder der Prozessgegner den Rechtsstreit nach der Ablehnung des Verwalters auf, so trifft das Ergebnis des fortgesetzten Prozesses nicht die Insolvenzmasse, sondern den Schuldner, der im Fall des Obsiegens insolvenzfreies Vermögen erwirbt (MüKoInsO/*Schumacher,* § 85 Rn. 23; *Pape/Uhlenbruck/Voigt-Salus,* Teil IV, Kap. 30, Rn. 9).

Machen weder der Schuldner noch der Prozessgegner nach der Ablehnung des Verwalters von der Möglichkeit der Wiederaufnahme Gebrauch, dauert die Unterbrechungswirkung des § 240 ZPO während des gesamten Insolvenzverfahrens an und endet erst mit der Beendigung des Insolvenzverfahrens (Nerlich/Römermann/ *Wittkowski*, § 85 Rn. 19).

> **165.**
>
> Eigentümer K klagt gegen B auf Herausgabe seines Pkw, den er dem B leihweise überlassen hatte. Während des Rechtsstreits wird über das Vermögen des B das Insolvenzverfahren eröffnet. Wie ist die Rechtslage?

Der Rechtsstreit wird durch die Verfahrenseröffnung gemäß § 240 ZPO unterbrochen, weil er sich auf die Insolvenzmasse bezieht. Zwar steht dem K aufgrund seiner Eigentümerstellung ein Aussonderungsrecht nach § 47 zu und auszusondernde Gegenstände gehören gerade nicht zur Insolvenzmasse. Es macht aber für die Beurteilung des Massebezugs i. S. v. § 240 ZPO keinen Unterschied, ob ein gegen den Schuldner gerichteter Anspruch nach Eröffnung des Insolvenzverfahrens als eine Insolvenzforderung (§ 38) zu behandeln ist oder einen Aussonderungsanspruch (§ 47) darstellt (Kübler/Prütting/Bork/*Lüke*, § 85 Rn. 14).

Unterbrochene Prozesse, deren Streitgegenstand nach Eröffnung des Verfahrens ein Aussonderungsrecht ist, können nach § 86 I Nr. 1 sowohl vom Verwalter als auch vom Aussonderungsberechtigten aufgenommen werden. Sowohl K als auch der Verwalter können daher sofort nach Verfahrenseröffnung die Aufnahme des Rechtsstreits erklären. Anders als bei Aktivprozessen zur Teilungsmasse steht dem Verwalter hier keine Prüfungs- und Entscheidungsfrist zu. Dadurch wird die schnelle Klärung der Aus- und Absonderungsansprüche sowie der Masseverbindlichkeiten ermöglicht, was den Zielen der Insolvenzordnung entspricht. Nach § 86 II kann der Verwalter bei einer Aufnahme des Prozesses durch den Gegner vermeiden, dass die Kosten der Masse als Masseverbindlichkeit zur Last fallen: erkennt er den Anspruch sofort an, kann der Prozessgegner die entstandenen Kosten nur als Insolvenzforderung geltend machen, also zur Tabelle anmelden.

> **166.**
>
> Fabrikant K klagt gegen seinen Konkurrenten B auf Unterlassung des Einbaus bestimmter Teile bei der Herstellung von Maschinen. K macht geltend, durch den Einbau würde ein ihm zustehendes Patent verletzt. B wendet ein, aufgrund eines ihm selbst zustehenden Patents zum Einbau berechtigt zu sein. Wird der Prozess durch die Eröffnung des Insolvenzverfahrens über das Vermögen des B unterbrochen? Wer kann den Rechtsstreit ggf. aufnehmen?

a) Für die Frage der Unterbrechung des Rechtsstreits kommt es darauf an, ob der Rechtsstreit die Insolvenzmasse betrifft. Streitgegenstand des hier schwebenden Rechtsstreits ist ein Unterlassungsanspruch. Grds. berührt ein Unterlassungsanspruch nicht die Insolvenzmasse, weil die Leistung des Unterlassens nicht aus dem Vermögen des Schuldners beigetrieben werden kann, sondern nur durch Zwang gegen seine Person durchgesetzt werden kann.

Die Insolvenzmasse ist durch einen Unterlassungsanspruch aber dann betroffen, wenn der Schuldner sich zur Rechtfertigung seines beanstandeten Verhaltens auf ein Recht beruft, das im Falle seines Bestehens zur Masse gehören würde. So liegt der Fall hier. Das von B zur Rechtfertigung geltend gemachte Patent fiele – wenn es besteht – in die Insolvenzmasse. Der Prozess wird deshalb mit Verfahrenseröffnung nach § 240 ZPO unterbrochen.

b) Fraglich ist sodann, nach welcher Vorschrift der Rechtsstreit wieder aufgenommen werden kann. Dem sachlichen Gehalt nach handelt es sich bei einem patentrechtlichen Unterlassungsanspruch um einen Aussonderungsanspruch. Wie in einem Aussonderungsrechtsstreit wird auch in einem Unterlassungsrechtsstreit darüber gestritten, ob das Recht dem Schuldner oder dessen Gegner zusteht. Es handelt es sich deshalb um einen die Teilungsmasse betreffenden Passivprozess, auf den § 86 analog anzuwenden ist (ausf. dazu Fachanwaltskommentar/*Piekenbrock*, § 86 Rn. 3). Der Prozess kann daher sowohl von K als auch vom Verwalter aufgenommen werden.

Verstoßen sowohl der Verwalter als auch der Schuldner gegen eine Unterlassungspflicht, kommt auch die Aufnahme eines unterbrochenen Prozesses gegen beide in Betracht (*BGH* NJW 1966, 51).

167.
Über das Vermögen des Autohauses S wird das Insolvenzverfahren eröffnet. Verwalter V klagt für die Insolvenzmasse gegen B auf Zahlung des Restkaufpreises für einen von B bei S erworbenen Pkw. Nachdem die Klage in der 1. Instanz abgewiesen wird, gibt V „die Prozessführung" an S frei und vereinbart mit S, dass alles aus dem Prozess Erlangte der Masse zustehen soll. S legt fristgerecht Berufung ein. B meint, die Berufung sei unzulässig, weil S auch nach Freigabe der Forderung durch V nicht zur Prozessführung befugt wäre. Ist das richtig?

Ob der Verwalter ein massezugehöriges Recht „nur zur Prozessführung" an den Schuldner freigeben kann, ist fraglich. Eine wirkliche Freigabe will der Verwalter in diesem Fall nicht herbeiführen, denn dazu bedarf es eines endgültigen Verzichts des Verwalters auf den Streitgegenstand. Vielmehr wird der wirtschaftliche Wert des Streitgegenstandes vom Verwalter nicht aus den Händen gegeben. Diese als „modifizierte Freigabe" bezeichnete Konstruktion führt dazu, dass das Prozess- und damit auch das Kostenrisiko von der Insolvenzmasse abgewälzt werden, obwohl ein Obsiegen in dem Prozess ausschließlich der Insolvenzmasse zu Gute kommt. Diese Risikoverteilung ist der Anlass für die Diskussion um die Zulässigkeit der modifizierten Freigabe.

Die Rspr. und ein Teil der Lit. halten die modifizierte Freigabe grds. für zulässig, weil sie ein „Minus" gegenüber der echten Freigabe darstelle (BGHZ 100, 217 ff.; 35, 180 ff.; 38, 281 ff.; *Bötticher*, JZ 1963, 582, 584 f.; Kübler/Prütting/Bork/ *Lüke*, § 80 Rn. 65 f.). Die modifizierte Freigabe führe zu einer entsprechenden Anwendung der Regeln über die gewillkürte Prozessstandschaft, so dass ein eigenes rechtsschutzwürdiges Interesse des Schuldners an der Prozessführung im eigenen Namen bestehen muss (BGHZ 35, 180 ff.; 38, 281 ff.). Das Eigeninteresse des Schuldners lasse sich i. d. R. nicht verneinen, wenn der Schuldner eine natürliche Person sei. Dagegen fehle es einer jur. Person oder Personengesellschaft i. d. R. an dem Interesse, Forderungen im eigenen Namen und auf eigene Kosten zugunsten eines Dritten (des Verwalters) einzuklagen (BGHZ 96, 151, 156). Danach wäre die durch S eingelegte Berufung hier zulässig.

Nach a. A. ist die gewillkürte Prozessstandschaft des Schuldners ausnahmslos unzulässig. Die Prozessführung des Schuldners für eigene Rechte (kraft abgeleiteter Befugnis) sei mit der Prozessführung über fremde Rechte nicht vergleichbar, so dass die Regeln über die gewillkürte Prozessstandschaft keine Anwendung finden könnten (Jaeger/*Henckel*, § 6 Rn. 122 ff.; *Häsemeyer*, Rn. 10.44; MüKoInsO/*Schumacher*, § 85 Rn. 18; Uhlenbruck/*Hirte*, § 35 Rn. 30).

Der letzten Auffassung verdient der Vorzug. Die Vorschriften über die Tilgung der Massekosten und -schulden (§§ 53 ff., 209), über die Abweisung des Eröffnungsantrages und die Einstellung des Insolvenzverfahrens mangels kostendeckender Masse (§§ 26, 207) zeigen, dass die Trennung von Insolvenzmasse und insolvenzfreiem Vermögen auch sicherstellen solle, dass die Insolvenzmasse aus eigenen Mitteln erfasst und verwertet werden kann. Dem widerspräche die Abschiebung des Prozesskostenrisikos auf das insolvenzfreie Vermögen (*Häsemeyer*, Rn. 10.44; MüKoInsO/*Schumacher*, § 85 Rn. 18). Die durch S als Prozessstandschafter eingelegte Berufung ist daher als unzulässig zurückzuweisen.

168.

Der von K gegen B geführte Prozess ist nach § 240 ZPO unterbrochen worden. Die von K daraufhin zur Insolvenztabelle angemeldete Forderung wird vom Verwalter V bestritten. Daraufhin nimmt K den Rechtsstreit gegen V auf und obsiegt. V wird verurteilt, die Forderung des K zur Insolvenztabelle festzustellen und die Kosten des Rechtsstreits zu tragen. Als K die Prozesskosten gegenüber V geltend macht, wendet V ein, es handele sich bei den Kosten um Insolvenzforderungen, weil der Rechtsstreit bereits vor Eröffnung des Insolvenzverfahrens anhängig war. K möge die Forderungen zur Aufnahme in die Tabelle anmelden. K fragt, ob V Recht hat.

V hat nur teilweise Recht. Unterliegt der Verwalter in einem Prozess, der nach Eröffnung des Insolvenzverfahrens anhängig geworden ist, so handelt es sich bei dem Kostenerstattungsanspruchs des Gegners um eine Masseverbindlichkeit nach § 55 I Nr. 1.

War der Rechtsstreit dagegen – wie hier – bei Eröffnung des Verfahrens bereits anhängig und wird er nach Eröffnung des Insolvenzverfahrens wieder aufgenommen, handelt es sich nach noch h. M. bei den Kosten des gesamten Rechtsstreits, also auch hinsichtlich der vor Aufnahme entstandenen Kosten, um Masseverbindlichkeiten nach § 55 I Nr. 1 (*OLG Düsseldorf* ZInsO 2001, 560, 561; Nerlich/Römermann/

Wittkowski, § 85 Rn. 18). Dies wird im Wesentlichen mit dem Prinzip der ==Einheitlichkeit der Kostenentscheidung== begründet.

[Arg.]

[aA] Eine neuere Auffassung hält unter Berufung auf § 105 die Aufteilung des Kostenerstattungsanspruchs für sinnvoll. Danach handelt es sich um eine Insolvenzforderung, soweit der Gebührentatbestand bereits vor Eröffnung verwirklicht wurde (*OLG Rostock* ZIP 2001, 2145; Kübler/Prütting/Bork/*Lüke*, § 85 Rn. 58 ff.; MüKoInsO/ *Schumacher*, § 85 Rn. 20). Diese Auffassung verdient den Vorzug. Alle vor Verfahrenseröffnung bereits entstandenen Kosten und Gebühren sind daher als Insolvenzforderungen nach § 38 zu behandeln und dementsprechend zur Tabelle anzumelden. Dagegen kann K von V die Erstattung der nach Verfahrenseröffnung und Aufnahme des Rechtsstreits entstandenen Kosten und Gebühren als Massegläubiger verlangen.

VIII. Feststellung der Insolvenzforderungen

168a.
Wie können Insolvenzgläubiger ihre Forderungen im Insolvenzverfahren geltend machen?

Gemäß § 87 können Insolvenzgläubiger ihre Forderungen nur nach den Vorschriften der Insolvenzordnung geltend machen, also durch Anmeldung zur Insolvenztabelle nach §§ 174 ff. Eine Befriedigung durch Aufrechnung gegen Forderungen des Schuldners ist damit nicht ausgeschlossen. Ihre Zulässigkeit richtet sich nach den Vorschriften der §§ 94 ff.

168b.
Was passiert nach der Forderungsanmeldung?

Für die Prüfung der angemeldeten Forderungen bestimmt das Gericht schon im Eröffnungsbeschluss einen Prüfungstermin (§ 29 I Nr. 2). Die Forderungen werden in diesem Termin ihrem Betrag und ihrem Rang nach geprüft (§ 176). Ein Prüfungsrecht haben alle Verfahrensbeteiligten, also der Schuldner, der Insolvenzverwalter (Treuhänder) und alle Insolvenzgläubiger. Die Forderung wird zur Tabelle festgestellt, wenn weder vom Verwalter noch von einem Insolvenzgläubiger Widerspruch dagegen erhoben wird (§ 178 I 1). Nur festgestellte Insolvenzforderungen werden bei der späteren Verteilung der Insolvenzmasse berücksichtigt. Ein Widerspruch des Schuldners hindert hingegen die Feststellung der Forderung nicht (§ 178 I 2)! Sie bewirkt aber, dass die Gläubiger nach der Aufhebung des Insolvenzverfahrens nicht aus dem Tabellenauszug vollstrecken können (vgl. § 201 II).

Nach Aufhebung des Insolvenzverfahrens erhalten die Gläubiger auf Antrag vom Insolvenzgericht eine vollstreckbare Ausfertigung des Tabellenauszuges, der die Wirkung eines vollstreckbaren Titels hat (§ 201 II). Die Möglichkeit, nach Verteilung der Insolvenzmasse und Aufhebung des Insolvenzverfahrens den nicht befriedigten Teil der Insolvenzforderung weiter beim Schuldner geltend zu machen, hat angesichts der möglichen Restschuldbefreiung für natürliche Personen deutlich an Bedeutung verloren. Ist Restschuldbefreiung beantragt, bleibt bis zu deren Erteilung oder Versagung gemäß § 294 I ein Vollstreckungsverbot bestehen.

168c.
Insolvenzgläubiger G verklagt den Insolvenzschuldner S nach Eröffnung des Insolvenzverfahrens auf Zahlung seiner Forderung nach Eröffnung des Insolvenzverfahrens. Wie wird das Gericht entscheiden?

Das Gericht wird die Klage als unzulässig abweisen. G kann als Insolvenzgläubiger gemäß § 87 seine Forderungen nur nach den Vorschriften der Insolvenzordnung verfolgen, d. h. durch Anmeldung zur Insolvenztabelle gemäß § 174. Erst wenn die Forderung des G zur Insolvenztabelle bestritten wird, kann er im Klagewege gegen den Bestreitenden gemäß §§ 179 ff. vorgehen.

169.
Der Insolvenzgläubiger G hat vor Eröffnung des Insolvenzverfahrens gegen den Insolvenzschuldner Klage auf Zahlung eines Kaufpreises von 132.000 € erhoben. Diese Forderung meldet er zur Tabelle an, § 174. Der Insolvenzverwalter widerspricht jedoch im Prüfungstermin dieser Forderung. Was kann G tun, um an der Verteilung der Masse teil zu haben?

Das Verfahren gegen den Schuldner ist aufgrund der Eröffnung des Insolvenzverfahrens zunächst gemäß § 240 ZPO unterbrochen worden.

Nun kann G den Prozess gegen den Insolvenzverwalter als gesetzlichem Prozessstandschafter des Insolvenzschuldners aufnehmen, weil dieser der Forderung widersprochen hat. Der Gläubiger kann nunmehr seine Zahlungsklage nach gesetzlichem Parteiwechsel in eine Feststellungsklage ändern: Der beklagte Insolvenzverwalter tritt nach Eröffnung des Insolvenzverfahrens in die Parteistellung, nicht aber in die Rechtsstellung des Insolvenzschuldners, die dieser noch vor Eröffnung des Verfahrens hatte, ein. Der Insolvenzgläubiger G als Kläger muss dann seinen Antrag freilich entsprechend (gegen den Insolvenzverwalter oder Mitgläubiger) umstellen. Es handelt sich bei dieser Umstellung auf eine Feststellungsklage i. S. d. §§ 179 ff. um eine zulässige Klageänderung (vgl. § 180 II).

170.
Gläubiger G hat ein rechtskräftiges Feststellungsurteil gegen den Insolvenzverwalter erstritten, nach dem die Forderungen des G über 30.000 € zur Insolvenztabelle festgestellt wird. Was hat der G nunmehr zu tun?

Die rechtskräftige Entscheidung über das Feststellungsbegehren bindet nicht nur die Prozessparteien, sondern auch alle Insolvenzgläubiger (§ 183 I). Die obsiegende

Partei kann auf der Grundlage des Urteils beim Insolvenzgericht die Berichtigung der Forderungstabelle beantragen (§ 183 II). Hat der anmeldende Insolvenzgläubiger obsiegt, wird in der Tabelle vermerkt, dass der Widerspruch beseitigt und die Forderung damit festgestellt ist (vgl. § 178 I 1). Der Insolvenzgläubiger nimmt jetzt mit dieser Forderung an der Verteilung der Insolvenzmasse teil. Hat der Widersprechende gewonnen, so wird in der Tabelle vermerkt, dass die Feststellungsklage abgewiesen worden und der Widerspruch damit begründet ist. Der für diesen Forderungsbetrag in der Masse zurückbehaltene Erlösanteil kommt dann den Insolvenzgläubigern insgesamt zugute.

170a.

Gläubiger G hat gegen S eine bereits vor Eröffnung des Insolvenzverfahrens titulierte Forderung in Höhe von 4.000 €. Nachdem er diese Forderung im Insolvenzverfahren über das Vermögen des S angemeldet hat, widerspricht S im Prüfungstermin der Feststellung dieser Forderung zur Insolvenztabelle. Wird die Forderung trotzdem festgestellt?

Ebenso wie der Widerspruch eines Gläubigers gegen eine titulierte Forderung (dazu §§ 179 II, 180 I) kann auch der Schuldner gemäß § 184 II nur durch Klage seinen Widerspruch gegen die Feststellung einer titulierten Forderung verfolgen. Dies muss innerhalb einer Frist von einem Monat, die mit dem Prüfungstermin oder im schriftlichen Verfahren mit dem Bestreiten der Forderung beginnt, geschehen. Nach fruchtlosem Ablauf dieser Frist gilt der Widerspruch als nicht erhoben.

Durch diese Regelung wird vermieden, dass der Gläubiger trotz eines erstrittenen Titels nochmals prozessieren muss und auch bei einer erfolgreichen Prozessführung Gefahr läuft, wegen der wirtschaftlichen Situation des Schuldners seine Kostenerstattungsansprüche nicht oder nur schwer durchsetzen zu können (BR-Drs. 549/06).

IX. Verteilung der Insolvenzmasse

171.

Wann und durch wen kann die Insolvenzmasse verteilt werden?

Mit der Befriedigung der Insolvenzgläubiger durch Verteilung der Insolvenzmasse kann frühestens nach dem allgemeinen Prüfungstermin (Fall 169, im Abschnitt über Feststellung von Insolvenzforderungen) begonnen werden (§ 187 I). Die Verteilung wird durch den Insolvenzverwalter vorgenommen; falls ein Gläubigerausschuss bestellt ist, hat der Insolvenzverwalter dessen Zustimmung einzuholen (§ 187 III).

Zu unterscheiden sind Abschlagsverteilung, Schlussverteilung und Nachtragsverteilung. Die Durchführung einer Abschlagsverteilung während des laufenden Verfahrens steht im Ermessen des Insolvenzverwalters und kann immer dann vorgenommen werden, wenn genügend Barmittel in der Insolvenzmasse vorhanden sind (§ 187 II). Die Schlussverteilung erfolgt mit Zustimmung des Insolvenzgerichts, wenn die Verwertung der Insolvenzmasse abgeschlossen ist (§ 196). Eine sog. Nachtragsverteilung findet statt, wenn nach dem Schlusstermin (abschließende Gläubigerversammlung, § 197) Vermögensgegenstände bekannt oder frei werden, die aus rechtlichen oder tatsächlichen Gründen in die Schlussverteilung nicht eingehen konnten. Die Voraussetzungen der Nachtragsverteilung sind in § 203 I abschließend geregelt. Für die Nachtragsverteilung ist eine Anordnung des Insolvenzgerichts erforderlich.

172.

Wie wird die Insolvenzquote berechnet?

Die Quote, die auf die Insolvenzforderungen gezahlt wird, bemisst sich nach dem Verhältnis der gesamten Teilungsmasse zur gesamten Schuldenmasse (zu den Begriffen der Teilungs- und Schuldenmasse siehe Fall 61).

173.

Die Forderung des Gläubigers G wurde im Prüfungstermin vom Insolvenzverwalter bestritten. Nunmehr soll das Insolvenzverfahren abgeschlossen werden. Der Verwalter hat das Verteilungsverzeichnis bei der Geschäftsstelle des Insolvenzgerichts niedergelegt und die Summe der Forderungen sowie den zur Verteilung stehenden Betrag öffentlich bekannt gemacht (vgl. § 188). G fragt, was er unternehmen muss, damit seine Forderung an der Verteilung teilnimmt.

Die Veröffentlichung der Forderungen und des zur Verteilung verfügbaren Betrages setzt eine zweiwöchige Ausschlussfrist in Gang. Innerhalb dieser Frist müssen Gläubiger, deren Forderung bestritten wurde, gegenüber dem Insolvenzverwalter nachweisen, dass und für welchen Betrag sie Klage auf Feststellung ihrer Forderung zur Insolvenztabelle (§ 180 I) erhoben haben (§ 189 I). Wird dieser Nachweis nicht rechtzeitig geführt, so wird die Forderung bei der Verteilung nicht berücksichtigt (§ 189 III).

G müsste also dem Insolvenzverwalter einen entsprechenden Nachweis erbringen. Hatte er noch keine Feststellungsklage erhoben, muss er dies vor Ablauf der Ausschlussfrist nachholen. Gelingt der Nachweis der Klageerhebung rechtzeitig, wird der auf die Forderung des G entfallende Anteil bei der Verteilung zurückbehalten, solange der Rechtsstreit anhängig ist (§ 189 II). Kommt es in der Folge zu einem Obsiegen des Insolvenzverwalters, so fällt der zurückbehaltene Betrag in die Masse zurück und wird im Rahmen einer Nachtragsverteilung (§§ 203 ff., siehe auch Fall 171 und Fall 177) an die übrigen Gläubiger verteilt. Obsiegt G, so ist mit Rechtskraft des Urteils der zurückbehaltene Betrag an ihn auszukehren.

174.

Die Forderung des Gläubigers G ist durch eine Grundschuld zulasten eines Grundstücks des Schuldners S gesichert. G betreibt das Zwangsversteigerungsverfahren hinsichtlich des Grundstücks. Der Insolvenzverwalter beabsichtigt, eine Abschlagsverteilung durchzuführen. G fragt angesichts der noch nicht erfolgten Versteigerung des Grundstücks, wie er sich verhalten soll.

G ist nach § 49 zur abgesonderten Befriedigung aus dem Grundstück berechtigt (näher dazu Fall 80). Sobald der Insolvenzverwalter das Verteilungsverzeichnis für die Abschlagsverteilung niedergelegt und die Forderungen sowie den zur Verteilung vorgesehenen Betrag veröffentlicht hat (§ 188), muss G innerhalb der zweiwöchigen Ausschlussfrist des § 189 I dem Insolvenzverwalter nachweisen, dass er die Verwertung der Immobilie betreibt und den Betrag des mutmaßlichen Ausfalls glaubhaft machen (§ 190 II). Die Verwertung der Immobilie erfolgt im Wege der Zwangsversteigerung; der Ausfallbetrag ist die Differenz zwischen dem voraussichtlichen Erlös aus der Verwertung der Immobilie und der Forderung des G. Bei rechtzeitigem Nachweis wird der angegebene Ausfallbetrag bei der Verteilung zurückgehalten.

175.

Wie wird die Schlussverteilung vollzogen und was geschieht nach der Schlussverteilung?

Die Schlussverteilung ist vollzogen, wenn der Insolvenzverwalter die Quoten an die Gläubiger ausgezahlt, die zurückzubehaltenden Beträge (§ 198) hinterlegt und dies dem Insolvenzgericht angezeigt hat. Nach der Schlussverteilung (§ 196) wird das Insolvenzverfahren durch Beschluss des Insolvenzgerichts aufgehoben (§ 200). Wie der Eröffnungsbeschluss (§ 30) ist auch der Aufhebungsbeschluss nach § 200 II öffentlich bekanntzumachen.

X. Beendigung des Insolvenzverfahrens

176.

Welche Möglichkeiten der Beendigung des Insolvenzverfahrens bestehen?

Die Insolvenzordnung unterscheidet die Aufhebung und die Einstellung des Insolvenzverfahrens. Das Gesetz spricht von Verfahrensaufhebung, wenn das Verfahren vollständig und ordnungsgemäß durchgeführt worden ist und nach Schlussverteilung (§ 200) bzw. Bestätigung eines Insolvenzplans (§ 258) beendet werden kann.

Eine Einstellung des Verfahrens wird vom Insolvenzgericht verfügt, wenn das Verfahren vorzeitig beendet werden muss, weil die gemeinschaftliche Befriedigung der Insolvenzgläubiger nicht erreicht werden kann. Der wichtigste Einstellungsgrund ist die Tatsache, dass die vorhandene Masse nicht ausreicht, um die Verfahrenskosten und/oder die Masseverbindlichkeiten zu decken (§§ 208, 209). Weitere Einstellungsgründe sind der Wegfall des Eröffnungsgrundes (§ 212) und die Zustimmung der Insolvenzgläubiger (§ 213).

177.

Welche Folgen hat die Verfahrensbeendigung?

Mit der Rechtskraft des Aufhebungsbeschlusses erhält der Schuldner seine Verwaltungs- und Verfügungsbefugnis über Gegenstände der Insolvenzmasse zurück. Die Befugnisse des Insolvenzverwalters enden; sein Amt erlischt. Ausgenommen hiervon sind allerdings solche Massegegenstände, die vom Insolvenzverwalter für eine Nachtragsverteilung zurückbehalten oder hinterlegt worden sind (§ 203 I Nr. 3) bzw. für die die Anordnung der Nachtragsverteilung im Schlusstermin vorbehalten blieb (§ 197 I 2 Nr. 3 i. V. m. § 203 II).

Außerdem entfallen mit der Aufhebung des Verfahrens die Wirkungen des Vollstreckungsverbotes nach § 89. Sofern keine Restschuldbefreiung erfolgt (dazu Fälle 201–208), können deshalb die nicht befriedigten Insolvenzgläubiger, deren Forderungen festgestellt wurden, aus der Eintragung in der Insolvenztabelle wie aus einem vollstreckbaren Titel die Zwangsvollstreckung gegen den Schuldner betreiben (§ 201 II).

Mit der Verfahrensaufhebung enden auch die Verjährungsunterbrechung (§ 214 BGB), das Aufrechnungsverbot (§ 96) sowie die Unterbrechung laufender Verfahren (§ 240 ZPO). Letzteres gilt allerdings nicht für die Fortführung der vom Insolvenzverwalter geführten Prozesse, deren streitbefangene Vermögenswerte für eine Nachtragsverteilung zurückbehalten wurden. Da die Beschlagnahmewirkung insoweit noch andauert, bleibt der Insolvenzverwalter weiterhin prozessführungsbefugt. Dies gilt auch für die Fortführung von Anfechtungsklagen, wenn der Anfechtungsanspruch für eine Nachtragsverteilung zurückbehalten wurde. Bei allen anderen laufenden Prozessen kommt es in analoger Anwendung des § 239 ZPO zu einer Unterbrechung wegen des Übergangs der Prozessführungsbefugnis auf den Schuldner (Uhlenbruck/*Uhlenbruck*, § 200 Rn. 14 u. § 215 Rn. 8).

178.

Was versteht man unter den Begriffen Masseunzulänglichkeit und Massearmut?

a) Reicht die Insolvenzmasse von vornherein nicht aus, um die Kosten des Verfahrens zu decken, so wird der Antrag auf Eröffnung eines Insolvenzverfahrens abgewiesen (§ 26 I 1). In der Praxis kann sich diese sog. **Massearmut** aber erst nach Eröffnung des Verfahrens herausstellen, etwa weil die Wertlosigkeit von Vermögensgegenständen im Eröffnungsverfahren noch nicht erkennbar war. In diesen Fällen stellt das Insolvenzgericht das Verfahren gemäß § 207 I von Amts wegen ein. Eine weitere Verwertung von Massegegenständen findet dann nicht statt. Die Kosten des Verfahrens werden aus den vorhandenen Barmitteln nach der Rangordnung des

§ 207 III befriedigt, also erstrangig die Auslagen, zweitrangig und notfalls verhältnismäßig die Vergütungen.

b) Masseunzulänglichkeit bedeutet, dass zwar die Kosten des Insolvenzverfahrens (§ 54) gedeckt sind, aber die sonstigen Masseverbindlichkeiten (§ 55) bei deren Fälligkeit nicht mehr erfüllt werden können (§ 208 I). Die Entscheidung, ob die Masse unzulänglich ist, trifft allein der Verwalter. Er hat die Masseunzulänglichkeit dem Insolvenzgericht anzuzeigen (§ 208 I), das für eine öffentliche Bekanntmachung und für eine besondere Zustellung der Anzeige an die Massegläubiger Sorge trägt (§ 208 II). Nach Anzeige der Masseunzulänglichkeit bleibt der Verwalter nach § 208 III weiterhin zur Verwaltung und Verwertung der Insolvenzmasse verpflichtet. Dabei ist er geschützt durch ein besonderes Vollstreckungsverbot für die sog. Altmassegläubiger, deren Forderungen vor der Unzulänglichkeitsanzeige begründet worden sind (§§ 210, 209 I Nr. 3). Die Masseverbindlichkeiten werden nach der Unzulänglichkeitsanzeige in einer bestimmten Rangordnung befriedigt, die sich aus § 209 ergibt.

179.

Insolvenzverwalter V hat den Betrieb des Schuldners nach Eröffnung des Insolvenzverfahrens fortgeführt und hierfür am 1.2. Waren bei M bestellt. Nach Einstellung des Betriebes verlangt M von V Zahlung. V wendet ein, er habe am 15.6. gegenüber dem Insolvenzgericht Masseunzulänglichkeit angezeigt. Kann M weiterhin Zahlung verlangen?

Bei der Forderung des M handelt es sich um eine Masseverbindlichkeit nach § 55 I Nr. 1. Weil die Insolvenzmasse nicht ausreiche, um sämtliche dieser Masseverbindlichkeiten zu tilgen, hat V Masseunzulänglichkeit angezeigt. Diese Anzeige bewirkt eine Rangrückstufung aller bis dahin entstandenen sonstigen Masseverbindlichkeiten gegenüber denjenigen, die erst nach der Anzeige begründet werden. Die sog. Altmasseverbindlichkeiten können deshalb erst befriedigt werden, wenn die Kosten des Insolvenzverfahrens und die Neumasseverbindlichkeiten vollständig befriedigt sind (§ 208 I). Erst dann kann M Zahlung auf seine Forderung verlangen.

Eine vorher auf Zahlung gerichtete Klage gegen den Insolvenzverwalter wäre unzulässig, ebenso wie eine Aufrechnung, die der Rangordnung des § 209 widerspricht. Liegt bereits ein vollstreckbarer Titel über eine Altmasseforderung vor, so ist die Vollstreckung aus diesem Titel nach der Anzeige der Masseunzulänglichkeit unzulässig (§ 210).

XI. Der Insolvenzplan

1. Wesen und Wirkung des Plans, Regelungsspektrum

180.

Welchen Anwendungsbereich hat ein Insolvenzplan?

§ 217 ist die Grundnorm für das Insolvenzplanverfahren. Diese Vorschrift ist im Zusammenhang mit den Zielen des Insolvenzverfahrens i. S. d. § 1 S. 1 zu lesen.

Danach ist das Vermögen des Schuldners entweder im Rahmen des Regelinsolvenzverfahrens unter den Gläubiger zu verteilen, oder dieses ist Gegenstand einer abweichenden Regelung durch einen Insolvenzplan. Das Insolvenzplanverfahren ist somit neben dem Regelabwicklungsverfahren eine Alternative zur Abwicklung der Vermögens- und Haftungsverhältnisse eines Schuldners.

181.

Welche Rechtsnatur besitzt der Insolvenzplan?

Im Schrifttum wird der Insolvenzplan entweder als Vergleich i. S. d. § 779 BGB (Blersch/Goetsch/Haas/*Breutigam,* § 254 Rn. 13) oder als privatrechtlicher Vertrag eigener Art angesehen (Kübler/Prütting/Bork/*Otte,* § 217 Rn. 65), oder es wird ihm eine Doppelnatur als gemischt materiellrechtlicher und verfahrensrechtlicher Vertrag beigemessen (so MüKoInsO/*Eidenmüller,* § 217 Rn. 33 f.).

Die Rechtsnatur des Insolvenzplans gibt im Besonderen Aufschluss über die Anwendung der Auslegungsvorschriften. In jedem Falle sind die §§ 133, 157 BGB anwendbar (MüKoInsO/*Eidenmüller,* § 217 Rn. 47). Nach Auffassung des *BGH* (NJW-RR 2006, 491, 492 f.) ist der Insolvenzplan „ein spezifisch insolvenzrechtliches Instrument, mit dem die Gläubigergesamtheit ihre Befriedigung aus dem Schuldnervermögen organisiert". Das sei kein Vergleich, weil die Gläubigergemeinschaft nicht aus freiem Willen zusammengefunden habe. Vielmehr sei die Gläubigergemeinschaft eine durch die Eröffnung des Insolvenzverfahrens über das Vermögen des Schuldners zusammengefügte Schicksalsgemeinschaft, die keine Verträge im herkömmlichen Sinne schließen könne. Dies ist allerdings im Falle des gerichtlichen Schuldenbereinigungsverfahrens als Pendant zum Insolvenzplan für die Verbraucherinsolvenzverfahren ebenso wenig der Fall ist. Gegen die Auffassung des BGH spricht weiter, dass der Insolvenzplan nach den Gesetzesunterlagen „die privatautonome, den gesetzlichen Vorschriften entsprechende Übereinkunft der mitspracheberechtigten Beteiligten über die Verwertung des haftenden Schuldnervermögens unter voller Garantie des Werts der Beteiligtenrechte" ist (allgemeine BegrRegE, BT-Drs. 12/2443, S. 91).

182.

Unter welchen Voraussetzungen ist ein Insolvenzplanverfahren zulässig?

Im Gegensatz zum Vorbild des US-Bankrupty Code ist das Insolvenzplanverfahren kein selbstständiges Insolvenzverfahren. Vielmehr kann es nur im Rahmen eines eröffneten Insolvenzverfahrens durchgeführt werden. Das Insolvenzplanverfahren ist mittlerweile auch im Rahmen eines Verbraucherinsolvenzverfahrens zulässig. Bei den besonderen Insolvenzverfahren gemäß §§ 315 ff. ist ein Insolvenzplanverfahren zulässig. Vom praktischen Anwendungsfall her steht es in erster Linie neben Freiberuflern aufgrund berufsrechtlicher Regelungen, den Gesellschaften „mit und ohne" Rechtspersönlichkeit (auch der GbR!) zur Verfügung.

183.

Zu welchem Verfahrenszeitpunkt kann bzw. muss spätestens der Plan dem Insolvenzgericht vorgelegt werden?

Der Plan kann mit Stellung des Antrags auf Eröffnung eines Insolvenzverfahrens eingereicht werden (vgl. § 218 I 2), von dem Zeitpunkt der Insolvenzantragstellung an zudem zu jedem Verfahrenszeitpunkt. Jedenfalls muss er aber vor dem Schlusstermin (abschließende Gläubigerversammlung, § 197) beim Insolvenzgericht eingegangen sein, § 218 I 3.

184.

Wer darf dem Gericht einen Insolvenzplan vorlegen?

Gemäß § 218 I 1 sind nur der Insolvenzverwalter und der Schuldner vorlageberechtigt.

185.

Welche Möglichkeit haben die Gläubiger, einen Insolvenzplan zu initiieren?

Die Gläubiger können gemäß §§ 218 II, 157 S. 2 im Berichtstermin den Insolvenzverwalter mit der Planausarbeitung beauftragen.

186.

Welche Planziele und welche Planarten gibt es?

Der Gesetzgeber hat das Insolvenzplanverfahren für jede Art der Verwertung verfügbar gemacht. Dementsprechend kann das Insolvenzplanverfahren für Sanierungen, einschließlich übertragender Sanierungen, wie auch für Liquidationen genutzt werden. Die nachfolgenden Ausführungen beschreiben verschiedene Planarten und -ziele, wobei zunächst nach dem Planinhalt und dann nach dem Initiator des Plans unterschieden wird.

186a.

Was versteht man unter einem Liquidationsplan?

Angelehnt an den Ablauf des Regelinsolvenzverfahrens trifft der sog. Liquidationsplan (nur) Aussagen über Verwertung der Insolvenzmasse und Verteilung an die

Verfahrensbeteiligten, abweichend von den dispositiven gesetzlichen Vorschriften. Besonderheiten dabei sind:
- **Übertragende Unternehmenssanierung** kann Teil eines Liquidationsplans sein: Das Unternehmen des Insolvenzschuldners wird ganz oder teilweise an Dritte verkauft und die Gläubiger befriedigen sich aus dem Verkaufserlös.
- **Stundungs- oder Moratoriumsplan:** Dem Schuldner wird durch (i. d. R. zinslosen) Zahlungsaufschub und vorläufigen Verwertungsverzicht erhebliche Zeit eingeräumt (= Moratorium), um währenddessen Geldbeträge anzusammeln, mit denen die Gläubiger (zumindest teilweise) befriedigt werden können.

186b.

Worin unterscheidet sich der sog. Sanierungsplan vom Liquidationsplan?

Ziel ist beim Sanierungsplan (auch: Fortführungsplan/Übertragungsplan genannt) der Erhalt und die Fortführung eines Erträge abwerfenden Unternehmens oder entsprechender Unternehmensteile. Die Gläubigerforderungen werden aus diesen Unternehmenserträgen berichtigt. Der Sanierungsplan ist auch bei der **Übertragung des Unternehmens** an einen Dritten denkbar, obwohl dies in der Praxis selten vorkommen wird.

186c.

Erklären Sie, was unter einem Schuldenregulierungsplan zu verstehen ist!

Ähnlich wie im Vorfeld einer Verbraucherinsolvenz, kann der Schuldner als natürliche Person seine Entschuldung dadurch suchen, dass er mittels Insolvenzplan sein Arbeitseinkommen zur Verfügung stellt: Wenn ein Schuldner beispielsweise u. a. Einkommen aus einer Arbeitnehmerstellung hat, kann der Plan eine Befriedigung aus dem künftigen Arbeitseinkommen des Schuldners vorsehen (Pfändungsfreigrenzen gemäß §§ 850 ff. ZPO sind zu beachten!). Ziel dessen ist häufig, eine (beschleunigte) Restschuldbefreiung des Schuldners unter für ihn besseren Bedingungen als nach §§ 286 ff. zu erreichen.

186d.

Ist der Schuldner berechtigt, einen Insolvenzplan vorzulegen?

Ja. Diesen Fall regelt § 218 I 1 Alt. 2. Es war gesetzgeberischer Wille, dass gerade der Schuldner die Planinitiative ergreifen kann. Hieran hat er ein Interesse, wenn er im Plan die Chance sieht, die Gläubiger von einer für ihn günstigen Schuldenbereinigung überzeugen zu können. Besonderheiten:
- **Debtor in possession:** Schuldner ist frühzeitig sanierungswillig: Mit einem Eigenantrag (§ 13 I 2) legt er zugleich einen Antrag auf Eigenverwaltung (§ 270) und

einen Insolvenzplan vor (das Paket wird auch **prepackaged plan** genannt). Vorteil: der Schuldner verliert nicht die Verwaltungs- und Verfügungsbefugnis über sein Unternehmen und Vermögen.
– Im Rahmen der Eigenverwaltung kann die **Gläubigerversammlung** auch den Schuldner/Sachwalter mit der Planausarbeitung beauftragen, § 284 I.

186e.
Wer kann neben dem Schuldner einen Insolvenzplan vorlegen?

Der Insolvenzverwalter gem. § 218 I 1 Alt 1. Der Verwalter selbst kann den Plan erstellen. Man spricht insoweit auch von einem Verwalterplan, wenn die Initiative zwar nicht von ihm selbst ausgeht, sondern er von der Gläubigerversammlung gemäß § 218 II hierzu beauftragt wurde. Motiv für den Plan dürfte regelmäßig das Verwalterinteresse an einer Einbeziehung der Gläubiger und eine damit einhergehende Haftungsverringerung ihnen gegenüber sein. Besonderheiten:

Der **vorläufige** Verwalter kann keine Planinitiative ergreifen (vgl. §§ 218 I 1 i. V. m. 21 II Nr. 1, 22).

Es sind die **Mitwirkungsbestimmungen** gemäß § 218 III zu beachten. Die fehlende Beteiligung dürfte nach hier vertretener Ansicht nicht zur Planzurückweisung nach § 231 I Nr. 1 führen, da gemäß § 232 I Nr. 1 sowieso die zuvor Mitwirkungsberechtigten Stellung nehmen müssen; mithin ist der Mangel i. S. v. § 231 I Nr. 1 automatisch im weiteren Verfahren behoben. Str. ist zudem, ob § 218 III auch im Falle des § 218 II durch den Verwalter analog zu beachten ist (Nerlich/Römermann/*Braun*, § 218 Rn. 66 f.).

2. Inhalt des Insolvenzplans

187.
Der Insolvenzschuldner S führt sein Unternehmen sehr erfolgreich und erwirtschaftet einen überdurchschnittlichen Gewinn. Auf Grund privater Fehlinvestitionen schuldet S seinen fünf Gläubigern insgesamt 3.500.000 €. Mit dem Antrag auf Eröffnung des Insolvenzverfahrens legt S einen Insolvenzplan vor. Der Insolvenzplan hat die Fortführung des Unternehmens durch S und die Befriedigung der Gläubiger aus den Erträgen des Unternehmens zum Ziel. Der von S vorgelegte Insolvenzplan besteht allerdings nur aus einem darstellenden und aus einem gestaltenden Teil. Genügt das?

Nein. Gemäß § 219 S. 1 besteht der Insolvenzplan aus dem darstellenden und dem gestaltenden Teil. In § 219 S. 2 ist bestimmt, dass dem Insolvenzplan die in §§ 229 und 230 genannten Anlagen beizufügen sind. Da die Gläubiger aus den Erträgen des von S fortgeführten Unternehmens befriedigt werden sollen, ist dem Plan gemäß § 229 S. 1 eine Vermögensübersicht beizufügen, in der die Vermögensgegenstände und die Verbindlichkeiten, die sich bei Wirksamwerden des Plans gegenüberstünden, mit ihren Werten aufgeführt werden. Außerdem ist gemäß

§ 229 S. 2 ergänzend eine Ertrags- und Liquiditätsplanung beizufügen. Grundsätzlich muss S dem Plan die Erklärung über seine Bereitschaft, das Unternehmen fortzuführen, beifügen (§ 230 I 1). Sofern es sich, wie hier, bei dem Schuldner um eine natürliche Person handelt, die selbst den Plan vorlegt, ist diese Erklärung entbehrlich (§ 230 I 3). S gibt mit der Vorlage des Plans konkludent zu erkennen, dass er zukünftig zur Übernahme der persönlichen Haftung durch die Unternehmensfortführung bereit sei.

188.

Im Fall 187 hat S im darstellenden Teil des Insolvenzplans lediglich auf die Fortführung seines Unternehmens abgestellt. Nach der Definition des Planziels hat er die Kriterien für die Gruppenbildung dargestellt und die Plananlagen (§ 229) erläutert. Da er die Liquidation gar nicht in Betracht gezogen hat, ist er sicher, diesbezüglich keine Angaben machen zu müssen. Zu Recht?

Nein. Der darstellende Teil eines Insolvenzplans muss auch eine Vergleichsrechnung enthalten, da diese für die Gläubigerentscheidung über die Zustimmung zum Plan erheblich ist (vgl. § 220 II). Dazu muss die Masse bei Durchführung des Insolvenzplans mit der Masse bei Durchführung der Liquidation verglichen werden. Das Insolvenzplanverfahren ist die Alternative zur Verwertung und Verteilung des Schuldnervermögens nach dem Gesetz (§ 1). Der Grundgedanke lautet, dass kein Beteiligter durch den Insolvenzplan schlechter gestellt werden darf, als er ohne den Plan (d. h. bei der Regelabwicklung) stünde. Damit ist die Vergleichsrechnung wichtige Entscheidungsgrundlage für die Insolvenzgläubiger. Zum anderen soll auch missbräuchliches Verhalten des Schuldners oder eines Gläubigers, das die Durchführung des Plans verzögern oder verhindern könnte, ausgeschlossen werden können. Das Gericht kann deshalb die fehlende Zustimmung einer Gläubigergruppe durch Beschluss ersetzen (§ 245) bzw. den Widerspruch des Schuldners (§ 247) oder eines Gläubigers (§ 251) zurückweisen, wenn der Schuldner oder die Gläubiger durch den Plan nicht schlechter gestellt werden, als sie ohne Plan stünden. Die Vergleichsrechnung muss für das Gericht die Grundlage für den zu treffenden Beschluss sein.

189.

In einer Abstimmungsgruppe sind sechs Insolvenzgläubiger i. S. v. § 38 zusammengefasst worden. Diese haben Forderungen über insgesamt 200.000 €. Fünf Insolvenzgläubiger mit insgesamt 180.000 € stimmen für den Insolvenzplan. Insolvenzgläubiger A aus dieser Gruppe mit Forderungen von 20.000 € wird vom Rechtspfleger nicht zur Abstimmung zugelassen. Hiergegen legt A, der gegen den Plan gestimmt hätte, zu Protokoll der Gläubigerversammlung „Beschwerde" ein. Mit Erfolg?

Nein. Seine „Beschwerde" ist als Antrag im Sinne von § 18 III RPflG zu werten. Danach kann die Stimmrechtsfestsetzung des Rechtspflegers durch den Richter überprüft werden. Er kann das Stimmrecht neu festsetzen und die Wiederholung der Abstimmung anordnen. Die Entscheidung des Richters ist unanfechtbar. Zwar hat A den Antrag fristgerecht, nämlich bis zum Schluss des Abstimmungstermins gestellt (§ 18 III HS. 2 RPflG). Seine Zulassung wäre aber gemäß § 244 I unbeachtlich, da die Ablehnung durch A nicht zu einer mehrheitlichen Ablehnung des Plans in der Gruppe hätte führen können. Der Antrag ist daher gemäß § 18 III RPflG unzulässig.

190.

Gläubiger A hat dem Insolvenzschuldner S einen persönlichen Kredit in Höhe von 250.000 € gewährt, für den in gleicher Höhe auf dem Betriebsgrundstück des S eine erstrangige Grundschuld eingetragen wurde. Kredit und Grundschuld valutieren in voller Höhe. Das Grundstück hat einen Verkehrswert in Höhe von 200.000 €. Laut Insolvenzplan soll das Grundstück für den fortzuführenden Betrieb des S genutzt werden. Welches Stimmrecht hat A?

A ist mit 200.000 € in der Gruppe der absonderungsberechtigten Gläubiger gemäß § 238 stimmberechtigt. Im Hinblick auf den überschießenden Anteil von 50.000 € ist sein Absonderungsrecht an dem Grundstück nicht besichert. Mit dieser Ausfallforderung nimmt A als Insolvenzgläubiger an der Abstimmung teil, vgl. § 237 I 2.

191.

Der Insolvenzschuldner S hat insgesamt 44.500 € Schulden. Unter den insgesamt zehn Gläubigern befinden sich auch die fünf Angestellten des S. S konnte seinen Angestellten bereits drei Monate keinen Lohn zahlen, so dass diese einen Zahlungsanspruch gegen ihn in Höhe von 15.000 € (jeweils 1.000 € pro Arbeitnehmer pro Monat) haben. Muss S bei der Erstellung eines Insolvenzplans seine Arbeitnehmer bei der Gruppenbildung berücksichtigen?

Ja. Die Arbeitnehmer gehören zu der Gruppe der nicht nachrangigen Insolvenzgläubiger gemäß § 222 I 2 Nr. 2. Nach § 222 III 1 soll für die Arbeitnehmer eine besondere Gruppe gebildet werden, wenn sie als Insolvenzgläubiger mit nicht unerheblichen Forderungen beteiligt sind. Die Gruppe muss also gebildet werden, soweit die Voraussetzungen des § 222 III 1 gegeben sind und nicht ausnahmsweise auf Grund besonderer Umstände des Einzelfalls von der Bildung dieser Gruppe abgesehen werden kann. Im vorliegenden Fall sind die Arbeitnehmer mit nicht unerheblichen Forderungen beteiligt und es liegen keine besonderen Umstände vor, auf Grund derer von der Bildung dieser Gruppe abgesehen werden kann.

192.

Was würde sich im Fall 191 ändern, wenn die Arbeitnehmer nur einen Zahlungsanspruch in Höhe von insgesamt 1.000 € haben?

XI. Der Insolvenzplan

S muss keine besondere Gruppe für seine Arbeitnehmer bilden. Hier greift § 222 III S. 1 nicht ein, weil es sich um unerhebliche Forderungen der Arbeitnehmer als Insolvenzgläubiger handelt. Da die Voraussetzungen des § 222 III 1 nicht erfüllt sind und § 222 III 1 die Anwendbarkeit von § 222 II nicht berührt, bleibt aber die fakultative Gruppenbildung nach § 222 II in Bezug auf die Arbeitnehmer mit nicht nachrangigen Forderungen möglich.

193.

Der Insolvenzschuldner S verspricht dem Insolvenzgläubiger G die volle Befriedigung, wenn G im Abstimmungstermin dem Insolvenzplan zustimmt. Wie ist diese Absprache rechtlich zu bewerten?

Gemäß § 226 III ist jedes Abkommen des Schuldners mit einzelnen Beteiligten, durch das diesem für ihr Verhalten bei Abstimmungen ein nicht im Plan vorgesehener Vorteil gewährt wird, nichtig. Vorliegend kommt es also darauf an, ob die volle Befriedigung des G im Plan vorgesehen ist. Sieht der Plan die volle Befriedigung des G vor, ist die Absprache zwischen S und G rechtlich nicht zu beanstanden. Ist die volle Befriedigung des G im Plan nicht vorgesehen, ist das Abkommen zwischen S und G nichtig.

194.

Im Erörterungstermin werden durch verschiedene Gläubiger Einwendungen gegen Teile des Plans vorgebracht, den der Schuldner vorgelegt hat. Nun hat das Gericht Zweifel, dass der in der Vorprüfung noch für aussichtsreich gehaltene Plan in der Abstimmung noch angenommen wird. Welche Möglichkeiten hat der Schuldner, die skeptischen Gläubiger umzustimmen?

Gemäß § 240 steht dem Planinitiator exklusiv im Termin ein Änderungsrecht zu. Als problematisch könnte angesehen werden, dass durch dieses Nachbesserungsrecht die gerichtliche Vorprüfung gemäß § 231 unterlaufen wird und der Schuldner die Möglichkeit erhält, im Termin den Plan zunächst „unbemerkt" zu seinen Gunsten zu manipulieren. Das Gesetz billigt dem Vorlegenden ohne Begrenzung das Recht zu, sämtliche Planteile noch im Termin zu verändern, wobei im gleichen Termin auch über den geänderten Plan abgestimmt werden kann, § 240 S. 2. Es kann aber auch nach Maßgabe des § 241 ein gesonderter Abstimmungstermin anberaumt werden.

3. Rechtsschutz gegen Insolvenzpläne

195.

Welchen Schutz gibt es für einzelne Insolvenzgläubiger gegen die Bestätigung des Insolvenzplans?

Nach § 251 muss das Insolvenzgericht die Bestätigung eines Insolvenzplans versagen, wenn ein einzelner Gläubiger glaubhaft macht, dass er durch den Plan schlechter gestellt wird, als er ohne Plan stünde. Diese Vorschrift dient dem Schutz nicht nur der in der einzelnen Gläubigergruppe überstimmten Gläubiger, sondern gleichzeitig allen übrigen, nicht stimmberechtigten Gläubigern, die von dem Insolvenzplan betroffen sind. Damit steht dieser Individualschutz in Ergänzung zum sogenannten Obstruktionsverbot nach § 245, das allgemeine Schutzvorschriften zugunsten aller Gläubiger vorsieht.

196.

Das Insolvenzgericht hat den Antrag des Insolvenzgläubigers G auf Versagung der Bestätigung des Insolvenzplans gemäß § 251 durch Beschluss zurückgewiesen. Wie kann G gegen diese Entscheidung vorgehen?

Gemäß § 6 i. V. m. § 253 I S. 1 Alt. 2 steht G das Rechtsmittel der sofortigen Beschwerde gegen die Entscheidung des Richters zu.

197.

Der Insolvenzgläubiger G hat dem vom Insolvenzverwalter vorgelegten Insolvenzplan nicht zugestimmt. Auf Grund der vorliegenden Kopf- und Summenmehrheit wurde der Insolvenzplan jedoch angenommen. Nach Zustimmung des Insolvenzschuldners S hat das Insolvenzgericht den Beschluss, durch den der Insolvenzplan bestätigt wurde, im Abstimmungstermin verkündet. Nach 3 Wochen geht der G zu seinem Rechtsanwalt und fragt diesen, was er gegen den Beschluss des Insolvenzgerichts tun kann. Was wird ihm der Rechtsanwalt sagen?

Der Rechtsanwalt wird dem G mitteilen, dass er nichts gegen den Beschluss unternehmen kann. Gemäß § 253 steht den Gläubigern und dem Schuldner gegen den Beschluss, durch den der Insolvenzplan bestätigt oder die Bestätigung versagt wird, die sofortige Beschwerde zu. Die sofortige Beschwerde ist innerhalb einer Notfrist von zwei Wochen ab Verkündung des Beschlusses einzulegen (§ 6 II i. V. m. §§ 577 II 1, 569 II ZPO). Im vorliegenden Fall ist die Notfrist von zwei Wochen ab Verkündung des Beschlusses bereits verstrichen und eine sofortige Beschwerde demnach unzulässig.

4. Verfahrensabschluss und Planüberwachung

198.

Wann kann der Insolvenzschuldner wieder frei über die Insolvenzmasse verfügen?

Das Insolvenzgericht beschließt die Aufhebung des Insolvenzverfahrens, sobald die Bestätigung des Insolvenzplans rechtskräftig ist (§ 258 I). Mit der Aufhebung des Insolvenzverfahrens erhält der Schuldner das Recht zurück, über die Insolvenzmasse frei zu verfügen, § 259 I 2.

199.

Nachdem die Bestätigung des Insolvenzplans rechtskräftig geworden ist, hat das Insolvenzgericht das Insolvenzverfahren über das Vermögen des Insolvenzschuldners S aufgehoben. Welche Auswirkungen hat die Aufhebung auf einen anhängigen Rechtsstreit, der die Insolvenzanfechtung zum Gegenstand hat?

Der Rechtsstreit kann vom Verwalter fortgeführt werden, wenn dies im gestaltenden Teil vorgesehen ist, § 259 III 1.

200.

Kann die Erfüllung eines Insolvenzplans überwacht werden?

Ja. Die Ämter des Verwalters und der Mitglieder des Gläubigerausschusses enden zwar mit der Bestätigung des Plans. Sie bestehen jedoch mit spezifischen Aufgaben zur Überwachung fort, sofern dies gemäß § 260 III bestimmt ist. Auch die Aufsicht des Insolvenzgerichts bleibt bestehen. Gemäß § 268 wird nach Ablauf der Überwachungsfrist diese aufgehoben.

4. Kapitel. Die Restschuldbefreiung

Zur Restschuldbefreiung vgl. auch Fälle 222–228.

201.
Was bedeutet Restschuldbefreiung?

Am Schluss eines Insolvenzverfahrens wird in der Regel nur eine quotale Befriedigung der Insolvenzgläubiger durch die Verteilung der (liquidierten) Insolvenzmasse erreicht. Damit endet keineswegs auch die Haftung des Schuldners, sondern die Gläubiger haben hinsichtlich ihrer restlichen Forderungen ein unbeschränktes Nachforderungsrecht (§ 201 I). Für den Schuldner kann dies eine lebenslange Haftung bedeuten. Von diesem Grundsatz abweichend gibt die InsO dem redlichen Schuldner Gelegenheit, sich nach einer Phase des Wohlverhaltens von seinen Restverbindlichkeiten zu befreien, § 301. Der Sache nach führt dies zu einer „beschränkten Haftung"; die Forderungen der Gläubiger bestehen nur noch als unvollkommene Verbindlichkeiten, sie erlöschen jedoch nicht, § 302 II. Sicherheiten und Mitschuldnerschaften bleiben folglich bestehen (§ 302 II); Geleistetes kann nicht zurückgefordert werden, § 302 III.

202.
Geben Sie einen kurzen Überblick über das Verfahren zur Restschuldbefreiung.

Das Verfahren der Restschuldbefreiung lässt sich im Regelfall in drei Phasen einteilen:
– **Antrag des Schuldners** auf Erteilung der Restschuldbefreiung, verbunden mit der Vorausabtretung pfändbarer Bezüge für die Dauer von sechs Jahren an einen Insolvenzverwalter/Treuhänder (§ 287 II); Prüfung der allgemeinen Voraussetzung der Restschuldbefreiung und etwaiger Versagungsgründe durch das Insolvenzgericht. Sofern erfolgreich, erreicht der Schuldner sogleich die **Ankündigung der Restschuldbefreiung (§ 287a I)**.
– **Wohlverhaltensphase:** Während dieser Phase führt der Schuldner den pfändbaren Teil seines Einkommens an einen vom Insolvenzgericht bestellten Treuhänder aufgrund der Abtretungserklärung gem. § 287 II ab. Der Schuldner hat während dieser Zeit bestimmten Obliegenheiten nachzukommen (vgl. § 295); verstößt er hiergegen oder wird er wegen einer Insolvenzstraftat verurteilt, droht ihm die (vorzeitige) Versagung der Restschuldbefreiung.
– Nach sechs Jahren (gerechnet ab Eröffnung des Insolvenzverfahrens) folgt die **Erteilung der Restschuldbefreiung** durch Beschluss des Insolvenzgerichts (§ 300 I 2). In den Fällen des § 300 I 2 entsprechend früher. Zuvor werden die Gläubiger angehört, § 300 I. Der Schuldner wird hierdurch von den Insolvenzforderungen befreit (§ 286).

Nach Erteilung der Restschuldbefreiung kann diese ausnahmsweise nach § 303 widerrufen werden, wenn ein Gläubiger dies binnen eines Jahres nach Rechtskraft des Beschlusses über Erteilung der Restschuldbefreiung beantragt, weil sich nachträglich ein vorsätzlicher Verstoß des Schuldners gegen seine Obliegenheiten herausgestellt hat, der die Befriedigung seiner Gläubiger erheblich beeinträchtigt hat. Die Voraussetzungen für die Widerrufsvoraussetzungen hat der beantragende Gläubiger glaubhaft zu machen, §§ 303 II, IV InsO i. V. m. 294 ZPO.

202a.

Der Schuldner hat gemäß § 300 I 2 Nr. 1 nach 6 Monaten die Restschuldbefreiung erteilt bekommen, da kein Gläubiger Forderungen zur Tabelle angemeldet hatte. Im Oktober 2015 macht der Insolvenzverwalter in dem noch nicht aufgehobenen Insolvenzverfahren Steuererstattungsansprüche für das vollständige Jahr 2014 geltend. Zu Recht?

Nein. Steuererstattungsansprüche unterliegen nach §§ 35, 300a nur insoweit dem Insolvenzbeschlag, sofern die Erstattungsansprüche vor der Erteilung der Restschuldbefreiung erlangt wurden. Für das Kalenderjahr 2014 ist also zu unterscheiden, unter welche Zeiträume die Erstattungsbeiträge fallen. Im Zweifel ist der Erstattungsbetrag anteilig aufzuteilen: Für die Monate bis zur Erteilung fällt der Erstattungsbetrag in die Insolvenzmasse, für den Zeitraum danach handelt es sich um freies Vermögen des Schuldners.

203.

Über das Vermögen des Insolvenzschuldners ist auf Antrag des Insolvenzschuldners das Insolvenzverfahren eröffnet worden. Zuvor hatte das Gericht den Schuldner gemäß § 20 II auf die Möglichkeit der Restschuldbefreiung hingewiesen. In der ersten Gläubigerversammlung stellt der Schuldner nun einen Antrag auf Restschuldbefreiung. Mit Erfolg?

Nein. Die Restschuldbefreiung setzt einen Antrag des Insolvenzschuldners voraus, der mit seinem Antrag auf Eröffnung eines Insolvenzverfahrens verbunden werden soll. Wird dieser Antrag nicht mit dem Eröffnungsantrag verbunden, so ist er innerhalb von zwei Wochen nach dem Hinweis gemäß § 20 II zu stellen. Diese Frist ist eine Ausschlussfrist.

204.

Insolvenzschuldner S hat während seiner Tätigkeit als Geschäftsführer der GmbH fällige Sozialversicherungsbeiträge der Arbeitnehmer der GmbH in Höhe von 20.000 € nicht zur Krankenkasse abgeführt. Gefährdet Insolvenzschuldner S seine Restschuldbefreiung? Welche Möglichkeiten hat Insolvenzschuldner S im Insolvenzverfahren, die Restschuldbefreiung durchzusetzen?

Die Nichtabführung von Sozialversicherungsbeiträgen stellt keinen Grund für die Versagung der Restschuldbefreiung dar, § 290. Die 20.000 € könnten indes von der

Restschuldbefreiung ausgenommen sein, sofern diese eine Forderung aus vorsätzlich begangener unerlaubter Handlung gemäß § 302 Nr. 1 darstellen, angemeldet und festgestellt werden. Das Vorenthalten von Sozialversicherungsbeiträgen kann nach Maßgabe von § 266a StGB eine solche Verbindlichkeit im Sinne von § 302 Nr. 1 (§ 823 II BGB i. V. m. § 266a StGB) sein. In diesem Falle könnte die Restschuldbefreiung zwar nicht gemäß § 290 versagt werden; die angemeldeten Forderungen wären jedoch gemäß § 302 Nr. 1 von der Restschuldbefreiung ausgenommen.

S müsste, um dies zu vermeiden, im Falle der Anmeldung durch die Krankenkasse gemäß § 174 II im Prüfungstermin die Forderung gemäß §§ 178, 184 bestreiten. Die Krankenkasse müsste sodann gemäß § 184 den Widerspruch des Insolvenzschuldners S durch Feststellungsklage beseitigen.

S hat nach der Rechtsprechung des BGH seinerseits die Möglichkeit durch Erhebung einer sog. negativen Feststellungsklage das Nichtbestehen der deliktischen Forderungen der Krankenkasse im Sinne von § 302 feststellen zu lassen (vgl. *BGH* ZInsO 2013, 2206).

204a.

Wie Fall 204. S bestreitet den Rechtsgrund der Forderungen der Krankenkasse. Nach Erteilung der Restschuldbefreiung beginnt die Krankenkasse gegen S zu vollstrecken. Zu Recht?

Ja. Der Schuldner kann isoliert den Rechtsgrund einer Forderung bestreiten. In diesem Falle kann der Gläubiger aber nach Verfahrensaufhebung gem. § 201 Abs. 2 InsO aus der Eintragung seiner Forderungen in die Insolvenztabelle wie aus einem vollstreckbaren Urteil gegen den Schuldner vollstrecken, wenn die Forderungen vom Schuldner (nicht vollständig) bestritten worden ist.

Mit Beschluss vom 3.4.2014 (Az: IX ZB 93/13) hat der Bundesgerichtshof klargestellt, dass der Widerspruch des Schuldners nur dann der Vollstreckung (nach Erteilung der Restschuldbefreiung) entgegensteht, wenn es sich gegen die angemeldete Forderung insgesamt richtet. Anders verhält es sich hier, wenn der Schuldner lediglich dem Rechtsgrund der vorsätzlich begangenen unerlaubten Handlung widerspricht. Es ist dann Sache des Schuldners, regelmäßig durch Erhebung der Vollstreckungseinrede gem. § 766 ZPO seine Rechte zu verfolgen. Der Gläubiger ist in diesem Falle dann darlegungs- und beweispflichtig für das Vorliegen der Deliktsvoraussetzung i. S. v. § 302 InsO.

205.

Herr Keller ist im Jahr 2011 wegen Bankrotts (§ 833 StGB) rechtskräftig zu einer Geldstrafe von 67 Tagessätzen verurteilt worden. Nunmehr möchte er im Herbst 2015 Insolvenz- nebst Restschuldbefreiungsantrag stellen. Wie wird das Gericht bezüglich der Restschuldbefreiung entscheiden?

Gemäß § 290 I kann im Schlusstermin vor Aufhebung des Insolvenzverfahrens jeder Insolvenzgläubiger die Versagung der Restschuldbefreiung beantragen. In diesem Fall ist das jedoch nicht möglich. Nach § 290 I Nr. 1 kann die Restschuldbefreiung bei einem Bankrottdelikt nur versagt werden bei einer Verteilung zu einer Geldstrafe von mehr als 90 Tagessätzen oder einer Freiheitsstrafe von mehr als drei Monaten.

206.

Die Gartenbaufirma K macht gegen Insolvenzschuldner S Forderungen in Höhe von 5.000 € aus dem Jahr 2008 geltend. Da Insolvenzschuldner S zum Zeitpunkt der Bestellung trotz Anfrage bei der Selbstauskunft die Abgabe der eidesstattlichen Versicherung verschwiegen hat, hat die Gartenbaufirma einen Vollstreckungsbescheid gegen ihn erwirkt. Als Schuldgrund war eingetragen worden: Forderungen aus vorsätzlich begangener unerlaubter Handlung. Kann Insolvenzschuldner S wegen dieser Forderung Restschuldbefreiung erreichen? Was würden Sie der Gartenbaufirma raten? Was würden Sie Insolvenzschuldner S raten?

Der Vollstreckungsbescheid begründet zwar einen Titel i. S. v. § 179 II, allerdings nicht im Hinblick auf den Rechtsgrund „vorsätzlich unerlaubter Handlung" i. S. v. § 302 Nr. 1. Die 5.000 € werden daher nicht ohne Weiteres als Forderung aus vorsätzlicher unerlaubter Handlung zur Tabelle festgestellt. Der *BGH* hat bereits 2005 (ZInsO 2005, 538) entschieden, dass durch die Vorlage eines Vollstreckungsbescheides der Nachweis einer Forderung aus vorsätzlich begangener unerlaubter Handlung nicht geführt werden kann (im Rahmen eines Zwangsvollstreckungsverfahrens). Dem Gartenbauunternehmen ist jedenfalls anzuraten unter Beachtung von § 174 II die Forderung aus vorsätzlich unerlaubter Handlung anzumelden. Das Gartenbauunternehmen hat dabei die Tatsachen, aus denen sich nach ihrer Einschätzung ergibt, dass der Forderung eine vorsätzlich begangene unerlaubte Handlung zugrunde liegt, anzugeben. Im Falle des Schuldnerwiderspruchs sollte gemäß § 184 geklagt werden. Dem Schuldner ist anzuraten, im Prüfungstermin Widerspruch zu erheben. Strittig ist, ob der Rechtsgrund aufgrund der eingeschränkten Wirkung des Vollstreckungsbescheides verjährt ist (§§ 195, 199 BGB). Es wird die Auffassung vertreten, dass der Gläubiger vor Aufhebung des Verfahrens Feststellungsklage erheben müsste, um den Rechtsgrund der vorsätzlich begangenen unerlaubten Handlung zur Tabelle feststellen zu lassen. Es ist dem Gläubiger indes nicht zumutbar, „prophylaktisch" Feststellungsklage für den Fall einer späteren Insolvenz des Schuldners zu erheben. Der Rechtsgrund kann nicht gesondert vor der Hauptforderung verjähren.

207.

In dem Insolvenzverfahren über das Vermögen des S wird am 29.8.2014 der Schlusstermin abgehalten. Am 23.12.2014 stellt der Insolvenzgläubiger G gemäß § 219 I Nr. 6 einen Versagungsantrag, da der Schuldner ihn, den

> Gläubiger G, in seinem Gläubigerverzeichnis nicht aufgeführt habe. Daher habe er bislang auch keine Forderung zur Insolvenztabelle anmelden können, was er aber nachholen wolle. Hat der Versagungsantrag Aussicht auf Erfolg?

Nein. Zwar ist gem. § 297a auf Antrag die Restschuldbefreiung auch nach dem Schlusstermin zu versagen, wenn sich herausstellt, dass ein Versagungsgrund nach § 290 I vorgelegen hat. Grundsätzlich wäre der Antrag dabei auch fristgerecht gem. § 297 I 2, nämlich binnen 6 Monaten ab Kenntnis vom Versagungsgrund, gestellt worden. Allerdings sind Antragsberechtigte im Sinne von § 297a nur diejenigen Gläubiger, die in der Insolvenztabelle auch aufgeführt sind. Dies ist bei G nicht der Fall, weshalb bereits die Aktivlegitimation fehlt.

208.

> S hat sich während der Wohlverhaltensperiode als Hausmeister selbständig gemacht. Er hat einen monatlichen Überschuss (Betriebseinnahmen./.Betriebsausgaben) von durchschnittlich 3.000 €. S fragt, was er an den Treuhänder abführen muss.

Die Abführung der Beträge eines Selbständigen an den Treuhänder richtet sich nach § 295 II. Der Betrag eines Selbständigen entspricht dem Betrag, den der Schuldner im Falle einer unselbständigen Beschäftigung abgeführt hätte. Es kommt deswegen nicht auf den Überschuss von 3.000 € an, sondern auf das fiktive Angestelltengehalt des S, welches deutlich höher oder niedriger sein kann. Ein selbständiges Verfahren zur Feststellung des fiktiven Angestelltengehaltes nach § 295 II ist im Gesetz nicht vorgesehen. Lediglich im Falle von Versagungsanträgen nach § 196 wird überprüft, ob S seiner Abführungspflicht nachgekommen ist. Er hat dabei selbständig zu ermitteln, wie hoch das nach § 295 II maßgebliche Einkommen ist. Der Schuldner ist vollgerichtlich nicht verpflichtet, dem Gericht oder dem Insolvenzverwalter die tatsächlichen Einkünfte zu offenbaren.

5. Kapitel. Die Sonderinsolvenzverfahren

I. Verbraucherinsolvenzverfahren

1. Art und Zulässigkeit des Verfahrens, Abweichungen vom Regelinsolvenzverfahren

209.

Der Schuldner S hatte bis vor kurzem einen Malerbetrieb mit mehreren Angestellten. Nun ist S hoffnungslos „überschuldet". Er hat 19 Gläubiger. Bei einem der 19 Gläubiger handelt es sich um die AOK, die Sozialversicherungsbeiträge eines Angestellten geltend macht. Kann ein Verbraucherinsolvenzverfahren durchgeführt werden?

Nein. Gemäß § 304 I 1 ist ein Verbraucherinsolvenzverfahren nur zulässig, wenn es sich bei S um eine natürliche Person, die keine selbständige wirtschaftliche Tätigkeit ausübt oder ausgeübt hat, handelt. S hat als Inhaber des Malerbetriebes eine selbständige wirtschaftliche Tätigkeit ausgeübt. In diesem Fall ist das Insolvenzverfahren jedoch nach § 304 I 2 nur zulässig, wenn seine Vermögensverhältnisse überschaubar sind und gegen ihn keine Forderungen aus Arbeitsverhältnissen bestehen. Vorliegend sind die Vermögensverhältnisse des S zwar gemäß § 304 II überschaubar, da es sich um weniger als 20 Gläubiger handelt. Allerdings bestehen Forderungen der AOK aus Arbeitsverhältnissen. Somit kann kein Verbraucherinsolvenzverfahren durchgeführt werden.

210.

Die arbeitslose Schuldnerin S ist bereits seit längerem zahlungsunfähig. Sie hat keine selbständige wirtschaftliche Tätigkeit ausgeübt. 36 Gläubiger haben Forderungen gegen S. Nunmehr hat sich die S entschlossen, die Eröffnung eines Insolvenzverfahrens zu beantragen. Kommt für die S die Durchführung eines Verbraucherinsolvenzverfahrens in Betracht?

Ja. Gemäß § 304 I kann S die Durchführung eines Verbraucherinsolvenzverfahrens beantragen, da die S eine natürliche Person darstellt, die keine selbständige wirtschaftliche Tätigkeit ausübt oder ausgeübt hat.

211.

S hat bei 25 Gläubigern offene Verbindlichkeiten in Höhe von insgesamt 35.756,78 €. Nachdem ein Gläubiger die Zwangsvollstreckung erfolglos betrieben hat, beantragt der S ohne vorherigen außergerichtlichen Einigungsversuch mit den Gläubigern beim zuständigen Insolvenzgericht das Verbraucherinsolvenzverfahren. Wird das Gericht die Eröffnung des Verbraucherinsolvenzverfahrens beschließen?

Nein. Der Schuldner hat dem Antrag auf Eröffnung des Insolvenzverfahrens keine Bescheinigung über das Scheitern des außergerichtlichen Einigungsversuches beigefügt. Diese ist jedoch gemäß § 305 I Nr. 1 Voraussetzung für die Eröffnung des Verbraucherinsolvenzverfahrens. Für die Eröffnung eines Regelinsolvenzverfahrens hingegen ist keine außergerichtliche Schuldenbereinigung erforderlich.

2. Stundungsvoraussetzungen gemäß § 4a

212.

Schuldner S ist hoffnungslos „überschuldet" und möchte Restschuldbefreiung erhalten. Er weiß, dass hierfür ein Insolvenzverfahren durchgeführt werden muss, kann die dafür erforderlichen Mittel allerdings nicht aufbringen. Er wendet sich an Sie.

S hat die Möglichkeit, einen Antrag auf Stundung der Verfahrenskosten gemäß § 4a zu stellen. Kann S die Mittel zu Deckung der Kosten nicht aufbringen, werden ihm die Verfahrenskosten bis zur Erteilung der Restschuldbefreiung gestundet.

213.

Schuldner S wird per Beschluss vom 2.1.2008 die Restschuldbefreiung erteilt. Die Kosten des Insolvenzverfahrens und die Kosten des Treuhänders in der Wohlverhaltensperiode waren ihm gestundet worden. Die Landesjustizkasse fordert ihn nun auf, diese Kosten in Höhe von 3.650 € binnen einer Frist von einem Monat zurückzuzahlen. S erklärt daraufhin, er sei immer noch einkommenslos und könne dies nicht. Was ist ihm zu raten?

Gemäß § 4b kann die Stundung auf Antrag des Schuldners verlängert werden. Das Gericht kann auch Ratenzahlungen festsetzen. Für die Verpflichtung des Schuldners zur Einsetzung von Einkommen und Vermögen gilt gemäß § 4b der § 115 I, II ZPO entsprechend. Die Raten können maximal für vier Jahre festgesetzt werden. Danach kann nicht mehr zu Ungunsten des Schuldners festgesetzt werden.

214.

S wurden per Beschluss die Verfahrenskosten gestundet. Gläubiger G hält dies für einen Skandal. Er weist dem Insolvenzgericht nach, dass S erhebliches Vermögen, nämlich drei Lebensversicherungen mit einem Rückkaufwert von jeweils 7.000 €, nicht angegeben habe. Muss die Stundung der Verfahrenskosten aufrechterhalten werden?

Nein. Gemäß § 4c kann die Stundung aufgehoben werden. Hier kommt ein Aufhebungsgrund sowohl gemäß § 4c Nr. 1 wegen vorsätzlicher falscher Angaben des Schuldners als auch wegen Nr. 2 aufgrund fehlender wirtschaftlicher Voraussetzungen für die Stundung in Betracht.

215.

S möchte den nunmehr ergangenen Aufhebungsbeschluss nicht hinnehmen und wendet sich an Sie. Kann sich S gegen den Beschluss wehren?

Ja. Gemäß § 4d hat der Schuldner die Möglichkeit die sofortige Beschwerde gegen den Ablehnungsbeschluss zu erheben.

216.

Welche praktische Bedeutung hat das Rechtsmittel gemäß § 4d?

Wird dem Schuldner die Kostenstundung versagt oder wird diese aufgehoben, droht dem Schuldner praktisch die Versagung der Restschuldbefreiung. Denn diese kann gemäß § 289 II nur erteilt werden, wenn zumindest die Verfahrenskosten gedeckt sind und lediglich eine Einstellung wegen Masseunzulänglichkeit gemäß § 209, nicht aber wegen Massearmut gemäß § 207, also fehlender Verfahrenskostendeckung, droht. Das Recht der sofortigen Beschwer ist daher für den Schuldner unerlässlich.

3. Außergerichtliche und gerichtliche Schuldenbereinigung

217.

Der arbeitslose S ist hoffnungslos überschuldet. S ist und war niemals selbständig wirtschaftlich tätig. Nachdem mehrere Gläubiger vergeblich versucht haben, in das Vermögen des S zu vollstrecken, möchte S die Eröffnung eines Verbraucherinsolvenzverfahrens beantragen. Kann er dies ohne weiteres tun?

S muss seinem Antrag auf Eröffnung des Verbraucherinsolvenzverfahrens gemäß § 305 I Nr. 1 eine Bescheinigung, die von einer geeigneten Person oder Stelle (wird von den Ländern bestimmt) ausgestellt ist und aus der sich ergibt, dass eine außergerichtliche Einigung mit den Gläubigern über die Schuldenbereinigung auf der Grundlage eines Plans innerhalb der letzten sechs Monate vor dem Eröffnungsantrag erfolglos versucht worden ist, beifügen. Demzufolge muss S, um einen Eröffnungsantrag stellen zu können, ein außergerichtliches Schuldenbereinigungsverfahren durchführen.

218.

Im Fall 217 sucht S Hilfe bei einem Fachanwalt für Insolvenzrecht. Der Rechtsanwalt führt für den S den außergerichtlichen Einigungsversuch durch. Trotzdem betreibt einer der Gläubiger des S die Zwangsvollstreckung. Welche Folgen hat das Betreiben der Zwangsvollstreckung für den außergerichtlichen Schuldenbereinigungsversuch?

Mit dem Betreiben der Zwangsvollstreckung gilt der Versuch, eine außergerichtliche Einigung mit den Gläubigern über die Schuldenbereinigung herbeizuführen, nach § 305a als gescheitert. Nunmehr kann S Antrag auf Eröffnung des Verbraucherinsolvenzverfahrens stellen.

219.

Im Fall 217 legt S mit seinem Eröffnungsantrag nach § 305 einen verbesserten gerichtlichen Schuldenbereinigungsplan vor, der die Zahlung eines aus dem Freundeskreis des S zur Verfügung gestellten Einmalbetrages enthält. Die Gesamtforderungen der fünf Gläubiger betragen 178.100 €. Von den fünf Gläubigern stimmen vier dem Schuldenbereinigungsplan zu. Ein Gläubiger G, der gegen S eine Forderung in Höhe von 98.000 € hat, erhebt Einwendungen gegen den Schuldenbereinigungsplan. Welche Konsequenzen ergeben sich daraus?

Der Schuldenbereinigungsplan gilt gemäß § 308 als angenommen, wenn kein Gläubiger Einwendungen gegen den Schuldenbereinigungsplan erhoben hat oder die Zustimmung nach § 309 ersetzt wird. Hier hat ein Gläubiger Einwendungen erhoben, so dass der Schuldenbereinigungsplan nur als angenommen gilt, wenn die Zustimmung des G durch das Gericht ersetzt wird. Nach § 309 ersetzt das Gericht auf Antrag eines Gläubigers oder des Schuldners die Einwendung eines Gläubigers gegen den Schuldenbereinigungsplan durch eine Zustimmung, wenn dem Schuldenbereinigungsplan mehr als die Hälfte der benannten Gläubiger zustimmt und die Summe der Ansprüche der zustimmenden Gläubiger mehr als die Hälfte der Summe der benannten Gläubiger beträgt. Vorliegend ist zwar eine Kopfmehrheit gegeben, aber es fehlt an der Summenmehrheit, da die Summe der zustimmenden Gläubiger nicht mehr als die Hälfte der Summe der benannten Gläubiger beträgt.

220.

Schuldner S legt dem Insolvenzgericht mit dem Eröffnungsantrag einen Schuldenbereinigungsplan vor. Nach der Zustellung des Schuldenbereinigungsplans durch das Insolvenzgericht melden sich vier der fünf Gläubiger des Schuldners S und stimmen dem Plan zu. Gläubiger G hat die in § 307 I 1 festgelegte Notfrist von 1 Monat verstreichen lassen, ohne zu dem Plan Stellung zu nehmen. Nachdem das Insolvenzgericht die Annahme des Plans durch einen Beschluss gemäß § 308 I 2 festgestellt hat, möchte G wissen, was er gegen diesen Beschluss tun kann.

G kann nichts tun, da die Insolvenzordnung ein Rechtsmittel gegen den Beschluss gemäß § 308 I 1 nicht vorsieht. Aus diesem Grunde ist eine Beschwerde gegen den Feststellungsbeschluss nach § 308 I nicht statthaft, vgl. § 6 I. Die fehlende Beschwerdeberechtigung stellt keinen Verstoß gegen die grundgesetzliche Rechtsschutzgarantie dar. Art. 19 IV GG gewährt Rechtsschutz durch den Richter, nicht gegen richterliche Entscheidungen.

221.

Im Fall 220 ist der Schuldner S seinen in dem Schuldenbereinigungsplan festgelegten Zahlungspflichten nachgekommen. Nun begehrt er von den Gläubigern eine Meldung der Forderungserledigung an die SCHUFA, wozu sich die Gläubiger durch den Schuldenbereinigungsplan verpflichtet haben. Was kann S gegen die Weigerung eines Gläubigers G, gegenüber der SCHUFA eine entsprechende Erklärung abzugeben, tun?

S kann die Zwangsvollstreckung gegen den Gläubiger G betreiben. Dazu benötigt S aber eine vollstreckbare Ausfertigung des Schuldenbereinigungsplans i. V. m. dem Bestätigungsbeschluss. Der Plan i. V. m. dem gerichtlichen Bestätigungsbeschluss kann nach § 795 ZPO vollstreckt werden, wenn und soweit er einen zur Vollstreckung geeigneten Inhalt hat. Die Vollstreckungsklausel erteilt der Urkundsbeamte der Geschäftsstelle, § 4 i. V. m. §§ 724 II, 795 ZPO.

4. Verfahrensablauf und Zusammenhang mit dem Restschuldbefreiungsverfahren

222.

Der Geschäftsführer der X-GmbH beantragt bei dem zuständigen Insolvenzgericht die Befreiung von den im Insolvenzverfahren über das Vermögen der X-GmbH nicht erfüllten Verbindlichkeiten gegenüber den Insolvenzgläubigern. Wie wird das Gericht entscheiden?

Das Gericht wird den Antrag abweisen. Gemäß § 286 können nur natürliche Personen von den im Insolvenzverfahren nicht erfüllten Verbindlichkeiten gegenüber den Insolvenzgläubigern befreit werden.

223.

Über das Vermögen des Insolvenzschuldners S wurde auf den Antrag vom 25.2.2013 mit Eröffnungsbeschluss vom 13.3.2013 das Insolvenzverfahren eröffnet. Zuvor hatte S bei der B-Bank, jetzt Insolvenzgläubigerin, einen Kredit i. H. v. 20.000 € beantragt, der ihm am 4.12.2013 gewährt wurde. Dabei machte S wissentlich falsche Angaben über seine Vermögensverhältnisse. Am 17.4.2014 findet der Schlusstermin (abschließende Gläubigerversammlung, § 197) des Insolvenzverfahrens über das Vermögen des S statt. Die B-Bank beantragt im Schlusstermin die Versagung der Restschuldbefreiung. Hat sie damit Erfolg?

Nach § 290 I ist die Restschuldbefreiung im Beschluss zu versagen, wenn ein Insolvenzgläubiger dies im Schlusstermin beantragt und einer der in § 290 I aufgeführten Fälle vorliegt. Bei der B-Bank handelt es sich um eine Insolvenzgläubigerin. Außerdem sind sowohl die Voraussetzungen der Nr. 2 und Nr. 4 des § 290 I erfüllt. Die Beantragung des Kredits erfolgte in den letzten drei Jahren vor dem Antrag auf Eröffnung des Insolvenzverfahrens und S machte vorsätzlich falsche Angaben über seine wirtschaftlichen Verhältnisse, um den Kredit zu erhalten. Außerdem hat er im letzten Jahr vor dem Antrag auf Eröffnung des Insolvenzverfahrens vorsätzlich die Befriedigung der Insolvenzgläubigerin B-Bank dadurch beeinträchtigt, dass er vorsätzlich falsche Angaben in seinem Antrag gemacht hatte.

Demzufolge hat der Antrag der B-Bank auf Versagung der Restschuldbefreiung Erfolg. Dabei ist zu beachten, dass die B-Bank die Versagungsgründe gemäß § 290 II glaubhaft machen muss.

224.

Im Fall 223 konnte die B-Bank die Versagungsgründe nicht glaubhaft machen. Demzufolge war der Antrag auf Versagung der Restschuldbefreiung unzulässig. Dem S wird die Restschuldbefreiung durch Beschluss des Insolvenzgerichts erteilt. Hat die B-Bank nach Erteilung der Restschuldbefreiung noch eine Möglichkeit gegen die Erteilung der Restschuldbefreiung vorzugehen?

Nein. Die B-Bank könnte zwar bei dem Insolvenzgericht einen Antrag auf Widerruf der Erteilung der Restschuldbefreiung nach § 303 stellen. Dafür ist jedoch Voraussetzung, dass der Schuldner eine seiner Obliegenheiten vorsätzlich verletzt hat, § 303 I. Die Obliegenheiten des Schuldners ergeben sich aus den § 295. Vorliegend hat der S keine Obliegenheit nach § 295 verletzt. Außerdem bestimmt § 295 I, dass sich die Obliegenheiten auf die Laufzeit der Abtretungserklärung beschränken und die Beantragung des Kredits erfolgte zeitlich vor der Abgabe der Abtretungserklärung.

225.

Schuldner S befindet sind nach Abhaltung des Schlusstermins und Aufhebung des Insolvenzverfahrens in der Wohlverhaltensphase. Ein Versagungsantrag nach § 290 wurde im Schlusstermin nicht gestellt. 5 Monate nach Abhaltung des Schlusstermins erhält der Gläubiger G Kenntnis davon, dass der Schuldner seine Luxusjacht in Portugal nicht angegeben hat. Er stellt nunmehr ein Versagungsantrag und macht den Sachverhalt glaubhaft. Wird der Antrag Erfolg haben?

Ja, gemäß § 297a kann binnen sechs Monaten nach dem Schlusstermin ab Kenntnis der Versagungsgründe des § 290 noch nachträglich ein Versagungsantrag gestellt werden. Der Antragsteller muss glaubhaft machen, vor Schlusstermin nichts von dem Versagungsgrund gewusst zu haben und erst innerhalb der letzten sechs Monate davon erfahren zu haben. Die Versagungsgründe sind zudem ebenfalls glaubhaft zu machen.

225a.

S beantragt die Eröffnung des Verbraucherinsolvenzverfahrens und die Erteilung der Restschuldbefreiung. Die Stundung der Verfahrenskosten gemäß § 4a hat S nicht beantragt. Das Gericht geht davon aus, dass das Vermögen des S nach seinen Angaben im Antragsvordruck (§ 305 V) zureicht, die Kosten des Insolvenzverfahrens gemäß § 54 zu decken. Es eröffnet daher das Insolvenzverfahren und bestellt Rechtsanwältin T zur Treuhänderin. Diese zeigt 9 Monate nach Verfahrenseröffnung gemäß § 207 Massearmut an, weil die Verfahrenskosten tatsächlich nicht gedeckt seien. Das Insolvenzverfahren wird gemäß § 207 eingestellt. Der Rechtspfleger meint nun, Restschuldbefreiung komme für S nicht mehr in Betracht. Mit Recht?

Ja. Gemäß § 289 III kann die Restschuldbefreiung nur erteilt werden, wenn nach Anzeige der Masseunzulänglichkeit die Insolvenzmasse gemäß § 209 verteilt wird und die Einstellung nach § 211 erfolgt. Wird das Verfahren jedoch wie im vorliegenden Fall gemäß § 207 eingestellt, kommt Restschuldbefreiung nicht mehr in Betracht. S ist damit auf die Eröffnung eines neuen Insolvenzverfahrens angewiesen.

226.

S wird nach dem Schlusstermin, aber noch vor Aufhebung seines Insolvenzverfahrens wegen einer Straftat nach § 283 StGB rechtskräftig verurteilt. Die Insolvenzgläubiger unternehmen nichts. Wird das Insolvenzgericht dem S die Restschuldbefreiung erteilen?

Ja. Nach § 297 versagt das Gericht die Restschuldbefreiung, wenn der S in dem Zeitraum zwischen Schlusstermin (abschließende Gläubigerversammlung, § 197) und Aufhebung des Insolvenzverfahrens nach den §§ 283–283c StGB rechtskräftig verurteilt wird. Dies setzt allerdings den Antrag eines Insolvenzgläubigers voraus. Hier liegt jedoch kein Antrag eines Insolvenzgläubigers vor, so dass das Insolvenzgericht dem S die Restschuldbefreiung erteilen wird.

227.

Im Fall 226 hat ein Insolvenzgläubiger einen Antrag auf Versagung der Restschuldbefreiung gestellt. Daraufhin wird S die Restschuldbefreiung versagt. Die Entscheidung über die Versagung der Restschuldbefreiung wird rechtskräftig. G möchte nunmehr in das Vermögen des S vollstrecken. Ist das zulässig?

Ja. Nach § 294 I sind Zwangsvollstreckungen für einzelne Insolvenzgläubiger in das Vermögen des S während der Laufzeit der Abtretungserklärung nicht zulässig. Allerdings enden gemäß § 299 die Laufzeit der Abtretungserklärung und die Beschränkung der Rechte der Gläubiger mit der Rechtskraft der Entscheidung über die Versagung der Restschuldbefreiung nach § 297.

228.

Der Gläubiger G hat gegen S eine titulierte Forderung. Da G nichts von der Eröffnung des Insolvenzverfahrens erfährt und S die Forderung auf Grund der unzähligen Gläubigerforderungen vergessen hat, in sein Gläubiger- und Forderungsverzeichnis aufzunehmen, hat G seine Forderung gegen S nicht nach § 174 angemeldet. Nach Erteilung der Restschuldbefreiung will der G aus seiner titulierten Forderung vollstrecken. Zu Recht?

Nein. Auch wenn der G seine Forderung gegen S nicht gemäß § 174 angemeldet hat, wirkt die Restschuldbefreiung nach § 301 gegen alle Insolvenzgläubiger. Dies gilt gemäß § 301 I 2 auch für Gläubiger, die ihre Forderungen nicht angemeldet haben. Demnach wurde S auch von der Forderung des G befreit. Die titulierte Forderung besteht nicht mehr, so dass G auch nicht mehr aus seinem Titel vollstrecken kann.

5. Aufgaben des Treuhänders

229.

Welche Stellung nimmt der Insolvenzverwalter im Verbraucherinsolvenzverfahren ein?

Nach Wegfall des § 313 nimmt der Treuhänder grundsätzlich die gleichen Aufgaben wahr wie ein Insolvenzverwalter.

230.

Über das Vermögen des Schuldners S ist am 8.6.2013 das Verbraucherinsolvenzverfahren eröffnet und T zum Treuhänder bestimmt worden. Der nicht unterhaltspflichtige S steht in einem Arbeitsverhältnis und verdient 2.000 € netto. Da dem Arbeitgeber A die Eröffnung des Insolvenzverfahrens nicht bekannt ist, zahlt er dem S den gesamten Lohn für die Monate Juni, Juli und August aus. Am 1.7.2013 wurde die Eröffnung des Insolvenzverfahrens öffentlich bekanntgemacht. Treuhänder T fordert von Arbeitgeber A Zahlung des pfändbaren Betrages für die Monate Juli und August. Zu Recht?

Ja. Zu den vordringlichsten Pflichten des Insolvenzverwalters nach Eröffnung des vereinfachten Verfahrens zählt die sofortige Inbesitznahme und Verwaltung des gesamten zur Insolvenzmasse gehörenden Vermögens des Schuldners (§§ 148 I, 313 I). Bei Bestehen eines Arbeitsverhältnisses hat der Treuhänder unverzüglich nach Erlass des Eröffnungsbeschlusses den Arbeitgeber des Schuldners darüber zu informieren, dass dieser den pfändbaren Teil des Arbeitseinkommens des Schuldners an ihn zu zahlen habe. Im vorliegenden Fall hat T das unterlassen. Auch bei Unterlassen dieser Anzeige wird ab dem Zeitpunkt der öffentlichen Bekanntmachung der Verfahrenseröffnung am 1.7.2013 vermutet, dass der Arbeitgeber die Eröffnung kannte (§ 82 S. 2). Aufgrund der Vermutung, dass der Arbeitgeber A die Verfahrenseröffnung kannte, hatte die Zahlung an den S für die Monate Juli und August keine schuldbefreiende Wirkung. Folglich hat T gegen A einen Anspruch auf Zahlung der pfändbaren Beträge für die Monate Juli und August.

231.

Im Fall 230 will der Insolvenzverwalter T unmittelbar nach seiner Bestellung das Mietverhältnis des Schuldners S außerordentlich durch Kündigung beenden. Kann er dies?

Nein. Während der Insolvenzverwalter bis zur Neufassung des § 109 aufgrund des InsOÄndG 2001 (BGBl. I, S. 2710) befugt war, das Mietverhältnis des Schuldners gemäß § 109 I 1 (a. F.) außerordentlich durch Kündigung zu beenden, verfolgt § 109 I 2 (n. F.) den Zweck, dem vertragstreuen Schuldner die Wohnung zu erhalten. Die Vorschrift nimmt dem Treuhänder das Sonderkündigungsrecht. Der Treuhänder bleibt aber zur ordentlichen Kündigung berechtigt.

231a.

Insolvenzschuldner S hat Genossenschaftsanteile an derjenigen Genossenschaft, in deren Wohnräumen er lebt. Die Miete beträgt 250 €. Ein Anteil beträgt 500 €, ein anderer 1.000 €. Eine Mitgliedschaft von 1.000 € ist nach der Satzung Voraussetzung für die Nutzung der Wohnung. Insolvenzverwalter T möchte beide Anteile zur Insolvenzmasse ziehen. Kann der das?

Gemäß § 67c GenG ist die Kündigung der Mitgliedschaft in einer Wohnungsgenossenschaft durch den Insolvenzverwalter ausgeschlossen. Wenn die Mitgliedschaft Voraussetzung für die Nutzung der Wohnung des Mitglieds ist und das Geschäftsguthabens des Mitglieds höchstens das Vierfache des auf einen Monat entfallenden Nutzungsentgelts ohne die als pauschale oder Vorauszahlung ausgewiesenen Betriebskosten oder höchstens 2.000 € beträgt.

Damit kann nur der Anteil in Höhe vom 500 € zur Masse gezogen werden (vgl. §§ 66a, 67c GenG).

II. Insolvenzverfahren über Sondervermögen

232.

Schuldners S stirbt am 1.5.2014 und hinterlässt ein Vermögen von 40.000 €, dem jedoch 90.000 € fällige Verbindlichkeiten gegenüberstehen. Alleinerbe E fragt, was er tun kann.

E könnte gemäß § 316 einen Antrag auf Eröffnung des Insolvenzverfahrens über das Vermögen des E zu beantragen. Damit erreicht E einen doppelten Zweck: Einerseits wird die grundsätzlich unbeschränkte Haftung des E für die Nachlassverbindlichkeiten des S (§ 1975 BGB) auf den Nachlass, also auf das Vermögen in Höhe von 40.000 € beschränkt. Andererseits wird das Nachlassvermögen im Interesse der Nachlassgläubiger vom Vermögen des E getrennt, um ihnen das Vermögen vorzugsweise zukommen zu lassen. Das gesonderte Erbenvermögen steht in keinem Fall zur Befriedigung der Nachlassgläubiger zur Verfügung.

233.

Insolvenzschuldner S verstirbt 8 Monate nach Eröffnung des Verfahrens. Erben, Insolvenzgericht und Insolvenzverwalter fragen, was zu tun ist.

Das Insolvenzverfahren geht ipso iure in ein Nachlassinsolvenzverfahren über, wenn der Schuldner während des Verfahrens verstirbt (dazu *BGH* ZInsO 2004, 270 f.), da die Eröffnungsgründe dieselben sind, vgl. § 320 S. 1. Das Insolvenzgericht hat einen klarstellenden Überleitungsbeschluss zu erlassen. Die §§ 315 ff. finden ohne eventuelle Verweisung an das eigentlich zuständige örtlich zuständige Insolvenzgericht Anwendung. Schuldner sind die Erben (str.).

234.

M und F sind verheiratet und leben in Gütergemeinschaft. M ist Alleinerbe des Vermögens seines Vaters. Kann F die Eröffnung des Insolvenzverfahrens über den Nachlass beantragen?

Es kommt darauf an! Wird das Gesamtgut von beiden Ehegatten gemeinschaftlich oder allein von der F verwaltet, die nicht Erbe ist, so kann F ohne die Zustimmung des M die Eröffnung des Nachlassinsolvenzverfahrens beantragen, § 318 I 1, 2.

235.

Welche Zulässigkeitsvoraussetzungen müssen bei einem Insolvenzverfahren über das Gesamtgut von in Gütergemeinschaft lebenden Ehegatten gegeben sein?

Ein Sonderinsolvenzverfahren über das Gesamtgut ist zulässig, wenn die Ehegatten in Gütergemeinschaft leben, sie das Gesamtgut gemeinschaftlich verwalten und die Zahlungsunfähigkeit droht bzw. eingetreten ist (§§ 11 II Nr. 2, 333).

6. Kapitel. Deutsches und Europäisches Internationales Insolvenzrecht

I. Einführung

236.

Wann spricht man von einem grenzüberschreitenden Insolvenzverfahren?

Ein Insolvenzverfahren ist grenzüberschreitend, wenn entweder Vermögen des Schuldners in mehr als einem Staat belegen ist und/oder die Gläubiger des Schuldners ihren Sitz nicht allein im Staat der Verfahrenseröffnung, sondern auch in anderen Staaten haben.

237.

Was ist unter dem Begriff „Internationales Insolvenzrecht" zu verstehen?

Unter dem Begriff „Internationales Insolvenzrecht" sind die nationalen und internationalen Regelungen zu verstehen, die sich mit den Wirkungen beschäftigen, die ein in einem Land eröffnetes Insolvenzverfahren auf die Rechtsordnung eines anderen Landes auslöst. Neben den formalen Wirkungen, die an ein eröffnetes Insolvenzverfahren geknüpft sind, klärt sich mit dem internationalen Insolvenzrecht auch die Frage, welches nationale Recht auf die einzelnen Rechtsverhältnisse anzuwenden ist, die innerhalb eines Insolvenzverfahrens abgewickelt werden. Zu den Regelungsbereichen des internationalen Insolvenzrechts gehören u. a. die Fragen,

a) welche Gerichte international zuständig sind;
b) ob ein im Ausland eröffnetes Verfahren die Eröffnung eines inländischen Verfahrens verhindert;
c) ob und unter welchen Voraussetzungen ein in einem Staat eröffnetes Insolvenzverfahren in einem anderen Staat Wirkungen entfaltet;
d) ob und unter welchen Voraussetzungen ein Insolvenzverwalter auf Vermögensgegenstände im Ausland Zugriff nehmen kann;
e) ob durch ein ausländisches Insolvenzverfahren die Einzelzwangsvollstreckung in inländisches Vermögen verboten ist;
f) ob ein im Ausland eröffnetes Verfahren dieselben materiell-rechtlichen Folgen hat wie ein inländischen Verfahren (z. B. hinsichtlich der Aufrechnungsbefugnis und der Anfechtbarkeit).

238.

Welche wesentlichen Rechtsgrundlagen gelten in Deutschland für grenzüberschreitende Insolvenzverfahren?

Die Insolvenzordnung enthält in den §§ 335–358 Regelungen zum deutschen Internationalen Insolvenzrecht. Für grenzüberschreitende Insolvenzverfahren innerhalb der EU (mit Ausnahme von Dänemark) werden diese Bestimmungen allerdings weitgehend von der am 31.3.2002 in Kraft getretenen Europäischen Verordnung über Insolvenzverfahren (EuInsVO) verdrängt. Als Verordnung gilt die EuInsVO in den Mitgliedstaaten der EU außer Dänemark unmittelbar, bedarf also keines Umsetzungsaktes durch den nationalen Gesetzgeber (Art. 288 II AEUV). Dennoch enthält Art. 102 des Einführungsgesetzes zur Insolvenzordnung (EGInsO) einige Vorschriften zur Ausführung der EuInsVO.

Nur soweit die EuInsVO und Art. 102 EGInsO keine Sondervorschriften für grenzüberschreitende Insolvenzverfahren enthalten, kommen die Vorschriften der §§ 335–358 zur Anwendung. Dieses sog. autonome Internationale Insolvenzrecht gilt also für Insolvenzverfahren mit Bezug zum Ausland außerhalb der Europäischen Union und Dänemark. Aber auch innerhalb der EU können insolvenzrechtliche Sachverhalte nicht oder nicht abschließend in der EuInsVO und Art. 102 EGInsO geregelt sein. Auch dann muss auf das autonome deutsche Internationale Insolvenzrecht zurückgegriffen werden.

Die §§ 335–358 orientieren sich in weiten Teilen an der EuInsVO, so dass für Insolvenzverfahren mit Bezug zu einem Drittland außerhalb der EU und mit Bezug zu Dänemark eine ähnliche Rechtslage besteht wie innerhalb der Europäischen Union.

II. Internationale Zuständigkeit

239.

Die W-GmbH ist Produzentin großer Kühlanlagen. Sie hat ihren satzungsmäßigen Sitz in Österreich, verfügt dort aber nur über ein Vertriebsbüro. In Frankreich und Italien unterhält die W-GmbH Fabriken, die einzelne Bestandteile der Kühlanlagen herstellen. Die Zubehörteile werden von dort nach Hamburg geliefert, wo in einem Werk der W-GmbH die Kühlanlagen gefertigt werden. Die Koordination der Fertigung und der Zulieferbetriebe sowie der gesamte Vertrieb der Kühlanlagen werden zentral von Hamburg aus gesteuert. Welche Gerichte sind für die Eröffnung des Insolvenzverfahrens über das Vermögen der W-GmbH zuständig?

Auf den Sachverhalt findet die EuInsVO Anwendung. Nach deren Art. 3 I sind für die Eröffnung des Insolvenzverfahrens die Gerichte desjenigen Mitgliedstaates zuständig, in dessen Gebiet der Schuldner den Mittelpunkt seiner hauptsächlichen Interessen hat (sog. COMI). Dieser Ort wird bei Fehlen anderweitiger Beweise am Ort des satzungsgemäßen Sitzes vermutet (Art. 3 I 2 EuInsVO).

a) Hier liegen Beweise dafür vor, dass die W-GmbH den Mittelpunkt ihrer wirtschaftlichen Interessen nicht an ihrem satzungsgemäßen Sitz in Österreich hat. Von dem Begriff der wirtschaftlichen Interessen werden handels-, gewerbliche und andere wirtschaftliche Aktivitäten erfasst (Leonhardt/Smid/Zeuner/*Smid,* IntInsR, Art. 3 EuInsVO Rn. 9), so dass hier Frankreich, Italien und Deutschland als zuständige Mitgliedstaaten in Betracht kommen. Entscheidend ist, wo die G-GmbH den Mittelpunkt ihrer wirtschaftlichen Aktivitäten hat. Dies ist hier Deutschland, weil hier die eigentliche Herstellung der Kühlanlagen stattfindet, von hier aus auch die

Aktivitäten in Frankreich und Italien koordiniert und die dort hergestellten Produkte vertrieben werden.

International zuständig ist also Deutschland. Die örtliche Zuständigkeit des eröffnenden Gerichts bestimmt sich gemäß Art. 4 I EuInsVO nach dem Recht des Staates der Verfahrenseröffnung. Das ist in Deutschland Art. 102 § 1 I EGInsO, wonach – in Übereinstimmung mit der EuInsVO – der Mittelpunkt der hauptsächlichen Interessen des Schuldners ausschlaggebend ist. Danach ist hier das AG Hamburg zuständig.

b) Bei den Zulieferbetrieben in Italien und Frankreich handelt es sich um Niederlassungen der W-GmbH i. S. d. Legaldefinition des Art. 2 lit. h EuInsVO. Nach Art. 3 II EuInsVO können in Italien und Frankreich deshalb neben dem Hauptinsolvenzverfahren in Deutschland sog. Sekundär- oder Partikularinsolvenzverfahren eröffnet werden (näher dazu Fälle 254 ff.).

240.

In Fall 239 beantragt die W-GmbH gleichzeitig in Frankreich, Italien und Deutschland die Eröffnung eines Insolvenzverfahrens. Alle drei zuständigen Gerichte gehen davon aus, dass sie für die Eröffnung des Hauptinsolvenzverfahrens zuständig seien. In Frankreich wird eine entsprechende Eröffnungsentscheidung zuerst getroffen. Kann das eigentlich zuständige AG Hamburg ebenfalls ein Hauptinsolvenzverfahren eröffnen?

In der EuInsVO findet sich keine Regelung für den Fall, dass die für die Eröffnung des Insolvenzverfahrens zuständigen Organe (Gerichte/Behörden) mehrerer Mitgliedstaaten ihre internationale Zuständigkeit zur Eröffnung des Hauptinsolvenzverfahrens nach Art. 3 I EuInsVO bejahen. Nach Art. 16 I EuInsVO wird die Eröffnung des Insolvenzverfahrens durch das Gericht eines Mitgliedstaates in allen anderen Mitgliedstaaten anerkannt. Die Gerichte anderer Mitgliedstaaten dürfen also nicht prüfen, ob das erste Gericht seine internationale Zuständigkeit in zutreffender Weise bejaht hat (Pannen/*Pannen,* Art. 3 Rn. 87). Alle zeitlich später als das Hauptinsolvenzverfahren eröffneten Verfahren nehmen damit die Funktion eines Sekundärinsolvenzverfahrens ein (Art. 3 III EuInsVO) und können keine universelle Wirkung mehr beanspruchen.

Weder in Italien noch in Deutschland können daher Hauptinsolvenzverfahren eröffnet werden. Eine ausdrückliche Regelung für Deutschland findet sich hierzu in Art. 102 § 3 I EGInsO, wonach die deutschen Gerichte ein Hauptinsolvenzverfahren weder einleiten noch fortsetzen dürfen, wenn das Gericht eines anderen Mitgliedstaates bereits ein Hauptinsolvenzverfahren eröffnet hat.

241.

Die S-Ltd., eine Private Limited Company nach englischem Recht (sog. Limited), produziert in Hamburg Stahlträger. Geschäfts- und Verwaltungs-

> tätigkeit der S-Ltd. finden ausschließlich in Deutschland statt. Die Krankenkasse K fragt, ob sie in Deutschland einen Antrag auf Eröffnung eines Insolvenzverfahrens über das Vermögen der S-Ltd. stellen kann.

Für die Eröffnung des Insolvenzverfahrens sind gemäß Art. 3 I EuInsVO die Gerichte des Mitgliedstaates zuständig, in dessen Gebiet der Schuldner den Mittelpunkt seiner hauptsächlichen Interessen hat. Dies sind hier die deutschen Gerichte, da sowohl die Geschäfts- als auch die Verwaltungstätigkeit der Schuldnerin ausschließlich in Deutschland stattfinden. Örtlich zuständig ist nach den allgemeinen Regeln (§ 3 InsO) das AG Hamburg.

Fraglich ist, ob eine nach englischem Recht wirksam gegründete Limited in Deutschland insolvenzfähig ist. Nach Art. 4 I EuInsVO gilt für das Insolvenzverfahren und seine Wirkungen grundsätzlich das Insolvenzrecht des Mitgliedstaates, in dem das Verfahren eröffnet wird, es sei denn, die EuInsVO regelt ausnahmsweise etwas anderes. Ausschlaggebend für die Frage der Insolvenzfähigkeit der Limited sind die Grundsätze des deutschen internationalen Gesellschaftsrechts. Danach ist eine ausländische Gesellschaft vor den deutschen Gerichten aktiv und passiv parteifähig, wenn sie nach dem Recht des Gründungsstaates als rechtsfähige Gesellschaft ähnlich einer GmbH zu behandeln ist (BGHZ 151, 204). Dies gilt selbst dann, wenn der effektive Sitz niemals im Gründungsstaat gelegen hat (*EuGH* NJW 2003, 3331). Bei einer Limited handelt es sich um eine beschränkt haftende juristische Person britischen Rechts. Sie ist folglich in Deutschland aktiv und passiv parteifähig. In Fortführung dieser Rechtsprechung ist eine nach englischem Recht gegründete Limited auch als insolvenzfähig anzusehen (*AG Hamburg* NJW 2003, 2835).

242.

> Die S-Incorporation (S-Inc.), ein Autohersteller mit Hauptsitz in den USA, betreibt in Potsdam eine Niederlassung zum Vertrieb seiner Fahrzeuge. Gläubiger G aus Berlin will wissen, ob er beim AG Potsdam die Eröffnung des Insolvenzverfahrens über das Vermögen der S-Inc. beantragen kann.

Die Sondervorschriften der EuInsVO sind hier nicht anwendbar, weil die USA nicht zu den Mitgliedstaaten der EU gehört. Es ist deshalb auf die allgemeine Zuständigkeitsvorschrift des § 3 zurückzugreifen, die auch den Umfang der internationalen Zuständigkeit der deutschen Insolvenzgerichte bestimmt (*OLG Köln* NZI 2001, 380). Nach § 3 I 1 wird die Zuständigkeit des Insolvenzgerichts durch den allgemeinen Gerichtsstand des Schuldners bestimmt. Sofern der Mittelpunkt der selbständigen wirtschaftlichen Tätigkeit des Schuldners an einem anderen Ort als dem allgemeinen Gerichtsstand liegt, so ist das dortige Insolvenzgericht zuständig (§ 3 I 1). Bei der Incorporation handelt es sich um eine juristische Person nach US-amerikanischem Recht. Der allgemeine Gerichtsstand juristischer Personen wird gemäß § 17 ZPO durch deren Sitz bestimmt. Unter Sitz ist der Ort der gewerblichen Niederlassung zu verstehen. Zwar unterhält die S-Inc. eine Niederlassung im Bezirk des AG Potsdam. Aus der Formulierung „Mittelpunkt der selbständigen wirtschaftlichen Tätigkeit" in § 3 I 2 ergibt sich aber, dass es bei mehreren Niederlassungen auf die Hauptniederlassung ankommt (BegrRegE zu § 3, BT-Drs. 12/2443, S. 110). Die Hauptniederlassung liegt hier in den USA, so dass das AG Potsdam unzuständig ist.

G kann allerdings beim AG Potsdam die Eröffnung eines Partikularinsolvenzverfahrens über das inländische Vermögen der S-Inc. beantragen. Die hierfür in § 354 I genannten Voraussetzungen liegen vor: Die Zuständigkeit eines deutschen Gerichts für die Verfahrenseröffnung über das gesamte Vermögen des S ist nicht gegeben (s. o.) und die S-Inc. hat in Deutschland eine Niederlassung. § 354 ermöglicht den Schutz der Interessen der deutschen Gläubiger eines Schuldners, für dessen Insolvenzverfahren die internationale Zuständigkeit deutscher Gerichte nicht gegeben ist.

III. Anwendbares Recht (Kollisionsrecht)

243.

Welcher wichtige Grundsatz gilt im deutschen Recht für die Behandlung grenzüberschreitender Insolvenzverfahren?

§ 335 enthält den Grundsatz, dass ein Insolvenzverfahren und seine Wirkungen grundsätzlich dem Recht desjenigen Staates unterliegen, in dem das Insolvenzverfahren eröffnet worden ist. Diesen Grundsatz bezeichnet man auch als das Universalitätsprinzip oder die lex fori concursus.

a) Das deutsche Recht nimmt damit für sich in Anspruch, dass die *Wirkungen eines hier eröffneten Verfahrens* auch im Ausland anerkannt werden. Ob dieser Anspruch durchgesetzt werden kann, ist eine andere Frage. Sie richtet sich nach dem Internationalen Insolvenzrecht des jeweiligen ausländischen Staates, den das deutsche Recht selbstverständlich nicht zwingen kann, etwa die Beschlagnahmewirkungen der Verfahrenseröffnung oder die Verfügungsbefugnis des deutschen Verwalters (§ 80 I) anzuerkennen (*Paulus*, Art. 5 Rn. 12). Innerhalb der EU ergibt sich allerdings bereits eine wechselseitige Anerkennung aus Art. 16 EuInsVO.

b) Aus §§ 335, 343 folgt auch, dass die *Wirkungen eines im Ausland eröffneten Verfahrens* in Deutschland anerkannt werden.

c) Die lex fori concursus gilt als Grundsatz auch zwischen den *Mitgliedstaaten der EU* (Art. 4 I, Art. 16 EuInsVO) und ist selbst *international* weitgehend anerkannt. Ausnahmen von diesem Grundsatz enthalten die §§ 336–342 und auf europäischer Ebene die Art. 5–12 EuInsVO.

244.

Über das Vermögen des S wird am 15.10. in Spanien das Insolvenzverfahren eröffnet. S ist Eigentümer einer Immobilie in Köln, die mit einer Grundschuld zugunsten der B-Bank belastet ist.
a) B fragt, ob und wie sie sich aus der Grundschuld befriedigen kann.
b) In Unkenntnis von der Verfahrenseröffnung erwirbt D am 20.10. von S die Immobilie. Ist diese Verfügung wirksam?

a) Die Beantwortung der Frage ist zunächst davon abhängig, ob das deutsche oder spanische Recht Anwendung findet. Art. 5 EuInsVO enthält für dingliche Rechte an Gegenständen des Schuldners eine weitere Ausnahme von dem Grundsatz der Anwendung der lex fori concursus. Danach wird das dingliche Recht eines Gläubigers oder eines Dritten an beweglichen oder unbeweglichen Gegenständen des Schuldners von der Eröffnung des Insolvenzverfahrens nicht berührt, wenn sich der Gegenstand im Gebiet eines anderen Mitgliedstaates befindet. Die betroffenen dinglichen Rechte sind in Art. 5 II EuInsVO beispielhaft aufgezählt. Art. 5 II lit. a EuInsVO nennt beispielhaft nur Pfandrechte und Hypotheken. Hierzu gehört aber auch die deutsche Grundschuld (Leonhardt/Smid/Zeuner/*Smid*, IntInsR, Art. 5 Rn. 29). Die Grundschuld der B-Bank fällt hier also in den Anwendungsbereich des Art. 5 EuInsVO.

Rechtsfolge ist, dass die Wirkungen des Insolvenzverfahrens sich nicht automatisch auf den mit einem dinglichen Recht belasteten Gegenstand erstrecken. Der Rechtsinhaber – hier die B-Bank – kann damit ihr Recht außerhalb des ausländischen Insolvenzverfahrens durchsetzen. Die Art und Weise richtet sich dabei nach dem Recht des Staates, in dem der Gegenstand belegen ist. B kann folglich gemäß § 49 ihr Absonderungsrecht im Wege der Zwangsversteigerung oder Zwangsverwaltung geltend machen. Erzielt B bei der Verwertung der Immobilie einen Übererlös, muss sie diesen an den spanischen Verwalter auskehren.

b) Für Verfügungen des Schuldners nach Eröffnung des Insolvenzverfahrens über unbewegliche Gegenstände ordnet Art. 14 EuInsVO die Geltung des Rechts des Staates an, in dem der Gegenstand belegen ist oder in dem für den Gegenstand ein Register geführt wird. Die Immobilie des S befindet sich in Deutschland; für die Immobilie wird in Deutschland ein Grundbuch geführt. Die insolvenzrechtlichen Wirkungen richten sich deshalb nach deutschem Recht. In Deutschland bleiben grundstücksrechtliche Verfügungen an einen gutgläubigen Erwerber nach Eröffnung des Insolvenzverfahrens wirksam (§§ 81 I 2, 91 II i. V. m. §§ 878, 892, 893 BGB). Solange daher die ausländische Verfahrenseröffnung nicht in das Grundbuch eingetragen ist, bleibt der gutgläubige Erwerb möglich. Die Veräußerung der Immobilie an D ist daher wirksam.

Um diese Wirkung des Grundbuchs zu verhindern, kann der ausländische Verwalter die Eröffnung des ausländischen Verfahrens in das deutsche Grundbuch nach Art. 22 EuInsVO eintragen lassen.

Würde ein Bezug zu einem Staat außerhalb der EU oder zu Dänemark bestehen, griffe die Parallelnorm des § 349 ein.

245.

Der in Belgien ansässige S hat an M ein in Köln befindliches Bürogebäude vermietet. S hat von M regelmäßig Beratungsleistungen in Anspruch genommen. Als über das Vermögen des S in Belgien das Insolvenzverfahren eröffnet wird, ist M mit der Zahlung des Mietzinses in Höhe von 5.000 € im Rückstand. S seinerseits schuldet dem M noch Beratungshonorar in Höhe von 6.000 €. Als der Verwalter von M die Zahlung des rückständigen Mietzinses

> verlangt, rechnet M mit seinem Beraterhonorar auf. Der Verwalter verweist darauf, dass in Belgien jede Aufrechnung nach Eröffnung des Insolvenzverfahrens unzulässig ist und erhebt Klage gegen M. Ist die Klage begründet?

Nein. Zwar bestimmen sich die Zulässigkeit und die materielle Wirksamkeit einer Aufrechnung grundsätzlich nach der lex fori concursus (Art. 4 II lit. d EuInsVO), hier also nach belgischem Recht. Hiervon kann nach Art. 6 EuInsVO eine Ausnahme gelten, wenn die Aufrechnung nach der lex fori concursus unzulässig, nach dem für die Forderung des Insolvenzschuldners maßgeblichen Recht dagegen zulässig ist. Welches Recht auf die Forderung des Schuldners Anwendung findet, richtet sich nach dem allgemeinen Internationalen Privatrecht. Auf das hier zwischen S und M bestehende Mietverhältnis findet gemäß Art. 28 I, III EGBGB deutsches Recht Anwendung, weil das vermietete Grundstück in Deutschland belegen ist. Nach dem folglich anzuwendenden deutschen Recht ist die von M erklärte Aufrechnung gemäß § 94 möglich. Diese Aufrechnungsbefugnis bleibt dem M gemäß Art. 6 I EuInsVO erhalten. Die Klage des Verwalters ist deshalb unbegründet.

Für Fälle mit Bezug zu einem Staat außerhalb der EU oder zu Dänemark wird der Sicherungscharakter der Aufrechnung durch § 338 nach dem Vorbild des Art. 6 EuInsVO geschützt (MüKoInsO/*Reinhart*, § 338 Rn. 1).

246.

> Über das Vermögen des in Spanien wohnenden S wird in Spanien das Insolvenzverfahren eröffnet. S ist Eigentümer einer Immobilie in München, die an M vermietet ist, der dort ein Möbelgeschäft unterhält.
> a) M fragt, welche Auswirkungen die Insolvenzeröffnung auf seinen Mietvertrag hat.
> b) Wie wäre der Fall zu beurteilen, wenn S nicht in Spanien, sondern in den USA ansässig ist und dort das Insolvenzverfahren eröffnet wird?

a) Für die Auswirkungen auf den Mietvertrag des M kommt es zunächst darauf an, welches nationale Recht Anwendung findet. Hier ist die EuInsVO anwendbar, so dass grundsätzlich die lex fori concursus gilt (Art. 4 I EuInsVO), insbesondere für die Auswirkungen des Insolvenzverfahrens auf laufende Verträge des Schuldners (Art. 4 II lit. e EuInsVO). Eine Ausnahme von der lex fori concursus enthält allerdings Art. 8 EuInsVO, wonach die Wirkungen eines Insolvenzverfahrens auf einen Vertrag über den Erwerb oder die Nutzung einer Immobilie sich nach dem Recht des Belegenheitsstaates Anwendung findet. Mit dieser Regelung sollen insbesondere Mieter und Pächter vor den kaum überschaubaren Auswirkungen eines ausländischen Insolvenzverfahrens geschützt werden (MüKoInsO/*Reinhart*, Art. 8 EuInsVO Rn. 1).

Der zwischen M und S abgeschlossene Mietvertrag betrifft die Nutzung einer Immobilie, die in München belegen ist. Auf den Vertrag findet deshalb das materielle bürgerliche Recht und das Insolvenzrecht Deutschlands Anwendung. Danach bleibt das Mietverhältnis von der Eröffnung des Insolvenzverfahrens unberührt (§ 108 I 2).

Der in Spanien bestellte Verwalter rückt in sämtliche Rechte und Pflichten des S aus dem Mietvertrag ein. Das Sonderkündigungsrecht des § 109 besteht hier nicht; es gilt nur für den Schuldner als Mieter.

b) Nach § 336 gilt dieselbe Rechtslage wie in Fall a), wenn das Insolvenzverfahren in einem Staat außerhalb der EU oder in Dänemark eröffnet wird. Auch insoweit findet eine Durchbrechung der lex fori concursus (§ 335) statt.

247.

Über das Vermögen des S wird in Frankreich das Insolvenzverfahren eröffnet. S hatte zwei Jahre vor Verfahrenseröffnung sein Ferienhaus auf der Insel Sylt unentgeltlich an D übertragen. Der Wohnsitz des D ist unbekannt. Kann der französische Verwalter die Rückübertragung des Ferienhauses durch Klage vor einem deutschen Gericht durchsetzen?

Die Beantwortung der Frage hängt davon ab, ob ein deutsches Gericht für die Klage zuständig ist und welches materielle Recht auf den Sachverhalt Anwendung findet.

Die internationale Zuständigkeit eines deutschen Gerichts ist gegeben, wenn D einen Gerichtsstand in Deutschland hat. Der allgemeine Gerichtsstand des D gemäß §§ 12 ff. ZPO ist nicht bekannt. Allerdings begründet § 23 einen besonderen Gerichtsstand dort, wo sich der in Anspruch genommene Gegenstand befindet. Die Norm regelt nicht nur die örtliche, sondern auch die internationale Zuständigkeit (Zöller/*Vollkommer*, § 23 ZPO Rn. 1 m. w. N.). Da sich das Ferienhaus in Deutschland befindet, ist danach die internationale Zuständigkeit eines deutschen Gerichts begründet.

Für die Anfechtbarkeit von Rechtshandlungen ist nach Art. 4 II lit. m EuInsVO grundsätzlich die lex fori corcursus maßgeblich, hier also das französische Recht. Nach französischem Insolvenzrecht ist die hier erfolgte unentgeltliche Übertragung anfechtbar.

Eine Ausnahme von der lex fori concursus hinsichtlich der Anfechtung enthält Art. 13 EuInsVO. Danach kann der Anfechtungsgegner die Beschränkung der Anfechtung einredeweise geltend machen, wenn er nachweist, dass für die angegriffene Rechtshandlung das Recht eines anderen Mitgliedstaates Anwendung findet und die Handlung nach diesem Recht nicht angreifbar ist.

Der Nachweis der Anwendbarkeit anderen Rechts kann z. B. dadurch geführt werden, dass in einem anderen Mitgliedstaat ein Sekundärinsolvenzverfahren eröffnet wurde. Dann nämlich findet gemäß Art. 28 EuInsVO das Anfechtungsrecht dieses anderen Mitgliedstaates Anwendung.

Die Einrede nach Art. 13 EuInsVO kann D aber hier schon deshalb nicht geltend machen, weil die unentgeltliche Übertragung auch nach deutschem Recht, nämlich nach § 134 I, anfechtbar ist.

Der Verwalter kann den Anfechtungsanspruch gegen D also vor einem deutschen Gericht durchsetzen. Das Gericht wendet bei seiner Entscheidung französisches

Anfechtungsrecht an. Für Sachverhalte mit Bezug zu einem Staat außerhalb der EU oder zu Dänemark enthält § 339 eine entsprechende Regelung.

IV. Anerkennung ausländischer Insolvenzverfahren

248.
Was bedeutet die Anerkennung eines ausländischen Insolvenzverfahrens im Inland?

Die Anerkennung der Eröffnung eines ausländischen Insolvenzverfahrens bedeutet, dass dieses unmittelbar, d. h. ohne ein besonderes Anerkennungsverfahren, im Inland die Wirkungen entfaltet, die es nach dem maßgeblichen Insolvenzstatut (§ 335) – also nach dem Insolvenzrecht des Eröffnungsstaates – äußert (MüKoInsO/*Kindler*, § 343 Rn. 1 ff.).

249.
Unter welchen Voraussetzungen wird ein im Ausland eröffnetes Insolvenzverfahren in Deutschland anerkannt?

a) Wird in einem *Mitgliedstaat der EU* (mit Ausnahme Dänemarks) ein Insolvenzverfahren eröffnet, so richtet sich die Anerkennung in Deutschland nach Art. 16, 27 EuInsVO.

aa) Notwendige Anerkennungsvoraussetzung ist danach zunächst, dass es sich bei dem ausländischen Verfahren um ein Insolvenzverfahren i. S. v. Art. 1 I EuInsVO handelt. Diese Verfahren sind in den Anhängen A und B zur EuInsVO aufgeführt (§ 2 lit. a EuInsVO).

bb) Weiterhin muss der verfahrenseröffnende Hoheitsakt im Eröffnungsstaat wirksam geworden ist. Die Unanfechtbarkeit der Entscheidung ist nicht erforderlich (Uhlenbruck/*Lüer*, Art. 16 EuInsVO Rn. 1).

cc) Die Verfahrenseröffnung muss durch ein zuständiges Gericht (oder eine andere Stelle nach der Legaldefinition des Art. 2 lit. d EuInsVO) erfolgt sein. Obwohl Art. 16 I EuInsVO von „zuständigem" Gericht spricht, ist damit nicht gemeint, dass die Zuständigkeit des eröffnenden Gerichts nachgeprüft werden dürfte. Dies verbietet der Grundsatz des gemeinsamen Vertrauens (Leonhardt/Smid/Zeuner/*Smid*, IntInsR, Art. 16 Rn. 5).

dd) Schließlich darf die Anerkennung des ausländischen Verfahrens nicht gegen den ordre public verstoßen (Art. 26 EuInsVO). Ein Verstoß gegen den ordre public liegt vor, wenn die Entscheidung des ausländischen Gerichts mit der öffentlichen Ordnung, insb. mit den Grundprinzipien oder den verfassungsgemäßen Rechten und Freiheiten des Einzelnen in dem anerkennenden Mitgliedstaat unvereinbar ist (Pannen/*Pannen*, Art. 26 Rn. 1).

Liegen die Voraussetzungen für die Anerkennung vor und liegt ein Grund für die Verweigerung der Anerkennung nach Art. 26 EuInsVO nicht vor, tritt automatisch, d. h. ohne jeden förmlichen Akt, eine universelle Beschlagswirkung der ausländischen Insolvenzeröffnung in Deutschland ein.

b) Die Anerkennung der Wirkungen eines in einem Staat außerhalb der EU oder in Dänemark zwischen den Mitgliedstaaten in der EU eröffneten Insolvenzverfahrens richtet sich nach § 343. Die Voraussetzungen entsprechen denen, wie sie für die Anerkennung der Insolvenzverfahren in Mitgliedstaaten der EU gelten (oben a.). Für die Frage, ob es sich bei dem ausländischen Verfahren um ein „Insolvenzverfahren" i. S. d. § 343 handelt, kann durch die Kriterien des Art. 1 I EuInsVO erschlossen werden; es ist danach zu fragen, ob das in dem Drittland eröffnete Verfahren den Maßstäben genügt, die durch die in den Anhängen A und B zur EuInsVO aufgeführten Verfahren verwirklicht sind (MüKoInsO/*Kindler*, § 343 Rn. 6 ff.).

250.

Über das Vermögen des Büroangestellten S wird in Deutschland das Verbraucherinsolvenzverfahren eröffnet. S ist Eigentümer eines Cabriolets, das am Urlaubsort des S in der Provence angemeldet und abgestellt ist. Aus der Reparatur des Fahrzeugs schuldet S der französischen Kfz-Werkstatt W noch 5.000 €. In Frankreich sind natürliche Personen ohne Kaufmannseigenschaft nicht insolvenzfähig.
a) S fragt, ob er über sein Cabriolet jetzt noch wirksam verfügen kann.
b) W fragt, ob er seinen Anspruch gegen S in Frankreich im Wege einer Leistungsklage durchsetzen kann?

---

a) Die Eröffnung des Insolvenzverfahrens in Deutschland wird gemäß Art. 16 I 1 EuInsVO in Frankreich automatisch anerkannt. Dass S nach dem französischen Insolvenzrecht nicht insolvenzfähig ist, steht der Anerkennung gemäß Art. 16 I 2 EuInsVO ausdrücklich nicht entgegen; ausschließlich das Recht des Eröffnungsstaates bestimmt über die Insolvenzfähigkeit (Art. 4 II lit. a EuInsVO).

Die Anerkennung bedeutet gemäß Art. 17 I EuInsVO, dass die Verfahrenseröffnung ohne jeden weiteren förmlichen Akt gemeinschaftsweit diejenigen Wirkungen entfaltet, die das Recht des Eröffnungsstaates vorsieht. Welche Wirkungen in Frankreich mit der Eröffnung des Verfahrens verbunden sind, bestimmt sich hier also nach deutschem Recht. Dies führt dazu, dass das Fahrzeug des S vom Insolvenzbeschlag (§ 80 I) erfasst wird, weil es nach deutschem Recht zur Insolvenzmasse (§ 35) gehört. Eine Verfügung über das Fahrzeug wäre nach § 81 I unwirksam.

b) Weitere Wirkung der Verfahrenseröffnung und deren Anerkennung in Frankreich ist, dass B seinen Anspruch gegen S auch in Frankreich nicht mehr im Wege der Einzelrechtsverfolgung durchsetzen kann (§§ 87, 89 I). Seinen Anspruch kann er nur durch Anmeldung zur Insolvenztabelle verfolgen.

251.

Der in Wien ansässige Bauunternehmer S stellt dort einen Antrag auf Eröffnung eines Insolvenzverfahrens. Zwei Wochen vor dem Antrag hatte S seinen gesamten Maschinenpark über die Grenze nach Deutschland verbracht. Das Insolvenzgericht bestellt V gemäß § 73 IO Österreich zum vorläufigen Verwalter. Als V von der Verbringung der Maschinen erfährt, fragt er, wie er diese Maschinen sichern kann.

Die EuInsVO bietet für die Anordnung und Durchsetzung von Sicherungsmaßnahmen zwei Möglichkeiten an. Zum einen kann das für das Hauptinsolvenzverfahren zuständige Gericht Sicherungsmaßnahmen anordnen, die nach Art. 25 EuInsVO in allen Mitgliedstaaten anzuerkennen sind. Daneben kann sich der durch das Insolvenzgericht des Hauptinsolvenzverfahrens eingesetzte vorläufige Verwalter nach Art. 38 EuInsVO in anderen Mitgliedstaaten diejenigen Befugnisse verleihen lassen, die nach dem Recht dieses Staates während des Eröffnungsverfahrens vorgesehen sind. In Betracht käme danach, dass V sich von dem in Deutschland zuständigen Insolvenzgericht Befugnisse nach § 21 hinsichtlich des Maschinenparks verleihen lässt. Einen Antrag nach Art. 38 EuInsVO kann der vorläufige Verwalter in einem anderen Mitgliedstaat aber nur dann stellen, wenn der Schuldner dort eine Niederlassung i. S. d. Art. 2 lit. h EuInsVO unterhält. Denn die Formulierung der Vorschrift verweist darauf, dass durch die einstweiligen Maßnahmen im Vorfeld eines Sekundärinsolvenzverfahrens dessen Partikularmasse geschützt wird (Leonhardt/Smid/Zeuner/*Smid*, IntInsR, Art. 38 Rn. 12) und ein Sekundärinsolvenzverfahren ist nur möglich, wenn der Schuldner in dem betroffenen Mitgliedstaat eine Niederlassung unterhält. Für diese Auslegung spricht zudem der systematische Standort der Vorschrift im Abschnitt über Sekundärinsolvenzverfahren.

V könnte sich aber von dem Insolvenzgericht in Wien die Befugnis verleihen lassen, den Maschinenpark in Besitz zu nehmen (§ 73 IO Österreich). Diese Entscheidung wird gemäß Art. 25 I 1 i. V. m. Unterabs. 3 EuInsVO ohne weitere Förmlichkeiten in Deutschland anerkannt. Die Entscheidung kann in Deutschland im Wege der Vollstreckung durchgesetzt werden. Art. 25 I EuInsVO verweist insoweit auf das vereinfachte Verfahren nach Art. 38 bis 52 EuGVVO. Danach ist die Entscheidung zunächst für vollstreckbar zu erklären; sodann richtet sich die Vollstreckung nach dem Recht des Staates, in dem vollstreckt werden soll, hier also nach der ZPO.

Für Fälle mit Bezug zu einem Staat außerhalb der EU oder mit Bezug zu Dänemark besteht eine ähnliche Rechtslage. Sicherungsmaßnahmen ausländischer Gerichte werden nach § 343 II in Deutschland anerkannt. Für eine Vollstreckung der Sicherungsmaßnahmen bedarf es gemäß § 353 eines Vollstreckungsurteils gemäß § 722 I ZPO.

Sofern der Schuldner in Deutschland über eine Niederlassung verfügt, kann der im Ausland eingesetzte vorläufig Verwalter gemäß § 344 bei einem deutschen Gericht Maßnahmen nach § 21 beantragen.

252.

Welche Befugnisse hat ein in einem Mitgliedstaat bestellter Verwalter in Deutschland, wenn sich hier Vermögensgegenstände des Schuldners befinden?

Der in einem nach Art. 3 I EuInsVO bestellte Verwalter kann wegen der automatischen Anerkennung in den Mitgliedstaaten alle Befugnisse ausüben, die ihm nach dem Recht des Eröffnungsstaates zustehen (Art. 18 I EuInsVO). Er kann insb. die zur Masse gehörenden Gegenstände aus dem Gebiet eines anderen Mitgliedstaates entfernen oder verwerten. Bei der Ausübung seiner Befugnisse hat er allerdings das Recht des Staates zu beachten, in dem er handeln will. Die dem Verwalter zustehenden Befugnisse und die Art ihrer Ausübung durch Verwertung sind also aufgespalten: Art. 18 I EuInsVO bestimmt, dass der Verwalter des Hauptinsolvenzverfahrens nach dem Recht des Eröffnungsstaates auch in anderen Mitgliedstaaten tätig werden kann. Art. 18 III EuInsVO stellt aber klar, dass er hinsichtlich der Art und Weise der Verwertung eines Massegegenstandes das Recht des anderen Mitgliedstaates, in dessen Gebiet sich der Massegegenstand befindet, zu beachten hat. Für die Durchsetzung von Zwangsmaßnahmen hätte der Verwalter in Deutschland also deutsches Recht zu beachten. So unterfiele etwa die Verwertung eines unbeweglichen Gegenstandes den Regeln der Zwangsversteigerung nach den §§ 172 ff. ZVG.

Der Verwalter kann weiterhin in Deutschland klageweise vorgehen, wenn er nach dem Recht des Eröffnungsstaates prozessführungsbefugt ist (Art. 4 lit. c EuInsVO). Außerdem kann der Verwalter auf seinen Antrag hin den wesentlichen Inhalt der Eröffnungsentscheidung veröffentlichen lassen (Art. 21 EuInsVO). Verfügt der Schuldner über unbewegliches Vermögen in Deutschland, kann der Verwalter die Verfahrenseröffnung in das Grundbuch eintragen lassen (Art. 23 EuInsVO).

Auch in Fällen mit Bezug zu einem Staat außerhalb der EU oder mit Bezug zu Dänemark ergeben sich die Befugnisse des Verwalters grundsätzlich aus dem nationalen Insolvenzrecht des Eröffnungsstaates. Dies folgt aus der Anerkennung ausländischer Entscheidungen nach § 343. Für die Veröffentlichung der Eröffnungsentscheidung und Eintragungen in Grundbücher bestehen ebenfalls der EuInsVO entsprechende Regelungen (§§ 345, 346).

253.

Am 1.7. wird über das Vermögen des Industriellen S in Portugal das Insolvenzverfahren eröffnet. Die G-Bank lässt am 10.7. die in Finnland vor Anker liegende Segelyacht des S wegen einer Darlehensforderung pfänden und sofort verwerten. Der in Portugal bestellte Verwalter verlangt von G Herausgabe des Verwertungserlöses.
a) Zu Recht?
b) Wie wäre der Fall zu beurteilen, wenn S die Segelyacht bereits vor zwei Jahren an die G-Bank sicherungsübereignet hätte und G nach Verfahrenseröffnung die Verwertung selbst vorgenommen hätte?

a) Ja. Nach Art. 20 I EuInsVO hat ein Gläubiger, der nach Eröffnung eines Insolvenzverfahrens auf irgendeine Weise, aber insb. durch Zwangsvollstreckung aus einem Gegenstand der Masse befriedigt wird, der in einem anderen Mitgliedstaat als dem Eröffnungsstaat gelegen ist, das Erlangte an den Verwalter herauszugeben. Durch diese Vorschrift ist die individuelle Rechtsverfolgung durch die Gläubiger nach Eröffnung des Insolvenzverfahrens in allen Mitgliedstaaten ausgeschlossen.

Der Herausgabeanspruch des Verwalters zielt erstrangig auf den unmittelbaren Gegenstand, den der Gläubiger erlangt hat. Ist der Gegenstand aber – wie hier – verwertet, ist die erlangte Geldsumme herauszugeben. Auf eine Entreicherung kann sich der betroffene Gläubiger nicht berufen, da die autonome Auslegung des Art. 20 I EuInsVO einen Rückgriff auf das Bürgerliche Recht der Mitgliedstaaten nicht zulässt (MüKoInsO/*Reinhart,* Art. 20 EuInsVO Rn. 12).

b) Die Herausgabepflicht nach Art. 20 I EuInsVO gilt ausdrücklich „vorbehaltlich der Artikel 5 und 7". Nach Art. 5 I EuInsVO werden bestimmte dingliche Rechte Dritter an Gegenständen, die sich in einem Mitgliedstaat befinden, von der Verfahrenseröffnung in einem anderen Mitgliedstaat nicht berührt. Da ein dinglich gesicherter Gläubiger sich durch die Verwertung des Sicherungsguts nicht auf Kosten der Masse bereichert, verstößt er auch nicht gegen das Prinzip der Gläubigergleichbehandlung, weshalb das Vorrecht dieser Gläubiger von Art. 20 I EuInsVO nicht berührt werden soll.

Art. 5 II lit. a EuInsVO nennt beispielhaft Pfandrechte, zu denen auch das Sicherungseigentum gehört (Leonhardt/Smid/Zeuner/*Smid,* IntInsR, Art. 5 Rn. 29). Da die Yacht der G-Bank sicherungsübereignet wurde, muss sie den Verwertungserlös nicht nach Art. 20 I EuInsVO an den Verwalter auskehren.

Hinweis: Für Fälle mit Drittlandsbezug ist die Herausgabepflicht in § 342 I geregelt. Dass ein dinglich gesicherter Gläubiger das Sicherungsgut oder den Verwertungserlös nicht herauszugeben hat, ergibt sich hier daraus, dass § 342 I auf eine Bereicherung „auf Kosten der Insolvenzmasse" abstellt. Anders als im Rahmen des Art. 20 I EuInsVO verweist § 342 I 2 auf die Vorschriften über die ungerechtfertigte Bereicherung. Der Anspruchsgegner kann sich daher insb. auf eine Entreicherung berufen, § 818 III BGB.

V. Partikular- und Sekundärinsolvenzverfahren

254.

Was versteht man unter Partikular- und Sekundärinsolvenzverfahren?

Kennzeichnend sowohl für das Partikular- als auch das Sekundärinsolvenzverfahren ist, dass die Wirkungen dieser Verfahren auf das Vermögen des Schuldners im Gebiet eines Staates beschränkt sind. Anders als ein Hauptinsolvenzverfahren beanspruchen sie also keine universelle Wirkung.

Ob ein Partikular- oder ein Sekundärinsolvenzverfahren gegeben ist, richtet sich danach, ob zum Zeitpunkt ihrer Eröffnung bereits ein Hauptinsolvenzverfahren in einem anderen Staat eröffnet wurde. *Vor* Eröffnung eines Hauptinsolvenzverfahrens in einem anderen Staat wird ein territorial beschränkt wirkendes Insolvenzverfahren als Partikularinsolvenzverfahren bezeichnet. Ein *nach* Eröffnung des Hauptinsolvenzverfahrens eröffnetes Partikularinsolvenzverfahren ist ein Sekundärinsolvenzverfahren.

255.
Die S-SARL betreibt einen großen Lebensmittelhandel mit Hauptsitz in Paris. Sie unterhält eine Niederlassung in Berlin. S schuldet der in Berlin ansässigen G-Bank die Rückzahlung eines Darlehens über 500.000 €. G stellt daher am 1.9. beim örtlich zuständigen AG Charlottenburg in Berlin den Antrag auf Eröffnung des Insolvenzverfahrens über das Vermögen der S-S.a.r.l. ohne jegliche Glaubhaftmachung eines Eröffnungsgrundes. Das Insolvenzgericht erlangt davon Kenntnis, dass über das Vermögen der S-S.a.r.l. bereits am 15.8. in Frankreich ein Hauptinsolvenzverfahren eröffnet wurde.
a) Welche Entscheidung wird das Insolvenzgericht treffen?
b) Wie entscheidet das Gericht, wenn in Frankreich noch kein Hauptinsolvenzverfahren eröffnet wurde?

a) Die Zulässigkeit eines Antrags auf Eröffnung eines Insolvenzverfahrens setzt gemäß § 14 grundsätzlich die Glaubhaftmachung eines Eröffnungsgrundes, also typischerweise der Zahlungsunfähigkeit oder der Überschuldung (§§ 17, 19) voraus. Die nach nationalem Recht erforderlichen Voraussetzungen für die Verfahrenseröffnung werden aber durch Art. 27 EuInsVO modifiziert: Sofern in einem anderen Mitgliedstaat ein Hauptinsolvenzverfahren eröffnet wurde, erfolgt die Eröffnung eines Sekundärinsolvenzverfahrens in einem anderen Mitgliedstaat ohne eine eigenständige Feststellung des Vorliegens eines Eröffnungsgrundes.

Hier ist in Frankreich bereits ein Hauptinsolvenzverfahren eröffnet worden. Diese Entscheidung wird in Deutschland nach Art. 16 I EuInsVO anerkannt; eine Prüfung, ob das Gericht eines anderen Mitgliedstaates seine Zuständigkeit für das Hauptinsolvenzverfahren in zutreffender Weise bejaht hat, findet nicht statt (Leonhardt/Smid/*Zeuner/Smid,* IntInsR, Art. 3 EuInsVO Rn. 19).

Alle zeitlich später als das Hauptinsolvenzverfahren eröffneten Verfahren können nur noch als *Sekundärinsolvenzverfahren* eröffnet werden (Art. 3 III EuInsVO). Die Eröffnung eines Hauptinsolvenzverfahrens ist ausgeschlossen (Art. 102 § 3 I EGInsO). Voraussetzungen für die Eröffnung eines Sekundärinsolvenzverfahrens sind, dass der Schuldner am Ort des Eröffnungsantrages über eine Niederlassung verfügt (vgl. Art. 3 II, Art. 2 lit. h EuInsVO) und dass der Antrag auf Eröffnung eines Insolvenzverfahrens von einer antragsbefugten Person gestellt wird. Die Eröffnung eines Sekundärinsolvenzverfahrens kann gemäß Art. 29 EuInsVO neben dem Verwalter des Hauptinsolvenzverfahrens jede Person beantragen, der das Antragsrecht nach dem Recht desjenigen Mitgliedstaates zusteht, in dem das Sekundärinsolvenzverfahren eröffnet werden soll.

Hier verfügt die S-SARL über eine Niederlassung in Berlin. Die G-Bank ist nach deutschem Recht antragsbefugt, weil sie Gläubigerin der S-SARL ist. Das AG

Charlottenburg wird deshalb über das Vermögen der S-SARL ein Sekundärinsolvenzverfahren eröffnen.

b) Ist am Ort der hauptsächlichen Interessen des Schuldners – hier in Frankreich – noch kein Insolvenzverfahren eröffnet worden, lässt Art. 3 IV EuInsVO die Eröffnung eines *Partikularinsolvenzverfahrens* am Ort der Niederlassung des Schuldners in zwei Alternativen zu:

(1) Wenn am Ort der hauptsächlichen Interessen des Schuldners die Verfahrenseröffnung nicht möglich ist (Art. 3 IV lit. a EuInsVO). Beispiel: Drohende Zahlungsunfähigkeit ist nach ausländischem Insolvenzrecht kein Eröffnungsgrund.

(2) Wenn der beantragende Gläubiger seinen Wohnsitz, gewöhnlichen Aufenthalt oder Sitz in dem Mitgliedstaat hat, in dem sich die Niederlassung befindet, oder dessen Forderung sich aus einer im Betrieb der Niederlassung entstandenen Verbindlichkeit ergibt.

Hier hat die antragstellende Bank ihren Sitz in Deutschland, also in dem Mitgliedstaat, in dem sich auch die Niederlassung der S-SARL befindet, so dass die Voraussetzungen des Art. 3 IV EuInsVO für die Eröffnung eines Partikularinsolvenzverfahrens insoweit erfüllt sind. Anders als im Falle eines Sekundärinsolvenzverfahrens wird das Insolvenzgericht aber hier nicht nach Art. 27 EuInsVO von der Prüfungspflicht der Insolvenz des Schuldners enthoben. Es bedarf also der Glaubhaftmachung eines Eröffnungsgrundes durch den antragstellenden Gläubiger nach § 14. Da diese Anforderung hier nicht erfüllt ist, wird das Gericht den Antrag auf Eröffnung eines Insolvenzverfahrens der G-Bank als unzulässig abweisen.

Für Sachverhalte mit Bezug zu einem Staat außerhalb der EU oder mit Bezug zu Dänemark eröffnet § 354 die Möglichkeit der Eröffnung eines Partikular- und § 356 die Möglichkeit eines Sekundärinsolvenzverfahrens über das in Deutschland belegene Vermögen eines Schuldners.

256.

Welches nationale Recht findet auf ein Partikular- bzw. Sekundärinsolvenzverfahren Anwendung?

Nach Art. 28 EuInsVO ist auf Sekundärinsolvenzverfahren sowohl in verfahrensrechtlicher als auch in materieller Hinsicht grundsätzlich das Recht des Staates seiner Eröffnung anzuwenden. Für Partikularinsolvenzverfahren i. S. v. Art. 3 IV EuInsVO bedarf es dieser Regelung nicht, denn die Geltung des Rechts des Eröffnungsstaates ist dort eine Selbstverständlichkeit, die in Ermangelung der Konkurrenz zu einem Hauptinsolvenzverfahren nicht geregelt werden muss (Pannen/*Herchen*, Art. 28 Rn. 3).

257.

Über das Vermögen der S-AG ist in Deutschland das Hauptinsolvenzverfahren eröffnet und VD zum Verwalter bestellt worden. In Portugal wurde über

eine Niederlassung der S-AG ein Sekundärinsolvenzverfahren unter Bestellung des VP eröffnet.
a) VP fragt, ob ihm VD über die bei ihm angemeldeten Forderungen Auskunft geben muss.
b) VP möchte die von ihm verwaltete Niederlassung der S-AG schließen und das dortige Vermögen rasch verwerten. VD beabsichtigt die Sanierung der S-AG im Wege eines Insolvenzplans. Hierfür ist aber die Aufrechterhaltung der Niederlassung in Portugal notwendig. Was kann VD gegen die beabsichtigte Schließung der Niederlassung tun?

a) Ja. Zwar sind Haupt- und Sekundärinsolvenzverfahren grundsätzlich eigenständige Verfahren, die sich auch nach unterschiedlichen Rechten richten. Allerdings ist bei beiden Verfahren der Schuldner identisch; auch die Gläubiger können identisch sein. Die deshalb erforderliche Abstimmung beider Verfahren soll durch die in Art. 31 EuInsVO normierte Pflicht zur Zusammenarbeit beider Verwalter sichergestellt werden. Die Verwalter haben sich während der gesamten Dauer des jeweiligen Verfahrens gegenseitig zu unterrichten, insbesondere über den Stand der Forderungsanmeldungen (Art. 31 I 2 EuInsVO). Dies ist schon wegen Art. 20 II EuInsVO notwendig, der die Ausschüttung einer einheitlichen Quote sicherstellen soll.

Aus Art. 31 I EuInsVO folgen materiellrechtliche Auskunftsansprüche des einen Verwalters gegen den anderen, die im Wege der Auskunftsklage durchgesetzt werden können (MüKoInsO/*Reinhart,* Art. 31 EuInsVO Rn. 16). VP könnte seinen Auskunftsanspruch gegen VD also notfalls gerichtlich durchsetzen. Außerdem könnte sich VP an das zuständige Insolvenzgericht wenden, das gegen VD Aufsichtsmaßnahmen (§ 58) treffen wird, wenn dieser seiner Kooperationspflicht nicht nachkommt.

b) Die Verwalter der Haupt- und Sekundärinsolvenzverfahren sind nach Art. 31 II EuInsVO auch zur Zusammenarbeit verpflichtet; sie müssen ihre Verfahrensabwicklung also abstimmen und koordinieren. Eine spezielle Ausformung der Pflicht zur Zusammenarbeit findet sich in Art. 31 III EuInsVO: Danach kann der Verwalter des Hauptinsolvenzverfahrens dem Verwalter des Sekundärinsolvenzverfahrens Vorschläge für die Verwertung oder Verwendung der Masse unterbreiten. Hintergrund für diese Regelung ist, dass der Überschuss aus dem Sekundärinsolvenzverfahren der Masse des Hauptinsolvenzverfahrens zufließt (Art. 35 EuInsVO) und der Verwalter des Hauptinsolvenzverfahrens daher ein Interesse an der Gestaltung der Verwertung im Sekundärinsolvenzverfahren hat.

Der Verwertungsvorschlag des Verwalters des Hauptinsolvenzverfahrens ist aber nicht verbindlich (Leonhardt/Smid/Zeuner/*Smid,* IntInsR, Art. 31 Rn. 20), so dass VP einem Vorschlag des VD zur Aufrechterhaltung der Niederlassung nicht zu folgen braucht. VD kann allerdings in Portugal gemäß Art. 33 I EuInsVO die Aussetzung des Sekundärinsolvenzverfahrens beantragen. Diesen Antrag darf das Insolvenzgericht in Portugal nur ablehnen, wenn die Aussetzung offensichtlich für die Gläubiger des Hauptinsolvenzverfahrens nicht von Interesse ist. Dafür bestehen hier aber keine Anhaltspunkte. Vielmehr ist davon auszugehen, dass der von VD beabsichtigte Insolvenzplan den Gläubigern eine bessere Befriedigung bietet als die Zerschlagung des Unternehmens.

Art. 31 EuInsVO entfaltet nur zwischen Verwaltern Wirkung, die in Verfahren eingesetzt worden sind, die von Gerichten der Mitgliedstaaten der EU (außer Dänemark) eröffnet worden sind. Das Verhältnis eines in Deutschland eingesetzten Verwalters zu Verwaltern in Staaten außerhalb der EU und in Dänemark regelt § 357. Nach dessen Abs. 1 bestehen ebenfalls Kooperationspflichten, Abs. 2 gibt dem ausländischen Verwalter ein Teilnahmerecht am deutschen Sekundärverfahren und Abs. 3 räumt dem ausländischen Verwalter des Hauptinsolvenzverfahrens das Recht ein, im deutschen Sekundärinsolvenzverfahren einen Insolvenzplan vorzulegen.

258.

G hatte der Niederlassung der S-GmbH in Belgien Zubehörteile für die von der S-GmbH hergestellten Maschinen geliefert. Als über das Vermögen der S-GmbH in Frankreich das Hauptinsolvenzverfahren und in Belgien ein Sekundärinsolvenzverfahren eröffnet wird, fragt G, wo und wie er seine offenen Forderungen anmelden soll.

a) Das Zusammenspiel von Haupt- und Sekundärinsolvenzverfahren geht von dem Prinzip aus, dass jeder Gläubiger, gleichgültig in welchem Mitgliedstaat er seine Forderung begründet hat, an sämtlichen Insolvenzverfahren gegen den Schuldner teilnehmen kann. Um dies zu gewährleisten, verpflichtet Art. 40 I EuInsVO das zuständige Gericht bzw. den bestellten Verwalter, auch die Gläubiger in anderen Mitgliedstaaten von der Verfahrenseröffnung zu unterrichten. Die Gläubiger können ihre Forderungen sodann gemäß Art. 32 I EuInsVO in sämtlichen Insolvenzverfahren anmelden. G kann seine Forderungen also sowohl in Belgien als auch in Frankreich anmelden.

b) Wie diese Anmeldung vorzunehmen ist, bestimmt sich nach der jeweiligen lex concursus, Art. 4 II lit. h EuInsVO, hier also nach dem belgischen bzw. französischen Insolvenzrecht. Es bestehen allerdings einige einheitliche Vorgaben für den Inhalt (Art. 41 EuInsVO) und die Sprache (Art. 42 II EuInsVO) der Anmeldung.

c) Hat ein Gläubiger seine Forderung bereits in einem Verfahren angemeldet, so kann der Verwalter dieses Verfahrens sie auch in anderen Verfahren anmelden (Art. 32 II EuInsVO). Dieses eigenständige Anmelderecht des Verwalters ermöglicht eine bessere Koordination der Verfahren mit dem Ziel der bestmöglichen Gläubigerbefriedigung. Wie sich aus der Regelung ebenfalls ergibt, kann der Gläubiger es gegenüber dem Verwalter aber auch ablehnen, dass seine Forderung auch in einem anderen Verfahren angemeldet wird.

259.

Über das Vermögen des Filmproduzenten S wird in Luxemburg das Hauptinsolvenzverfahren eröffnet. Da S über eine Niederlassung in München verfügt, wird dort ein Sekundärinsolvenzverfahren eröffnet. S möchte in dem Sekun-

därinsolvenzverfahren einen Insolvenzplan vorlegen, der einen Teilverzicht der Gläubiger vorsieht.
a) Unter welchen Voraussetzungen ist dies möglich?
b) S fragt, ob ihm im Rahmen des in München laufenden Insolvenzverfahrens jedenfalls theoretisch Restschuldbefreiung erteilt werden könnte.

a) Die Beendigung eines Sekundärinsolvenzverfahrens durch eine Maßnahme nach nationalem Recht – hier durch einen Insolvenzplan – kann nach Art. 34 I Unterabs. 1 EuInsVO vom Verwalter des Hauptinsolvenzverfahrens vorgeschlagen werden. Dieses Vorschlagsrecht des Verwalters schließt aber die Befugnis der nach dem nationalen Recht vorschlagsberechtigten Personen nicht aus (Pannen/*Herchen*, Art. 34 Rn. 9 f.). S kann also nach § 218 I den Insolvenzplan vorlegen. Der Plan darf durch das Insolvenzgericht aber nur bestätigt werden, wenn der Verwalter des Hauptinsolvenzverfahrens hierzu seine Zustimmung erteilt oder die finanziellen Interessen der Gläubiger des Hauptinsolvenzverfahrens durch die Bestätigungsentscheidung nicht beeinträchtigt werden (Art. 34 I Unterabs. 2 EuInsVO). Stimmt der Verwalter nicht zu, so hat das Gericht die Quote, die an die Gläubiger des Hauptinsolvenzverfahrens ohne den Insolvenzplan ausgeschüttet wird, mit der Quote zu vergleichen, die sich bei Ausschüttung des Überschusses nach Art. 35 EuInsVO ergäbe (Leonhardt/Smid/Zeuner/*Smid*, IntInsR, Art. 34 Rn. 7).

b) Ja. Die Erteilung der Restschuldbefreiung ist auch durch das in München zuständige Insolvenzgericht möglich, wenn die für die Erteilung der Restschuldbefreiung in Deutschland erforderlichen Voraussetzungen erfüllt sind. Grundsätzlich entfaltet allerdings das Sekundärinsolvenzverfahren allein in seinem Eröffnungsstaat Wirkungen (Art. 3 II 2, 27 S. 3 EuInsVO). Abweichend hiervon erweitert Art. 34 II EuInsVO die Wirkungserstreckung in räumlicher Hinsicht, wenn dem alle betroffenen Gläubiger zustimmen. Art. 34 II EuInsVO ist vergleichbar mit Art. 17 II EuInsVO. Nach Art. 17 II 1 EuInsVO ist die Wirkung eines Partikularinsolvenzverfahrens in den anderen Mitgliedstaaten anzuerkennen. Nach Satz 2 dieser Vorschrift ist der mit der Restschuldbefreiung verbundene Schuldenerlass allerdings auf das im Gebiet des Sekundärinsolvenzverfahrens belegene Schuldnervermögen beschränkt; auf das Vermögen außerhalb dieses Territoriums wirkt eine Beschränkung der Gläubigerrechte aber dagegen nur gegenüber Gläubigern, die zugestimmt haben.

Hierin liegt ein wesentlicher Unterschied zu Art. 34 II EuInsVO, bei dem bereits die Verweigerung der Zustimmung *eines* Gläubigers dazu führt, dass die Maßnahme außerhalb des Eröffnungsstaates keine die Gläubiger belastende Wirkung entfaltet. Darüber hinaus gilt Art. 34 II EuInsVO nur für Sekundärinsolvenzverfahren, Art. 17 II EuInsVO hingegen auch für unabhängige Partikularinsolvenzverfahren.

Stichwortverzeichnis

Die Zahlen bezeichnen die Nummern der Fälle.

Absonderung 80 ff.
– Abgrenzung zur Aussonderung 80, 76
– Ersatzabsonderung 85
– unbewegliche Gegenstände 82, 83
– Vermieterpfandrecht 81
– Verwertung des Absonderungsgutes 82
Abtretung
– Aussonderung 73
– Einziehung abgetretener Forderungen 129
– Lohn- und Gehaltsansprüche 67, 136
– Sicherungsabtretung 74, 84, 136
Amtstheorie, s. unter Insolvenzverwalter
Anfechtung, s. Insolvenzanfechtung
Arbeitsvertrag, s. unter Schwebende Rechtsgeschäfte
Aufhebung des Verfahrens, s. unter Beendigung
Aufrechnung 102 ff.
– Anfechtbarkeit 96
– Zulässigkeit 102 ff.
Auskunftspflichten des Schuldners 6 ff.
Aussonderung 71 ff.
– abgetretene Rechte 73, 77
– Abgrenzung zur Absonderung 80
– Eigentumsvorbehaltskauf 75 ff.
– Ersatzaussonderung 78, 79
– Treuhand 73, 74

Bargeschäft, s. unter Insolvenzanfechtung
Beendigung des Insolvenzverfahrens 176 ff.
– Aufhebung 126
– Folgen 177
– Gründe 176

Eigentumsvorbehalt, s. unter Aussonderung
Eigenverwaltung 138 ff.
– Begriff und Zweck 138

– Rechtsmittel gegen Anordnung/ Ablehnung 140
– Voraussetzungen 139, 140, 141
Einstellung des Insolvenzverfahrens, s. Beendigung
Einzelzwangsvollstreckung 89
Erfüllungswahl, s. Schwebende Rechtsgeschäfte
Eröffnung, s. unter Insolvenzverfahren
Ersatzabsonderung, s. unter Absonderung
Ersatzaussonderung, s. unter Aussonderung

Forderungsanmeldung, s. unter Forderungsfeststellung
Forderungsfeststellung 168a ff.
– Feststellungsklage 169, 170
– Forderungsanmeldung 168a
– Forderungsprüfung 168b
– Widerspruch des Schuldners 170
Fortgesetzte Gütergemeinschaft 234 ff.
Freigabe 68 ff.
– bei Gesellschaften 69
– modifizierte 70, 167
– prozessbefangene Gegenstände 164
– unechte 70

Gesamtgut als Sonderinsolvenzvermögen 234 ff.
Gläubiger
– Auskunftsansprüche 47
– Gleichbehandlung 1
– Insolvenzgläubiger, s. dort
– Massegläubiger, s. dort
– Neugläubiger, s. dort
Gläubigerausschuss
– Aufgaben 41
– Einsetzung 42
– vorläufiger 42
Gläubigerautonomie 1
Gläubigerversammlung 38 ff.
– Aufgaben 40

153

– Einberufung 43
– Mehrheitserfordernisse 39, 41
– Zustimmungserfordernis 50
Gleichbehandlungsgrundsatz 1

Inkongruente Deckung 92, 106
Insolvenzanfechtung 87 ff.
– Bargeschäft 94
– Beweislastumkehr 91
– Gläubigerbenachteiligung 87, 88
– inkongruente Deckung 92, 93, 100
– kongruente Deckung 92, 93, 100
– Kontokorrentverrechnungen 99, 100
– nahestehende Personen 91
– Rechtsfolgen 101
– unentgeltliche Leistungen 95
– Vorsatzanfechtung 97
Insolvenzantrag 118 ff.
– Abweisung 125
– Bedingung, Befristung 124
– Rücknahme 124
Insolvenzeröffnungsverfahren 123 ff.
– Ablauf 123
– Sicherungsmaßnahmen 127 ff.
– Verfahrensgrundsätze 123
Insolvenzfähigkeit 119 ff., 241
Insolvenzgericht 113 ff.
– Aufgaben 115
– Rechtsmittel gegen Entscheidungen 116
– Zuständigkeit 113, 114, 117
Insolvenzgläubiger, s. auch Gläubiger 20 ff.
– Abgrenzung zu Massegläubigern 107 ff.
– Begriff 20
– Durchsetzung von Insolvenzforderungen 27
– Kriterien der Insolvenzgläubigerstellung 21 ff.
– nachrangige 25, 26
– Organisation, s. Gläubigerausschuss u. -versammlung
Insolvenzgründe, s. unter Eröffnungsgründe
Insolvenzmasse 61 ff.
– Begriff 61

– Freigabe, s. dort
– geistiges Eigentum 64
– Inbesitznahme 86
– insolvenzfreies Vermögen 61
– Lohn- und Gehaltsansprüche 67
– Neuerwerb 65
– Schuldenmasse 61
– Treugut, Treuhand 73, 74
– unpfändbare Gegenstände 61, 63, 66
– Verteilung 171 ff.
– Verwaltung und Verwertung 86
Insolvenzplan 5, 180 ff.
– Anwendungsbereich 180
– darstellender Teil 187 ff.
– Erörterungs- und Abstimmungstermin 193 ff.
– gestaltender Teil 187 ff.
– Gruppenbildung 188
– Liquidationsplan 186a
– Planinitiator 183, 186d, 186e
– Planüberwachung 198 ff.
– Planziele 186
– Rechtsbehelfe 204
– Rechtsmittel 189
– Rechtsnatur 181
– Restschuldbefreiung 201 ff.
– Sanierungsplan 186b
– Versagungsgründe 204, 223
– Zeitpunkt der Vorlage 183
Insolvenzschuldner 6 ff.
– Auskunftspflichten 6 ff.
– Einschränkung von Freiheitsrechten 11, 12
– Haftung nach Verfahrensabschluss 16 ff.
– Mitwirkungspflichten 6 ff.
– vermögensrechtlicher Status 13, 14
Insolvenztabelle 168a ff.
Insolvenzverfahren
– Aufhebung, s. Beendigung des Insolvenzverfahrens
– Einstellung, s. Beendigung des Insolvenzverfahrens
– Eröffnungsbeschluss 125
– Eröffnungsgründe, s. unter Überschuldung u. Zahlungsunfähigkeit

Stichwortverzeichnis

– Eröffnungsverfahren, s. Insolvenzeröffnungsverfahren
– Eröffnungsvoraussetzungen 118 ff.
– Wirkungen der Eröffnung 89, 133 ff., 159 ff.
– Zweck 1
Insolvenzverwalter 44 ff.
– Amtstheorie 54
– Aufgaben 47
– Auskunfts- und Berichtspflichten 48, 49, 55
– Auswahl 44
– Haftung, persönliche 56 ff.
– Organtheorie 54
– Rechtsstellung 54
– Überwachung durch Insolvenzgericht 49, 55
– Vergütung 51 ff.
– Vertretertheorie 54
– Verwaltungs- und Verfügungsbefugnis 133 ff.
– vorläufiger Verwalter, s. vorläufige Verwaltung
– Wahl durch die Gläubigerversammlung 45
Interessenausgleich 34
Internationales Insolvenzrecht 236 ff.
– Anerkennung ausländischer Verfahren 248 ff.
– Begriff 237
– Internationale Zuständigkeit 239 ff., 247
– Kollisionsrecht 243 ff.
– Partikularinsolvenzverfahren 254 ff.
– Rechtsgrundlagen 238
– Sekundärinsolvenzverfahren 254 ff.
Ist-Masse 61

Kongruente Deckung, s. unter Insolvenzanfechtung
Kosten des Verfahrens 108

Massearmut 178
Massegläubiger, s. unter Masseverbindlichkeiten
Masseunzulänglichkeit 178, 179

Masseverbindlichkeiten 107 ff.
– Ersatzvornahmekosten 111
– Haftung des Insolvenzverwalters 56
– Massekosten 108
– Umsatzsteuer
– Umweltlasten 110, 111
– vorläufigen Verwaltung 130
Mietvertrag, s. unter schwebende Rechtsgeschäfte
Mitwirkungspflichten des Schuldners 6, 11

Nachlassinsolvenzverfahren 232 ff.
Nachrangige Insolvenzgläubiger, s. unter Insolvenzgläubiger
Neuerwerb, s. unter Insolvenzmasse
Neugläubiger 65, 66

Ordnungsfunktion des Insolvenzverfahrens 1
Organtheorie, s. unter Insolvenzverwalter

Partikularinsolvenzverfahren 242, 254 ff.
Pfändungsschutz 63, 66
Prioritätsprinzip 1
Prozessunterbrechung, s. Schwebende Prozesse

Recht der freien Nachforderung 2
Restschuldbefreiung 1, 201 ff., 222 ff.
– Abtretung der laufenden Bezüge 67, 202
– Ankündigung 202
– Antrag des Schuldners 203
– Begriff 201
– Forderungen aus unerlaubter Handlung 204, 206
– Versagung 205, 223, 226
– Widerruf 202, 224
– Wohlverhaltensphase 19, 202
– Zusammenhang mit Verbraucherinsolvenzverfahren 222

Sanierungsfunktion 1
Schlussverteilung, s. unter Verteilung der Insolvenzmasse

155

Schuldenmasse 61
Schuldner, s. Insolvenzschuldner
Schuldnerschutz 1
Schwebende Prozesse 159 ff.
– Aufnahme nach Unterbrechung 162 ff., 169
– Unterbrechung durch Insolvenzeröffnung 159
Schwebende Rechtsgeschäfte 144 ff.
– Arbeitsverträge 31 ff., 156
– Fixgeschäfte 150
– gegenseitige Verträge 145 ff.
– Geschäftsbesorgungsvertrag 158
– Mietvertrag 153 ff.
Sekundärinsolvenzverfahren 254 ff.
Sicherungsabtretung, s. unter Abtretung
Soll-Masse 61
Sonderinsolvenzverfahren 209 ff.
Sozialauswahl 35
Stundung der Verfahrenskosten, s. unter Verbraucherinsolvenzverfahren

Teilungsmasse 61
Treuhänder 229 ff.

Überschuldung 122
Urheberrechte 64

Verbraucherinsolvenzverfahren 209 ff.
– außergerichtlicher Schuldenbereinigungsplan 217 ff.
– gerichtliche Schuldenbereinigung 219 ff.
– Stundung der Verfahrenskosten 212 ff.

– Treuhänder 229 ff.
– Verbraucherbegriff 209 ff.
– Zusammenhang mit Restschuldbefreiung 222
Verfahrenskosten, s. unter Kosten des Verfahrens
Verteilung der Insolvenzmasse 171 ff.
– Berechnung der Insolvenzquote 172
– Berücksichtigung von Absonderungsrechten 83, 174
– Schlussverteilung 175
Vertretertheorie, s. unter Insolvenzverwalter
Verwalter, s. Insolvenzverwalter
Verwaltungs- und Verfügungsbefugnis, s. unter Insolvenzverwalter
Verwertung der Masse, s. unter Insolvenzmasse
Vollmachten 158
Vollstreckungsverbot in der Wohlverhaltensperiode 227
Vorläufige Verwaltung 127 ff.
– Begründung von Masseverbindlichkeiten 130
– Forderungseinzug 130
– schwebende Rechtsgeschäfte 131, 132
– starke und schwache 128

Wohlverhaltensperiode, s. unter Restschuldbefreiung

Zahlungsunfähigkeit 122
Zwangsvollstreckung, s. Einzelzwangsvollstreckung
Zweck des Insolvenzverfahrens 1